LECTURES FRANCAISES

D. C. HEATH AND COMPANY

Lexington, Massachusetts   Toronto   London

LECTURES FRANÇAISES

JOHN B. DALE and MAGDALENE L. DALE

PREFACE

Lectures françaises is designed to teach reading by an integrated approach in which all aspects of language teaching contribute to the development of this skill.

This volume contains selections adapted from the novels of five twentieth-century writers: Georges Duhamel, Marcel Pagnol, Philippe Hériat, Jean de La Varende, and Paul Guth. Each narrative, complete in itself, though taken from a longer work, treats one of the problems which young people face in adjusting to life. The conflict in each story arises from a specific situation: the lack of money, the impact of the school bully, the generation gap, the rehabilitation of the returning war veteran, the excitement of first love. The selections, developed in a humorous, serious, or romantic vein, present a diversity of vocabulary and of style which should help prepare the reader for the plunge into completely unedited material. The purpose of this volume is to build a solid foundation for liberated reading. Since the student is not yet ready for the rapid perusal of unedited works, it has been necessary to adapt the selections to fit his level of advancement. All of the words have been checked against the standard lists to insure a practical basic vocabulary.* Items of extremely low frequency, except for those essential to the story, have been replaced by more useful expressions.

---

* Gougenheim, Michéa, Rivenc, and Sauvageot, *L'Elaboration du français fondamental (1ᵉʳ Degré)* (Didier, Paris)
Tharp, *Basic French Vocabulary* (Henry Holt & Co., New York)
Vander Beke, *French Word Book* (The Macmillan Company, New York)
Cheydleur, *French Idiom List* (The Macmillan Company, New York)

Definitions in French in the *Vocabulaire expliqué* strengthen the use of the target language. These definitions help the student think in French and increase his speed in reading. An asterisk indicates a reference to the *Vocabulaire expliqué,* which follows the text in each chapter. Here the student encounters items of varying frequency, all of which he must learn to recognize in order to read with maximum understanding. Some of this vocabulary will become active through repeated use, some will remain passive. Assimilation, which follows recognition, is achieved by means of various types of drills. The *Vocabulaire expliqué,* after serving to introduce new words, can then be used as the basis for teaching selected expressions. The student gradually becomes accustomed to understanding new words and expressions without recourse to English; he learns to make brief definitions in French and to use the *Vocabulaire expliqué* not only for reference but as a tool for review. It is suggested that the student reread the text after he has studied the definitions in the *Vocabulaire expliqué.* English is used for cultural material and marginal notes, so as not to add to the burden of additional vocabulary learning.

Much of the active vocabulary is further emphasized in the *Exercices,* which consist of a *Questionnaire,* an *Etude de mots,* a drill to review a specific structure, a *Petit exposé oral,* and a *Rédaction* or other written work. The exercises are based on the text and are designed to increase speed and comprehension in reading. The *Etude de mots* includes synonyms, antonyms, homonyms, paronyms, and dictionary study. This exercise serves to enlarge the student's vocabulary. He learns that a word may look like its English counterpart and yet have a completely different connotation; he becomes aware of literal and figurative meanings and thus increases his knowledge of semantics.

In presenting the literary tenses, the emphasis is on recognition. Since the tendency today is to avoid whenever possible the imperfect and the pluperfect subjunctive, these tenses have not been drilled for active use. However, the student must be able to recognize them if he is to read with understanding. Care has been taken to make him aware of certain common errors in speaking and writing. The *Rappel* is a "reminder" of various structures previously encountered but perhaps not sufficiently assimilated. Related drills provide practice in the use of these structures. A grammatical appendix is included for easy reference.

In the *Petit exposé* and the *Rédaction* guidance is given for both speaking and writing. The suggestions provided in these exercises will help the student express himself with greater accuracy and facility. Through the process of recombining and synthesizing the various elements of the chapter he develops competence in reading and in the application of all the other language skills.

We wish to express our deep appreciation to Mlle Michelle Goby of the Services Culturels Français. Her inspiration and counsel have been of inestimable value in solving the various problems which have arisen in the preparation of this work. We are deeply grateful to Mrs. Richard Cox for her continued interest in our work and for her careful reading of the manuscript. To Mrs. Valentia B. Dermer and to the staff of D. C. Heath and Company we express our sincere thanks.

J.B.D.
M.L.D.

TABLE DES MATIERES

ACKNOWLEDGMENTS

LE DEMON DE L'ARGENT
Adapted from *Chronique des Pasquier,* by Georges Duhamel; reprinted by permission of Mercure de France, Paris, France.

SCENES DE LA VIE SCOLAIRE
Adapted from *le Temps des secrets,* by Marcel Pagnol; reprinted by permission of the Société des Gens de Lettres de France, Paris, France.

MON FILS, CET INCONNU
Adapted from *le Temps d'aimer,* by Philippe Hériat; reprinted by permission of Editions Gallimard, Paris, France.

NEZ-DE-CUIR
Adapted from *Nez-de-Cuir,* by Jean de La Varende; reprinted by permission of Librairie Plon, Paris, France.

LE NAÏF AMOUREUX
Adapted from *le Naïf amoureux,* by Paul Guth; reprinted by permission of Editions Albin Michel, Paris, France.

PREMIERE PARTIE

LE DEMON DE L'ARGENT

d'après Georges Duhamel
Chronique des Pasquier

LE DEMON

PERSONNAGES

Raymond Pasquier, *père de famille*
Lucie Pasquier, *sa femme*
Joseph, *l'aîné* des enfants*
Ferdinand, *un des frères cadets* de Joseph*
Laurent, *le plus jeune des frères de Joseph*
Cécile, *la petite sœur*

GEORGES DUHAMEL Un des grands romanciers* du vingtième siècle, Georges Duhamel (1884–1966) est apprécié aussi par ses qualités humaines. Toutes ses œuvres — poèmes, essais, romans — révèlent sa profonde compassion pour la souffrance* des hommes. Docteur en méde- 5
cine, il fait la guerre de 1914. Apitoyé* par les horreurs des champs de bataille, il écrit en 1918 Civilisation, *qui reçoit le prix Goncourt.**

Dans ses romans Duhamel veut concilier l'idéalisme et le réalisme. Ainsi dans son œuvre, Chronique des Pas- 10

bassesses de l'intérêt
baseness of self-interest

quier, il oppose la noblesse de l'intelligence aux bassesses de l'intérêt. Par son don de peintre et par son style net* et clair, il crée des personnages qui nous intéressent vivement.* Dans cette suite de romans, qui coule comme un fleuve, Duhamel fait revivre la réalité de son époque. 15

L'histoire se passe à Paris et aux environs de la capitale. Il s'agit d'une famille bourgeoise* qui manque toujours d'argent, parce que le père n'a qu'un petit emploi mal payé. Pensant qu'il est destiné à un avenir* brillant, M. Pasquier passe la plus grande partie de son temps à 20

* An asterisk indicates a reference to the *Vocabulaire expliqué* at the end of each chapter.

DE L'ARGENT

faire des études. Très égoïste, il accepte comme son dû
les sacrifices de sa femme et de ses enfants.

Ces enfants sont très différents les uns des autres.
Joseph, l'aîné, n'a qu'une seule idée, c'est de gagner de
25 l'argent et d'en dépenser le moins possible. Il cherche à
écarter de son chemin tout ce qui pourrait l'empêcher
d'atteindre* son but. Ferdinand, esprit médiocre, ne
compte pas pour grand-chose.

écarter thrust aside

Laurent, au contraire, est très intelligent. La vie intel-
30 lectuelle l'attire. Très idéaliste, il a des principes sur lesquels il base sa conduite. Il veut agir de façon à ne nuire
à* personne.

Cécile, la petite sœur, est une âme pure.* Elle re-
présente tout ce qu'il y a de beau dans la vie. L'égoïsme,
35 la bassesse, la laideur* sont totalement contraires à sa
nature. Très douée* pour la musique, elle s'y consacre
tout enfant.*

s'y consacre devotes
herself to it

Laurent et Cécile, qui ont les mêmes goûts, se comprennent et sont des alliés. Ils se rendent compte* des
40 souffrances de leur mère et aussi de celles de tous les
êtres humains. Ils pensent que l'humanité serait soulagée
et peut-être même délivrée de son fardeau* par les arts et
les sciences.

Les soucis d'argent ne cessent de dominer la vie
45 quotidienne* des Pasquier. Ils sont mal nourris, mal vêtus,
mal logés. N'importe! le père continue à faire ses études,
en rêvant d'une belle carrière.

mal nourris, mal vêtus,
mal logés badly fed,
clothed, housed

Cependant survient* un fait nouveau. La famille va
hériter d'une tante de Lucie. Mais celle-ci, qui craint que
50 Lucie et les enfants ne soient ruinés par le manque de
bon sens du père, a pris des mesures qui rendent difficiles
de toucher l'argent.

I. DES NOUVELLES DU HAVRE

*L'histoire que raconte Laurent commence par une petite scène familiale.**

Maman parut dans le cadre de la porte. Elle s'essuyait les doigts à son tablier de toile bleue. Elle dit:

5 — Votre père est en retard. Mes enfants, nous allons commencer sans lui.

Nous passâmes dans la cuisine pour nous laver les mains.

Quand nous fûmes assis, Maman vint avec la sou-
10 pière.* C'était une soupe aux lentilles.¹ Joseph dit:

— Toujours!

Nous étions à la fin de l'hiver. Nous n'aimions pas beaucoup la soupe. De temps en temps, Ferdinand se penchait* sur l'assiette et il y piquait* un oignon. Il gé-
15 missait:* — J'aime pas ça! Alors Cécile tendait sa cuiller et criait: Moi, j'en veux.

Après la soupe, Maman posa sur la table le plat de lentilles avec la saucisse. Les deux grands commencèrent de se disputer à qui aurait le plus gros morceau et pour-
20 tant la saucisse n'était pas encore coupée. Maman leva sa fourchette et tout à coup, s'arrêta, comme pétrifiée. Elle dit:

— Voilà votre père! Ecoutez le pas de votre père dans l'escalier.

25 Père entra et vint jusque dans la salle à manger. Il tenait une lettre.

— Excuse-moi, Raymond, murmura Maman. C'est encore des lentilles. Je t'expliquerai . . .

le cadre de la porte the doorway; **s'essuyait les doigts** was wiping her fingers
toile bleue heavy blue cloth

J'aime pas ça. = **Je n'aime pas ça.** (*In careless speech words are frequently omitted.*)

1. **une soupe aux lentilles:** a soup made with lentils, onions, and sausages. The broth was served first, followed by the lentils and the sausage as the main dish.

5

Papa ne répondit pas. Il sourit et jeta la lettre sur la table. 30

— Madame Delahaie est morte, dit-il.

Maman devint toute pâle.

— Est-ce possible?

— Vois toi-même, répondit Papa. C'est une lettre du notaire.[2] 35

dépliait unfolded

Maman dépliait la lettre. Soudain elle se cacha le visage dans son tablier et se prit à* pleurer. Papa souriait. Joseph s'écria:

— Ne pleure pas, Maman. Puisqu'on ne l'aimait pas,

c'est pas = ce n'est pas (*careless speech*)

c'est pas la peine de pleurer. 40

Maman posa sa serviette sur la table et dit:

— C'est elle qui m'a élevée, mes enfants. Elle tamponna* ses yeux et dit:

— Pardonne-moi, Raymond. C'est encore des lentilles. Tu sais pourquoi. 45

Papa était décidément de bonne humeur. Il haussa les épaules:*

cuit à point cooked just right

— Donnez-moi n'importe quoi, pourvu que ce soit cuit à point. Il mangea sa soupe sans se presser* et dit à ma mère: 50

— Tu ne prends plus rien?

j'ai l'estomac serré my stomach has contracted (I can't eat, I am too upset.)

— Non, j'ai l'estomac serré.

— Il n'y a vraiment pas de quoi.

Joseph avait près de quatorze ans et par instants sa voix sonnait grave et basse comme celle d'un homme. Il 55 dit:

2. **notaire:** notary. In France the notary performs the functions of a lawyer who concerns himself with property settlements, inheritances, etc.

— Si Mme Delahaie est morte, alors on va hériter . . .*

Papa fit des épaules un geste contrarié :*

— Mon cher, mêle-toi de ce qui te regarde.*

60   — Joseph, ajouta ma mère, un homme de cœur ne parle pas d'héritage* devant un cercueil.*

Le dîner fini, les cahiers rangés,* nos parents nous envoyèrent au lit.

— Mes enfants, dit Papa, vous allez dormir tout de 65 suite.

— Pourquoi?

— Parce que c'est comme ça.

Nous couchions, Cécile et moi, dans la chambre de nos parents. Ce soir-là, j'eus beaucoup de peine à m'en-70 dormir. Papa et Maman avaient longtemps causé à voix basse dans la salle à manger, puis ils étaient venus se coucher. Papa parlait d'un air détaché. De l'autre lit, Maman répondait.

— Nous allons commencer par quitter cette cam-75 buse.*

— Sûrement, Raymond. Mais n'appelle pas ce petit logement une cambuse. Il a ses commodités.* Nous le regretterons peut-être un jour.

— Non. Je veux un appartement de quatre bonnes pièces, au moins. Oui, au moins. D'ailleurs, sans ça, où 80 mettrait-on les meubles?

— Les meubles, Raymond! Mais qui te dit que nous aurons les meubles?

— A qui pourraient-ils aller? Ta tante avait trop le sens de la famille pour donner ses meubles aux hospices.* 85 Une chose est sûre, c'est que d'après le testament* de ton oncle Prosper . . .

— Oh! Ram,* ne va pas à te mettre à rêver.

— Rêver! grondait mon père avec irritation. Je me demande un peu lequel de nous deux s'amuse à rêver. 90 Une chose est sûre: ta tante Alphonsine est morte. As-tu lu la lettre du notaire? Est-ce un rêve, cette lettre du notaire?

— Elle est morte, Raymond, mais qui te dit qu'elle ne m'a pas déshéritée. 95

Sur ces mots, j'entendis que ma mère se reprenait à* pleurer.

— Déshéritée . . . Déshéritée . . . Mais non, Lucie, ces gens-là n'avaient pas assez de caractère pour te déshériter. 100

— Oh! Ram, ne parle pas si dûrement d'eux dans un pareil moment.

— Je dis ce qui me plaît. Ils ne m'aimaient pas, ces Delahaie. Leur bête noire,* voilà ce que j'étais. Leur bête noire! 105

— Ils ne pouvaient pas te comprendre, Ram. Tu es travailleur, tu es sobre, courageux et intelligent, tout, mais pas à leur façon. Et tu ne peux pas t'empêcher de dire des choses et d'avoir l'air de te moquer du monde. Eux, comment voulais-tu qu'ils s'y retrouvent? 110

Eux, comment . . . re-trouvent? How do you expect them to understand this (sarcasm)?
Tant pis pour eux. So much the worse for them.

— Tant pis pour eux.

Il y eut un grand silence. Puis mon père dit:

— Lucie!

— Quoi?

— Je préfère ne pas aller à Honfleur, ni même au 115 Havre, s'il faut y aller. D'ailleurs le notaire ne parle pas de moi. Tu es convoquée* seule.

— J'irai seule, dit ma mère avec calme.

— Oui. Pour ce qui est de l'appartement . . .

— Attendons un peu. Je chercherai dès que je verrai 120 clair* dans toutes ces histoires.

VOCABULAIRE EXPLIQUE

Numbers refer to text lines.

Page 2

l'aîné *m.*: *le premier né, qui est plus âgé que les autres*

frères cadets *m.*: *frères qui viennent après le premier né*

1 romanciers *m.*: *auteurs de romans*
5 souffrance *f.*: *peine, affliction*
6 apitoyé: *touché de pitié*
8 prix Goncourt: *un prix littéraire très recherché des écrivains*
12 net: *précis, exact*
14 vivement: *profondément*
17 bourgeoise: *de la classe moyenne*
19 avenir *m.*: *carrière*

Page 3

27 atteindre: *arriver au but*
32 de façon à ne nuire à: *de manière à ne pas faire de mal à*
33 une âme pure: *une personne sans corruption*
35 laideur *f.*: *contraire de beauté*
36 douée: *qui a des aptitudes pour*
37 tout enfant: *très jeune*
39 Ils se rendent compte: *Ils comprennent*
42 fardeau *m.*: *poids, chose difficile à porter*
45 quotidienne: *de chaque jour*
48 survient: *arrive d'une manière inattendue*

Page 5

2 familiale: *de famille*
10 soupière *f.*: *large récipient dans lequel on met la soupe pour l'apporter à table*
14 se penchait: *baissait la tête vers*
piquait: *prenait rapidement avec sa fourchette*
15 gémissait: *se plaignait en faisant un bruit plaintif*

Page 6

37 se prit à: *commença à*
43 tamponna ses yeux: *s'essuya les yeux*
47 haussa les épaules: *leva les épaules en signe d'indifférence*
49 se presser: *se dépêcher*

Page 7

57 hériter: *recevoir de l'argent, des terres, etc. à la mort de quelqu'un*
58 contrarié: *fâché, vexé*
59 mêle-toi de ce qui te regarde: *occupe-toi de tes affaires*
61 héritage *m.*: *ce qu'on reçoit quand on hérite*
cercueil *m.*: *boîte où l'on enferme un mort*
62 rangés: *mis à leur place*
75 cambuse *f.* (fam.): *maison très médiocre*
77 commodités *f.*: *éléments de confort*

Page 8

85 hospices *f.*: *fondations charitables pour vieillards, infirmes, orphelins*
86 testament *m.*: *document par lequel on distribue les biens qu'on laissera en mourant*
88 Ram: *diminutif pour Raymond*
96 se reprenait à: *recommençait à*
104 leur bête noire: *la personne pour laquelle ils éprouvent une hostilité*
117 tu es convoquée: *on te demande de venir*
121 je verrai clair: *je comprendrai exactement ce qui se passe*

9

Verbes pronominaux

Il agit en honnête homme. *He acts like an honest man.*
Il s'agit d'une famille bourgeoise. *It concerns a middle-class family.*

Many verbs assume a different meaning when used in the pronominal form. Compare the following:

amuser, *to amuse, entertain;* s'amuser, *to enjoy oneself*
arrêter, *to stop, detain;* s'arrêter, *to halt, pause*
attendre, *to wait for;* s'attendre à, *to expect*
battre, *to beat, strike;* se battre (avec), *to fight (with)*
coucher, *to lay down, put to bed;* se coucher, *to go to bed, lie down*
demander, *to ask;* se demander, *to wonder*
figurer, *to figure;* se figurer, *to imagine*
plaindre, *to pity;* se plaindre, *to complain*

Passé simple

Il *sourit* et *jeta* la lettre sur la table.
He smiled and threw the letter on the table.

The *passé simple* is used in narrative style to express a completed act in past time. For a review of this tense, see Appendix, pages 272, 279–281.

EXERCICES

I. Questionnaire

Pages 2–3

1. Où se passe cette histoire? 2. Pourquoi cette famille bourgeoise manquait-elle d'argent? 3. Qu'est-ce que M. Pasquier acceptait comme son dû? 4. Quel était le but de Joseph, l'aîné? 5. A quoi Laurent s'intéressait-il? 6. Qu'est-ce que Cécile représentait? 7. De quoi Laurent et sa sœur se rendaient-ils compte? 8. Qu'est-ce qui dominait la vie quotidienne des Pasquier?

Pages 5–8

9. Qu'est-ce qui montre les privations de cette famille? 10. Quelles excuses Mme Pasquier a-t-elle faites à son mari? 11. Quelles nouvelles la lettre du Havre contenait-elle? 12. Pourquoi Joseph s'intéressait-il à cette lettre? 13. Pourquoi M. Pasquier rêvait-il de quitter le logement qu'ils occupaient? 14. Quelle avait été l'attitude de Mme Delahaie envers M. Pasquier? 15. Comment Mme Pasquier a-t-elle expliqué cette attitude? 16. Qui a été convoqué au Havre par la lettre du notaire?

II. Etude de mots (antonymes)

Complétez ces phrases en employant le contraire des mots en italique.

Exemple: Joseph est *réaliste,* Laurent, . . .

Réponse: *idéaliste*

1. J'ai fait la connaissance de l'*aîné,* mais je ne connais pas encore le . . .
2. Il n'est pas *généreux;* au contraire, il est très . . .
3. Dans ses actions on trouve de tout: la *noblesse* aussi bien que la . . .
4. Elle aime l'harmonie, la *beauté;* la . . . la choque.
5. On ne devrait pas songer au *passé;* il vaut mieux penser à . . .
6. Au lieu d'*aider* son frère, il a voulu lui . . .
7. Ils ne peuvent pas *se mettre d'accord;* ils continuent à . . .
8. Il est *lâche* de nature; il n'agit jamais avec . . .

9. La malade est-elle toujours *vivante?* Non, hélas, elle est . . .
10. Elle a eu de la *peine* en le voyant malade, mais quel . . . de le voir guérir.

III. Verbes

Complétez les phrases suivantes en employant un des verbes entre parenthèses.

1. (plaint, se plaint) Il souffre beaucoup, mais il ne . . . pas.
2. (a arrêté, s'est arrêté) L'agent . . . le voleur.
3. (battre, me battre) Il m'a frappé, mais je ne voulais pas . . .
4. (a couché, s'est couchée) Elle . . . l'enfant avant neuf heures.
5. (attendait, s'attendait) Il n'avait pas prévu cet incident; il ne . . . pas du tout à cet événement.
6. (figurait, se figurait) Il n'avait pas visité cette région, mais il . . . comment était le paysage.

IV. Passé simple, passé composé

Ecrivez les phrases en style de conversation.

Exemple: Il haussa les épaules.
Il a haussé les épaules.

1. Ils nous dirent bonsoir et nous envoyèrent coucher. 2. Nous quittâmes la salle à manger et passâmes dans la chambre. 3. D'abord il goûta la soupe, puis il la mangea. 4. Elle prit la lettre, la lut, puis la remit dans l'enveloppe. 5. Ils me firent des excuses, après quoi ils partirent. 6. Ils se lavèrent les mains; ensuite ils passèrent à table. 7. Je fus très étonné de ces nouvelles et j'eus de la peine à les croire. 8. Elle parut à la fenêtre d'où elle vit ses enfants. 9. En voyant son fils tomber, elle devint toute pâle. 10. Il fit un geste contrarié.

V. Petit exposé oral

Parlez de la lettre du Havre:

Qui était mort?
Quelle était la réaction de Mme Pasquier? (ne pas pouvoir manger, être désolée, pleurer)
Pourquoi Joseph a-t-il dit que ce n'était pas la peine de pleurer?

Lequel des enfants a parlé de l'héritage?

Pourquoi Mme Pasquier était-elle choquée d'entendre son fils parler ainsi?

Pourquoi les Delahaie n'aimaient-ils pas M. Pasquier? (se moquer de tout le monde, être égoïste, se croire supérieur aux autres)

Selon Mme Pasquier, quelles étaient les qualités que possédait son mari?

Quelle impression avez-vous de M. Pasquier? (ne pas accepter de responsabilité pour le bien-être de sa famille; se montrer arrogant, moqueur, trop attaché à ses propres intérêts; refuser de se rendre compte des anxiétés de sa femme)

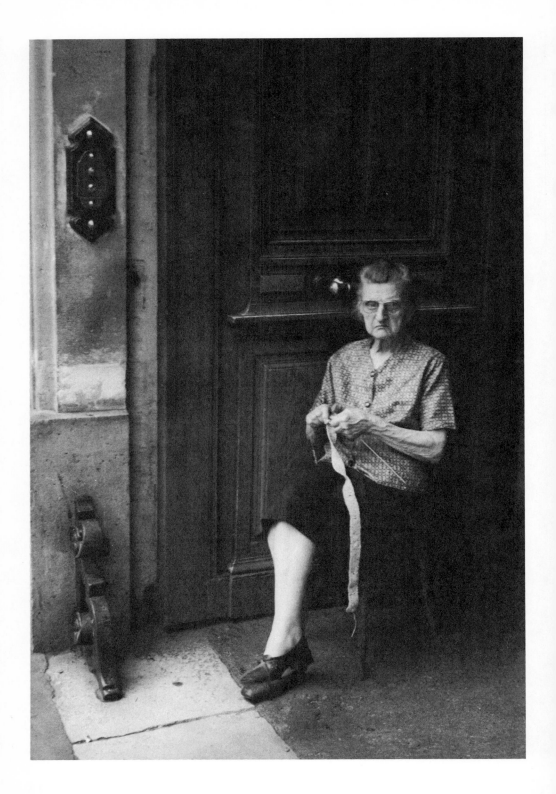

II. LA COLERE CONSIDEREE COMME UN DES BEAUX-ARTS

Quelques jours plus tard, Maman partit pour le Havre. Quand elle revint, nous étions à table et Père était là. Joseph cria tout de suite:

— Quelles nouvelles? Quelles nouvelles? Dis-nous
5 les nouvelles.

— Rien ne presse, dit Papa. Nous parlerons de tout cela plus tard.

— Oh! dit ma mère, si les enfants veulent bien se tenir tranquilles.*

10 — Alors, à ton aise.*

— Comme je le pensais quand même, Raymond, nous avons les meubles.

— Oui, oui.

Les yeux de mon père, soudain, lançaient du feu.*

15 — Je t'en prie, Ram, ne te mets pas en colère dès le commencement, ou sans ça, je vais m'embrouiller* et je ne me rappellerai plus rien. J'ai la tête perdue.* Pour l'argent, tu comprends, ce n'est pas simple du tout. Il y en a la moitié, exactement la moitié qui me revient. Mais at-
20 tends un peu. Ce n'est pas de l'argent liquide,* comme tu dis. Ce sont des titres. Attends encore un peu.

qui me revient which is due me

— Je ne dis rien.

— Ce sont des titres d'une espèce spéciale, Raymond. Je toucherai* les intérêts, bien sûr, mais je ne peux
25 pas vendre les titres.

titres *m.* securities (stocks and bonds)

— Comment! Ils sont à toi, et tu ne peux pas les vendre?

— Que je t'explique, Raymond. Ils ne sont pas exactement à moi, ils sont aux enfants.

30 — Quels galimatias!* A quels enfants?

— A nos enfants. Ils sont aux enfants en nom, et c'est moi qui touche la rente.* Pour les titres mêmes, ils représenteraient à peu près cinquante mille francs . . .

sursauta gave a start

en viager sur la tête de as a life annuity for

Joseph sursauta. Ses yeux s'élargissaient.*

— Cinquante mille francs, reprit* ma mère. Ils représenteraient ça si l'on pouvait les vendre. Mais je te répète, on ne peut absolument pas y toucher jusqu'à ma mort. Tu m'écoutes, Raymond?

De la tête mon père fit oui.*

— Et le reste? demanda-t-il.

— Le reste? Attends que je me rappelle bien. Le reste est divisé en trois parts. Une part, la plus petite, est placée en viager sur la tête de ma tante Coralie et paye tout juste sa pension* à la maison de retraite.*

Mon père faisait de la main un geste impatient.

— Je ne peux pas aller plus vite, poursuivait* Maman. Je risquerais de tout embrouiller. Le reste, à peu près quarante mille francs, en titres, est entre les mains du notaire, mais destiné à mes deux sœurs.

— Tes sœurs de Lima?*

— Mes sœurs de Lima.

— Mais puisqu'elles sont mortes!

— Allons, laisse-moi dire. C'est justement le plus intéressant de l'histoire. Il est entendu que mes pauvres sœurs sont mortes. Du moins, on me l'a dit, on l'a toujours dit. Les papiers officiels prouvant leur mort ont été demandés par mon oncle Prosper il y a sept ans. Les choses ne vont pas vite à Lima, paraît-il. Le notaire du Havre m'a dit qu'il écrivait tous les mois pour réclamer* ces fameux papiers. Ecoute bien Raymond, c'est très important. Quand le notaire du Havre recevra les papiers établissant que mes pauvres sœurs du Pérou sont bien mortes, la somme déposée* à leur nom nous reviendra directement.

— En titres invendables.*

— Justement non. En titres que l'on peut, c'est le notaire qui me l'a dit, vendre tout de suite et dans des conditions avantageuses.

— Nous reparlerons de ça plus tard, Lucie. Voilà sept ans, dis-tu, que l'on réclame les actes du Pérou. Il n'y a vraiment pas de raison . . .

— Je sais ce que tu penses, Raymond. Il y a sept ans que l'on fait des recherches; mais il y a seulement six mois que le notaire a commencé de se fâcher.* Maintenant que la tante est morte, le notaire veut liquider* la situation, tu comprends. Et il a dit que ça peut demander encore

16

quatre mois, pas plus. Vois-tu, il ne faut pas s'emballer.*
Il dit quatre mois. Eh bien! comptons six mois.

80 Mon père s'était mis à marcher. Il tournait en rond*
autour de la table, car la pièce était petite. Il disait à voix
basse:

— Quelle vengeance! Quel raffinement* de vengeance! A m'entendre, on pourrait croire que j'aime l'argent.

85 — Oh! Raymond, protesta ma mère avec douleur.

— Je ne peux pas aimer l'argent, dit mon père, je
n'en ai jamais eu. Je ne sais pas ce que c'est. Mais que
j'en gagne! Qu'il m'en tombe! Et vous verrez tous, tu
verras, Lucie, l'usage que je suis capable d'en faire. Allez
90 vous coucher, mes enfants.

Avec l'argent des intérêts des titres hérités par nous,
les enfants, nous nous installâmes dans un appartement
plus grand et plus confortable. Mon père, qui avait toujours
des projets, s'énervait.* L'argent arrivait trop lentement.
95 Maman conseillait* la patience.

Nous fûmes tous habillés de neuf. En général, Ferdinand reprenait les habits de Joseph, et les habits de
Ferdinand lavés, reprisés, pliés, attendaient dans un
tiroir que je fusse en âge de leur donner le coup de
100 grâce. Mais Maman voulait que notre début dans le
nouvel appartement fût considéré comme une date capitale et nous reçûmes tous des vêtements neufs.

— Oh! disait-elle, je ne jette pas les vieux. Tu sais
bien que je ne jette rien. J'ai fait mes comptes, Raymond.
105 Avec ce que tu me donnes, ils auront du linge.* Pour les
chaussures, je dépasserai* peut-être un peu ce que tu
me donnes.

— Attention, Lucie!

— Il faut absolument aller jusqu'aux chaussures pen-
110 dant qu'on le peut. Je suis raisonnable, Raymond. Mais
pour ça, tant pis.* Que les enfants soient propres* pour
commencer. Je m'arrangerai.* Ne te tourmente pas.

Papa le plus souvent rentrait déjeuner. Il posait sa
serviette et disait:

115 — Rien du Havre?

— Tu sais bien, répondait Maman, qu'il faut compter
au moins quatre mois.

---

lavés, reprisés, pliés
washed, mended, folded
tiroir drawer
que je fusse . . . grâce
until I was old enough to
wear them out (**coup de
grâce** death blow, final
blow)

rentrait déjeuner came
home for lunch

— Je sais, mais ça pourrait venir plus tôt. Une chance!
Quelquefois ces affaires se décident tout à coup.

— Patience, Raymond, patience. 120

— Oh! la patience, j'en ai de reste.* Le fâcheux,*
c'est de laisser passer les occasions.*

— Quelles occasions?

placement investment

— On m'a parlé aujourd'hui d'une affaire extraordinaire. Un placement. Mais songe un peu, Lucie: douze 125
pour cent! Et tout ce qu'il y a de sûr. Les titres de Mme
Delahaie, je veux dire ceux qui sont déposés chez le
notaire jusqu'à l'arrivée des nouvelles d'Amérique, ces
titres-là, qu'est-ce que ça peut rapporter,* je te le demande? Du trois. Pas plus. Peut-être moins. Les Delahaie 130
étaient des gagne-petit,* des gens qui ne voyaient pas plus
loin que le bout de leur nez.

— Raymond! Raymond!

— C'est fini, ne t'inquiète pas. Je n'en dirai pas plus.
Cet argent, nous ne l'avons pas demandé; nous n'y pen- 135
sions même pas. Et voilà qu'ils l'ont pendu* devant notre
nez comme un bonbon à une ficelle.* Quelle humiliation!

Que veux-tu? What do
you expect?

— Que veux-tu Raymond? C'étaient des gens prudents.

— Je déteste les prudents. 140

je leur donne tort I
blame them

— Des gens raisonnables, je t'assure. Tu sais bien que
je leur donne tort. Mais laissons-les dormir en paix.*

Papa grondait une minute comme un grand félin
courroucé.* Nous ne savions plus où nous cacher, dans
la crainte d'une colère. 145

L'orage s'éloignait. The
storm passed.

L'orage s'éloignait.

Pendant le dîner, Papa revenait sur la querelle, mais
pour en sourire.

— Cet argent des Delahaie, nous ne l'avons pas demandé. 150

— Oh! bien évidemment, affirmait Maman.

— Si nous le touchons jamais, nous le dépenserons
sans honte. Et rien ne m'empêchera de dire et de redire
que ces Delahaie étaient des pantoufles.*

Le dîner fini, nous allions au lit. J'allais m'endormir 155
quand à travers l'ombre* arrivait, du fond de l'appartement, un léger «hum! hum!»

— Comment Lucie, tu ne dors pas!

Et la voix de Maman, lointaine:*

— Non, je fais mes comptes. 160

Elle ajoutait sur le même ton:

— Le combien sommes-nous?

— Le 19.

— Seulement le 19, Seigneur!*

165 Je ne devais pas tarder à comprendre que pour les femmes de cette sorte, vivre, c'est se hâter* d'arriver à la fin du mois sans avoir beaucoup dépensé.

Mon père était les bons jours souriant, froid, dédaigneux. Il considérait le monde avec une indifférence
170 souverainement* philosophique. Malheureusement, le philosophe descendait parfois de sa colonne. Quand il se mettait en colère, ses emportements* avaient quelque chose d'un artiste. Je ne saurais dire quelles étaient, dans ses éclats,* les proportions de vrai courroux,* de sport, de
175 curiosité, d'expérimentation, et sans doute aussi, d'habitude. Papa pouvait rester de longs mois sans colère. Ce qui m'a toujours frappé, c'est la brusque chute du phénomène. Sa colère s'évanouissait* soudain. L'homme terrible se prenait à sourire. Cinq minutes plus tard, il n'y
180 pensait plus. Il s'étonnait de nous voir pâles et tremblants. Il était de nouveau, maître de ses nerfs et tout aussi gracieux et serviable.*

Pendant cet été, Papa fit donc plusieurs colères démonstratives, et toutes à propos de l'affaire du Havre. Il
185 avait les premiers temps, ne voulant pas écrire lui-même, dicté des lettres à Maman. Le notaire au début, répondit de brefs billets* recommandant la patience. Puis il se lassa de* répondre et ce fut le silence complet.

C'est à propos de ce silence que Papa commença à
190 faire des «gammes». Il disait, l'air glacé:*

— Je vais y aller moi-même.

— Où donc? haletait Maman.

— Poser des questions au notaire.

— Tu ne feras pas ça. Je te connais, Raymond. Ce
195 serait épouvantable.*

Sur ces mots, Papa faisait «hum, hum» et il dédiait à la corporation des notaires en général et à celui du Havre en particulier une de ses plus riches vocalises.

— De l'argent? De l'argent? Oui, je veux de l'argent.
200 Et pourquoi? Pour continuer à m'instruire,* pour m'élever au-dessus de moi-même, pour devenir un homme supérieur, montrer ce que j'ai dans le sang. Et tout le monde se met en travers de ma route,* même cet imbécile du Havre.

205 — Ne crie pas si fort, Raymond, je t'en supplie.*

dédaigneux scornful

descendait parfois de sa colonne sometimes came down from his perch

brusque . . . phénomène sudden lapse of the phenomenon (*the father's anger*)

fit . . . démonstratives managed therefore to work himself up to several rages (*to convince the family of his anger*)

faire des «gammes» to go up and down the scale (*giving voice to his fury*)
haletait gasped

vocalises *f.* exercises in vocalization; *here:* utterances

ce que j'ai dans le sang what I am capable of (**sang** blood)

19

de ce côté this way

La voix du chanteur atteignait* le registre extrême. Plus rien à faire de ce côté; il fallait pour le soulagement* se réfugier dans l'acte. Papa cherchait un objet friable* et qui, quand même, ne fût pas exceptionnellement coûteux. Comme nous étions à table à ce moment-là, il saisit le plat 210 qui était comme l'on a deviné, sans doute, un grand plat de lentilles.

— Raymond! gémit Maman. Le déjeuner des enfants.

— Ils mangeront autre chose, dit fermement l'homme

adroit skillful, deft

superbe. Et d'un geste adroit, il jeta le plat par la fenêtre. 215

Nous habitions au cinquième. La fenêtre donnait sur la rue. Il y eut un moment de stupeur, puis on entendit un cri.

— Oh! Raymond, tu as tué quelqu'un, dit Mère avec douleur. 220

Papa était très pâle. Mais déjà Joseph à plat ventre* sur le balcon inspectait les régions inférieures.

— Il n'y a rien, murmura-t-il. C'est la concierge qui a eu peur et qui a poussé ce cri. Elle était sur le pas de la porte.* 225

bégayait stammered, stuttered

Papa se calmait brusquement. Maman bégayait encore:

— Raymond! Pour l'amour de Dieu!

20

VOCABULAIRE EXPLIQUE

Page 15

9 veulent bien se tenir tranquilles: *consentent à rester calmes*

10 à ton aise: *sois libre d'agir comme tu veux*

14 lançaient du feu: *montraient de la colère*

16 m'embrouiller: *tomber dans la confusion*

17 J'ai la tête perdue.: *Je me sens perdue.*

20 argent liquide: *somme d'argent qu'on peut utiliser tout de suite*

24 toucherai: *recevrai*

30 galimatias m.: *discours confus, inintelligible*

32 touche la rente: *reçoit le revenu*

Page 16

34 s'élargissaient: *devenaient plus larges*

35 reprit: *continua*

39 De la tête . . . oui.: *Mon père inclina la tête pour dire oui.*

44 paye . . . pension: *paye à peine son logement et ses repas*

maison de retraite: *maison où vivent des gens âgés qui ne travaillent plus*

46 poursuivait: *continuait*

50 Lima: *ville de l'Amérique du sud, capitale du Pérou*

59 réclamer: *demander avec insistance*

63 déposée: *mise en sécurité à la banque*

65 invendables: *qu'on ne peut pas vendre*

74 se fâcher: *se mettre en colère*

75 liquider: *régler, terminer*

Page 17

77 s'emballer: *être excessivement enthousiaste*

79 tournait en rond: *marchait en cercle*

82 raffinement m.: *extrême subtilité*

94 s'énervait: *s'impatientait*

95 conseillait: *recommandait*

105 linge (de corps) m.: *sous-vêtements*

106 dépasserai: *excéderai*

111 tant pis: *je n'y peux rien, il faut l'admettre*

propres: *convenablement vêtus*

112 Je m'arrangerai: *Je me débrouillerai.*

Page 18

121 j'en ai de reste: *j'en ai plus qu'il faut*

le fâcheux: *la chose regrettable*

122 occasions f.: *conditions favorables*

129 rapporter: *donner comme revenu*

131 des gagne-petit m.: *personnes qui reçoivent très peu pour leur travail*

136 pendu: *suspendu*

137 ficelle: *corde mince*

142 en paix: *tranquillement*

144 félin courroucé: *animal sauvage (lion, tigre, chat) en colère*

154 pantoufles f. (fam.): *gens bêtes et médiocres*

156 ombre f.: *obscurité f.*

159 lointaine: *à une grande distance*

Page 19

164 Seigneur: *Dieu*

166 se hâter: *se dépêcher*

170 souverainement: *extrêmement*

172 emportements m.: *mouvements violents excités par la colère*

174 éclats m.: *bruits violents*

courroux m.: *vive colère*

178 s'évanouissait: *disparaissait sans laisser de traces*

182 serviable: *qui aime rendre service*

187 billets m.: *petites lettres ou cartes*

188 se lassa de: *se fatigua de*

190 glacé: *très froid*

195 épouvantable: *horrible, affreux*

200 m'instruire: *faire mes études*

203 se met . . . route: *me fait obstacle*

205 je t'en supplie: *je t'implore*

Page 20

206 atteignait: *arrivait à*

207 le soulagement: *la diminution d'une douleur*

208 friable: *qui peut être facilement cassé*

221 à plat ventre: *étendu de tout son long sur l'abdomen*

225 sur le pas de la porte: *devant la porte d'entrée*

Subjonctif présent, subjonctif passé

Je veux que les enfants soient bien vêtus.
I want the children to be well dressed.

Je m'étonne qu'il se mette en colère.
I am surprised that he gets angry.

Je m'étonne qu'il se soit mis en colère.
I am surprised that he got angry.

Nous doutons qu'il écrive cette lettre.
We doubt that he is writing that letter.

Nous doutons qu'il ait écrit cette lettre.
We doubt that he has written that letter.

> For a review of the *subjonctif présent* and the *subjonctif passé,* see Appendix, pages 273–274, 279–281.

EXERCICES

I. Questionnaire

Pages 15–16

1. Selon les dispositions du testament, qu'est-ce que Mme Pasquier a reçu?
2. A-t-elle reçu tout l'argent laissé par Mme Delahaie? 3. Est-ce que cet héritage était en argent liquide ou en titres? 4. Pourquoi Mme Pasquier ne pouvait-elle pas vendre les titres? 5. Quel bénéfice aurait-elle de ces titres? 6. Comment savez-vous que Joseph s'intéressait vivement à l'argent? 7. Comment le reste de l'héritage était-il divisé? 8. Qu'est-ce que la part de la tante Coralie payait?

Pages 16–17

9. Quelle somme d'argent les deux sœurs devaient-elles recevoir? 10. Pourquoi ne pouvaient-elles pas profiter de cet héritage? 11. Quel pays avaient-elles habité? 12. Quand Mme Pasquier pourrait-elle vendre les titres déposés au nom de ses sœurs? 13. Qui s'occuperait d'obtenir les papiers officiels nécessaires? 14. Pourquoi serait-il difficile d'obtenir ces papiers? 15. Pourquoi Mme Delahaie a-t-elle fait un pareil testament? 16. Qu'est-ce que M. Pasquier pensait du testament?

II. Etude de mots

Complétez les phrases suivantes en employant le mot convenable. Faites les accords nécessaires.

> Exemple: (instruction, instruit, s'instruire) Ses parents surveillent son
> . . . C'est un étudiant qui cherche toujours à . . . Ce sera un
> homme . . .

Réponses: *(1) instruction; (2) s'instruire; (3) instruit*

1. (le lointain, s'éloigner, lointain, loin) Il a vu les montagnes dans . . .
   Nous n'irons pas plus . . . Elle habite un pays . . . Elle désire . . . de la
   ville.

2. (l'habitude, habitué, s'habituer, habituel) Il n'est pas encore . . . à son nouvel appartement. Elle faisait son travail . . . Ils ne peuvent pas . . . à cette vie difficile. Il a . . . de partir tôt le matin.

3. (la vengeance, venger, se venger, vengé) Il veut . . . son ami de cette insulte. Son désir de . . . se trouve diminué par sa peur. Cette offense . . . , il n'y pensera plus.

4. (le coût, coûter, coûteux) Ces meubles sont très . . . Sa voiture va lui . . . cher. . . . de la vie augmente chaque année.

5. (usage, user, usé) Il a fait mauvais . . . de cet argent. Cette robe est . . . , je ne la porterai plus. Vous servirez-vous de cette permission? Oui, j'ai l'intention d'en . . .

III. Emploi des temps (subjonctif présent, subjonctif passé)

Mettez *Je regrette que* devant chacune des phrases suivantes et faites les changements nécessaires.

Exemples: Elle répond impoliment.

Je regrette qu'elle *réponde* impoliment.
Je regrette qu'elle *ait répondu* impoliment.

1. Vous désirez vous venger.
2. Ils partent.
3. Tu sais la vérité.
4. Vous ne pouvez pas venir.
5. Il le poursuit.
6. Elle s'en va.
7. Il prend l'avion.
8. Vous le faites.

IV. Petit exposé oral

Décrivez les colères de M. Pasquier. Employez l'imparfait.

M. Pasquier . . . (se mettre souvent en colère à propos de l'affaire du Havre; se donner raison en citant son besoin d'argent pour continuer ses études; traiter le notaire d'imbécile; menacer de lui écrire de nouveau; faire des «gammes» en parlant des obstacles qui l'empêchaient de toucher l'argent de l'héritage; être insensible aux réactions de sa femme et de ses enfants)

V. Exercice écrit

Ecrivez au passé en style de narration le paragraphe suivant. Attention à l'emploi des temps!

Un jour où la famille est à table, M. Pasquier se met en colère. Il commence par un discours sur les obstacles qui l'empêchent de toucher l'argent de l'héritage. Puis il parle du notaire du Havre d'une façon insultante. Malgré le chagrin de sa femme, il se plaint, il crie, il gesticule. Soudain il cesse de crier et cherche des yeux quelque chose de peu coûteux qu'il pourra casser facilement. Sur la table il y a un grand plat plein de lentilles. Il saisit le plat, se lève et va à la fenêtre. D'un geste adroit, il jette le plat par la fenêtre. Mme Pasquier pâlit. Elle pense qu'il a tué quelqu'un.

III. FATIGUE ET DESESPOIR

L'automne de cette année-là fut marqué par plusieurs
événements notables.

    Tout d'abord, Joseph refusa de continuer ses études.
Cette décision jeta notre père en fureur et Maman dans un
5 grand trouble.

    — Voyons, Joseph, disait-elle, tu parles d'arrêter tes
études au moment même que ton père en commence de
terriblement difficiles. Et pourtant ton père n'est plus
jeune. Mais comprends-moi, Joseph, des études, il paraît
10 qu'avec les progrès de maintenant, c'est absolument nécessaire.

    Joseph avait le regard rétif* d'un cheval qui ne veut
pas sauter l'obstacle. Il était grand, robuste. Il déployait
une grosse voix mâle.* Il se prit à gratter le sol avec la
15 pointe de ses chaussures. Papa grondait.

    — Si ce n'est pas de la paresse* pure et simple, donne
tes raisons.

    — Des raisons, j'en ai beaucoup. D'abord, je ne suis
pas fait pour les études. Oh! je ne suis pas plus bête qu'un
20 autre, mais toutes ces histoires ne me disent rien du tout.
Ce n'est pas mon genre.* Et je suis même sûr que les trois
quarts de ce qu'on apprend, c'est parfaitement inutile,* au
moins pour ce que je veux faire. Et puis, il faut toujours
acheter des livres et des fournitures.* Nous n'avons pas les
25 moyens d'acheter tant de choses.

    — C'est une mauvaise raison, dit mon père avec
amertume. Si tu avais vraiment la moindre envie de t'instruire, tu les volerais plutôt, les livres.

    — Raymond, s'écria Maman, ne lui donne pas, même
30 en riant, un conseil de cette espèce.

    — Il sait bien ce que ça veut dire. Des livres! Des
livres! On les ferait sortir de terre, quand on en a vraiment
besoin. Mon père avait l'air profondément déçu.*

Il se prit . . . le sol He
started to scrape the floor
(**sol** ground)

amertume f. bitterness

On . . . terre (fig.) We
would get them some-
how

— Que veux-tu faire? demanda-t-il.

Joseph tenta* de se justifier. 35

— Si je poursuis* mes études, je resterai huit ou dix ans sans gagner d'argent. Tandis que si je commence tout de suite dans le commerce . . .

maison de commission
brokerage house

Joseph entra donc dans «le commerce». Une maison de commission le prit pour deux ans, au pair,* en appren- 40 tissage. Papa levait les épaules et poussait de grands sou-

poussait de grands soupirs
sighed deeply

pirs. Il n'avait jamais pu se courber sous aucun joug.* Les mots d'emploi, d'employé lui donnaient des crises de rage.*

J'ai raconté brièvement, elle ne mérite rien de plus, 45 cette petite scène familiale. Elle fixe un point d'histoire et j'y pense volontiers* quand Joseph dit aujourd'hui: — Mes parents m'ont prié d'interrompre mes études. Ils m'ont retiré de l'école en plein succès. Ça ne m'a pas empêché d'arriver, bien sûr. Mais imaginez-vous ce que j'aurais 50 donné, si j'avais été favorisé comme les autres, je veux dire comme les petits.

La vie aime l'équilibre.
(fig.) In life, events balance each other.

La vie aime l'équilibre; alors que Joseph signait cette précoce démission,* je me révélai, tout soudain, comme un excellent élève. L'école où j'étais devint bientôt pour 55

moi un lieu béni.* Cette allégresse* du travail ne me faisait
pas oublier les angoisses* de la maison. Midi et soir, en
rentrant, je m'arrêtais chez la concierge.[1]

— Non, non, rien pour Pasquier. Les jours de va-
60 cances, je descendais furtivement. Je savais dès cet âge
tendre, que le courrier* de la province arrive souvent
l'après-midi. Parfois quand j'apercevais la concierge dans
la cour, je lui disais: — Rien pour nous? Elle haussait les
épaules:

65 — Deux ou trois papiers, peut-être bien. Mais des
lettres? je vais voir ça tout à l'heure.*

— C'est, murmurais-je en rougissant, que nous attendons une lettre qui viendrait du Havre.

La concierge finit par se rappeler le mot et, en me
70 voyant passer, elle disait: — Encore rien du Havre aujourd'hui.

1. **concierge:** In France some apartment houses
do not have individual mailboxes; the postman
leaves the mail with the *concierge*, who distrib-
utes it.

Vint un nouvel hiver. Il y eut des mois d'allégresse inexplicable,* pendant lesquels, sans même savoir pourquoi, nous étions sûrs que les choses allaient miraculeusement se délier. Il y eut des mois maudits pendant lesquels, 75 comble de malheur et de fatigue, nous finissions par ne même plus penser au notaire du Havre. Un soir j'entendis Papa dire, pour la première fois, cette phrase terrible:

— Lucie, je peux renoncer à mes études. Je peux abandonner . . . C'est même le moment. Mon patron 80 m'a parlé d'un travail . . . Une compilation énorme . . . Il y en aurait pour quatre ans. Si j'abandonne mes examens, c'est tout de suite l'aisance.* Oh! je sais, ce ne serait pas déshonorant, ce serait seulement inconcevable, après tout ce que j'ai fait. 85

Maman étendit les bras et saisit les mains de son mari. Elle les secouait en riant.

— Abandonner! Mais Raymond, c'est une idée du soir. Comme il faut que tu sois fatigué!* Demain tu n'y penseras plus. 90

Père se redressait* déjà.

— Fatigué? Non, non, je ne suis jamais fatigué. Si j'ai pu envisager* la chose, c'est pour te soulager,* Lucie.

Maman se reprit à rire.

— Raymond, comme tu es bon! Mais moi, je ne 95 compte pas. Ne t'inquiète pas de moi. Je suis par bonheur, bien portante.*

A quelques jours de là, Maman revint d'une course en ville avec un énorme ballot* qu'elle ouvrit le soir sur la table. C'étaient des pantalons d'homme, tout coupés. Il 100 ne restait qu'à les coudre. Maman se mit au travail et veilla, par la suite, une grande partie des nuits. Elle avait trouvé cet ouvrage* dans une maison de confection* qui tirait bon profit des ouvrières à domicile.* Maman disait:

— Ce n'est pas bien payé; mais ça nous aidera beaucoup. 105 Nous pourrons joindre les deux bouts.

Je disais parfois: — Comme tu couds, Maman! Comme tu couds bien.

Elle répondait: — C'est ma vie. Il arrivait qu'elle ajoutât: 110

— Si seulement j'avais une fille en âge de m'aider. On travaillerait ensemble et ce serait quand même plus gai. Mais rien que la petite Cécile et tout le reste, des hommes.

---

se délier to come out right (**délier** [fig.] to liberate); **maudits** extremely painful (**maudits** cursed) **comble de malheur** the depths of misfortune

déshonorant disgraceful

étendit stretched out
secouait shook

coudre to sew
veilla par la suite after that she stayed up late

Les choses allaient leur train. Certains voisins se
115 plaignaient à cause de la machine à coudre qui les em-
pêchait de dormir. Ils finirent par s'y habituer.

Une nuit je fus réveillé par je ne sais quel cauchemar.*
Je ne pouvais plus me rendormir.* Je voyais de loin sur le
parquet,* un filet de lumière venu de la salle à manger;
120 mais je n'entendis aucun bruit. Ce silence mortel finit par
m'effrayer si bien que je me levai sur la pointe de mes
pieds nus et marchai vers la clarté.*

Maman dormait, assise devant la table, la tête dans
son bras. Elle était pâle et respirait mal par sa bouche
125 entrouverte.* Comme je lui touchais le bras, elle s'éveilla,*
m'aperçut et se mit à pleurer. Elle m'avait pris sur ses
genoux et me serrait* contre elle pour que je n'eusse pas
froid, en chemise ainsi, pieds nus. Elle pleurait tout bas*
et disait des choses sans suite:* — Dieu sait que je n'ai pas
130 souhaité la mort de mes pauvres sœurs. Si je l'avais sou-
haitée, je comprendrais que le Ciel* me punisse. Mais
puisqu'elles sont mortes, hélas! Qu'on me donne mon
dû,* Seigneur! et que ce soit fini. Va te coucher, Laurent.
Tu seras fatigué demain pour aller à ton école. L'instruc-
135 tion, c'est beau, Laurent, surtout quand on la prend jeune.
Mais comme ton père, c'est vraiment trop cher payer.
Tes pieds sont froids, Laurent. Laisse-les encore une
minute dans le creux de ma main.

Vers la fin de cet hiver-là, Maman tomba malade.
140 Elle resta huit jours à l'hôpital. Mon père, qui avait perdu
de l'argent en se livrant à* des spéculations financières, se
trouva obligé de courir le monde des prêteurs.* Finalement ce fut ma mère qui réussit à emprunter de l'argent,
mais à des conditions très désavantageuses.

145 Cet argent, qui servait à payer les dépenses quoti-
diennes, disparaissait rapidement, lorsque cette lettre du
Havre, cette fameuse lettre si ardemment* attendue, arriva
enfin.

Maman lut et relut la lettre. Il s'agissait d'un total de
150 vingt mille cinq cent cinquante francs.

Malheureusement cette somme se trouvait grevée de
beaucoup de frais notables. L'ensemble de ces débours
s'élevait au chiffre effarant de sept mille trois cent quinze
francs.

Les choses . . . train.
Things were taking their
normal course.

filet thin streak

nus bare

creux hollow

se trouvait . . . notables
was saddled with many
heavy expenses
**L'ensemble de ces dé-
bours** The total of this
outlay (money to be re-
paid to the notary)
chiffre effarant terrifying
figure (amount)

se mordant . . . doigts while biting her finger-nails
par-dessus over

raide stiff (*surprise and emotion have turned her stiff as a statue*)

trimestre interest for three months

saouls surfeited, drunk

Ma mère, pendant bien des jours, considéra ce 155 chiffre en se mordant le bout des doigts.

Papa disait en regardant les papiers par-dessus l'épaule de ma mère:

— En somme, ça fait un peu plus de treize mille francs que nous aurons devant nous.   160

Mère se retourna, toute raide, et considéra longue-ment ce compagnon extraordinaire, l'homme de sa vie, l'homme dont elle était devenue pour toujours l'ombre fidèle.

— Tu dis, Raymond, treize mille francs . . . Mais tu ne 165 penses donc pas que nous devons rembourser* dix mille francs, plus cinq cents francs, plus un trimestre . . . en tout dix mille sept cents francs.

Papa leva les bras au ciel.

— Ecoute, Raymond, tous comptes faits, restent deux 170 mille cinq cent trente-cinq francs. Et c'est fini. Nous toucherons peut-être un jour plus tard, dans bien des années, une autre part de cet héritage. Possible. Je ne veux plus y penser. Je ne veux plus, Raymond, c'est fini. Je ne veux plus compter que sur nous, sur nos quatre bras, sur 175 nos deux têtes. Et je t'affirme que ça vaut mieux comme ça.

Papa relevait les yeux.

— Oui, dit-il, ça vaut mieux. Et quelle leçon, ma femme! Quelle leçon, mes enfants. Je jure* que c'est fini. Me mettre encore une fois aux mains des prêteurs! 180 Jamais!

Quelque chose, en vérité, quelque chose était fini. Un long rêve s'achevait,* ce rêve qui pendant plus de deux ans nous avait dupés.

Nous repartions, brisés, déçus, saouls de fatigue et 185 de souffrance, mais allégés,* allégés, quand même.

VOCABULAIRE EXPLIQUE

Page 27
12 rétif: *récalcitrant, difficile à persuader*
14 déployait . . . mâle: *parlait déjà d'une voix d'homme forte et grave*
16 paresse f.: *indolence*
21 mon genre: *la sorte d'activité que j'aime et pour laquelle je suis doué*
22 inutile: *qui ne sert à rien*
24 fournitures f.: *équipement scolaire (cahiers, crayons, etc.)*
33 déçu: *désappointé*

Page 28
35 tenta: *essaya*
36 poursuis: *continue*
40 au pair: *sans salaire*
42 ne se courber . . . joug: *ne se soumettre à aucune servitude*
44 lui donnaient . . . rage: *le faisaient se mettre violemment en colère*
47 volontiers: *facilement*
54 signait . . . démission: *abandonnait trop tôt ses études*

Page 29
56 lieu béni (fig.): *endroit aimé*
    allégresse f.: *grande joie, enthousiasme*
57 angoisses f.: *extrêmes anxiétés*
61 courrier m.: *correspondance (lettres, cartes, etc.)*
66 tout à l'heure: *dans très peu de temps*

Page 30
73 inexplicable: *qui ne peut pas être expliqué*
83 aisance f.: *prospérité*
89 Comme . . . fatigué: *Je comprends combien tu es fatigué.*
91 se redressait (fig.): *retrouvait son courage et sa fierté*

93 envisager: *considérer*
    te soulager: *enlever une partie de tes peines*
97 Je suis . . . portante: *Je suis heureusement en bonne santé.*
99 ballot m.: *gros paquet*
103 ouvrage m.: *travail*
    confection f.: *fabrication de vêtements en série*
104 ouvrières à domicile: *femmes qui prennent du travail qu'elles exécutent chez elles*

Page 31
117 cauchemar m.: *rêve pénible*
118 me rendormir: *commencer de nouveau à dormir*
119 parquet m.: *plancher*
122 clarté f.: *lumière*
125 entrouverte: *ouverte à demi*
    s'éveilla: *sortit du sommeil*
127 serrait: *pressait*
128 tout bas: *très doucement, sans faire du bruit*
129 sans suite: *incohérentes, sans ordre*
131 le Ciel: *la Providence*
133 mon dû: *ce qu'on me doit*
141 en se livrant à: *en s'engageant dans*
142 courir . . . prêteurs: *fréquenter les gens qui prêtent de l'argent*
147 si ardemment: *avec un si grand désir*

Page 32
166 rembourser: *rendre l'argent avancé*
179 je jure: *j'affirme fortement*
183 s'achevait: *se terminait*
186 allégés: *débarrassés d'une grande partie de nos soucis*

33

Phrases avec «si»

S'il prend un emploi, la famille aura de l'argent.
If he goes to work, the family will have money.

(Present after *si,* followed by the future.)

Si elle était malade, elle ne pourrait pas travailler.
If she were ill, she could not work.

(Imperfect after *si,* followed by the conditional.)

S'il n'avait pas interrompu ses études, il aurait réussi brillamment.
If he had not interrupted his studies, he would have succeeded brilliantly.

(Pluperfect after *si,* followed by the conditional perfect [*conditionnel antérieur*].)

EXERCICES

I. Questionnaire

Pages 27–29

1. Quelle décision Joseph a-t-il prise?   2. Que pensaient ses parents de cette décision?   3. Quelles raisons Joseph a-t-il données pour se justifier?   4. Qu'est-ce que Joseph gagnerait tout de suite, s'il entrait dans le commerce?   5. Quel emploi Joseph a-t-il trouvé?   6. Que disait Joseph plus tard en parlant de ses études?   7. A quel membre de la famille Joseph ressemblait-il par son manque de sincérité?   8. Qu'est-ce qui a fait oublier momentanément à Laurent les angoisses de la maison?

Pages 29–31

9. Qu'est-ce que Laurent demandait à la concierge chaque jour?   10. Quand M. Pasquier a proposé de renoncer à ses études, pensez-vous qu'il ait été sincère? Justifiez votre réponse.   11. Quelle sorte d'ouvrage Mme Pasquier a-t-elle trouvé dans une maison de confection?   12. Comment les ouvrières à domicile étaient-elles payées?   13. Pourquoi Mme Pasquier était-elle à bout de forces?   14. Pour qui l'instruction est-elle belle, selon Mme Pasquier?   15. Qu'est-ce que Mme Pasquier a payé trop cher?

II. Etude de mots (vocabulaire de l'émotion)

Complétez les phrases suivantes en employant le mot convenable.

> Exemple: (l'ennui, le désespoir) Elle ne voit pas de solution à ses difficultés; elle est plongée dans . . .

Réponse: *le désespoir*

1. (l'angoisse, la douleur) Son inquiétude, peu marquée au début du voyage, est devenue à la fin une véritable . . .

2. (les désespoirs, les soucis) Avez-vous des . . . ? J'en ai, mais ils ne sont pas graves.

3. (la souffrance, la peine) Je n'ai pas voulu vous faire de la . . .

4. (les anxiétés, les ennuis) De quoi s'agit-il? On parle des petits . . . de tous les jours.

5. (le bien-être, la joie) . . . est une émotion plus forte que le plaisir.

6. (le contentement, l'enchantement) Venise au clair de lune! Quel . . . !

7. (le bonheur, la jubilation) Quoiqu'elle mène une vie heureuse, elle pense que . . . ne peut pas toujours durer.

8. (l'extase, la jubilation) Vous auriez dû voir . . . de la foule le jour de l'armistice.

III. Phrases conditionnelles

Changez les phrases suivantes selon l'exemple:

Exemple: Si son mari était moins égoïste, elle serait heureuse.
Si son mari avait été moins égoïste, elle aurait été heureuse.

1. Si Joseph le voulait, il pourrait continuer ses études. 2. S'il poursuivait ses études, il resterait longtemps sans gagner de l'argent. 3. Si la lettre du Havre arrivait, tout le monde serait heureux. 4. Si M. Pasquier abandonnait ses études, il ne serait pas déshonoré. 5. Si elle cousait tard la nuit, les voisins se plaindraient. 6. Si le travail était mieux payé, elle pourrait joindre les deux bouts.

IV. Petit exposé oral

Parlez de la vie que menait Mme Pasquier.

Dites ce qu'elle faisait d'habitude: faire le marché, préparer les repas, faire le ménage, laver, repasser, raccommoder les vêtements de toute la famille.

Dites ce qu'elle a fait le jour où son mari a proposé d'abandonner ses études: aller chercher de l'ouvrage dans une maison de confection; porter à la maison un énorme ballot; se mettre à coudre; par la suite veiller une grande partie des nuits.

V. Rédaction

Racontez ce qui arriva à la fin de cet hiver:

Qui tomba malade?
Pourquoi le père avait-il besoin d'emprunter de l'argent?

A quelles conditions cet argent fut-il emprunté?

A quoi cet argent servait-il?

Quel événement longuement attendu eut lieu un jour?

Pourquoi la famille Pasquier ne pouvait-elle pas profiter de l'argent reçu du notaire?

Qu'est-ce que le père ne voulait pas comprendre?

Par quel rêve la famille avait-elle été cruellement dupée?

Comment les membres de la famille se trouvaient-ils quand le rêve s'achevait?

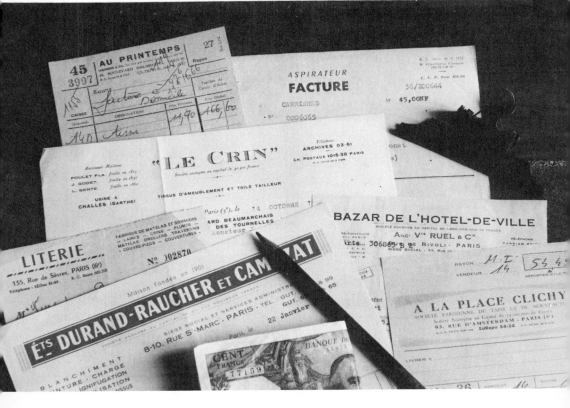

IV. PETITS COMPTES DE JOSEPH

Parfois l'argent s'endormait. Pendant quelques jours, quelques semaines, on cessait d'en parler. Nous les enfants, nous cessions même d'y penser. Ces périodes bénies* ne duraient jamais longtemps. Le démon de l'argent surgissait
5 à l'improviste* et nous plantait ses crocs* dans la chair vive. Pendant bien des jours cette douleur secrète était notre principale pensée.

Pour les gens que nous étions alors, on ne saurait parler de fournisseurs,* de mémoires.* Les grosses dettes
10 sont un privilège de la fortune. Il s'agissait toujours pour nous d'une multitude humble et pressante de petits problèmes. Il fallait penser aux billets que l'on avait signés, c'est-à-dire écartés pour trois mois, pour six mois, et qui revenaient presque tout de suite à l'offensive, car trois
15 mois et même six mois, cela passe incroyablement vite* au milieu des soucis. Il y avait les traites harcelantes des achats dits à tempérament: on payait ainsi les livres de Père et même le linge et beaucoup d'autres choses. A date fixe venaient les quittances du loyer.
20 C'est par la musique, porte d'azur,* que nous sommes sortis de la vraie pauvreté, celle de l'âme. C'est la musique qui nous a fait entrevoir* les vraies dimensions de l'homme, qui nous a aidé à supporter* la vie.

Et c'est la petite Cécile qui fut désignée par le sort*
25 pour, avec ses doigts d'enfant, nous donner ce beau baptême.*

Nous, les enfants, grandissions. Cécile, de plus en plus enthousiaste pour la musique, deviendrait par son talent et son travail une artiste connue. Moi qui raconte
30 la chronique des Pasquier, serais un jour médecin. Joseph, mon frère aîné, avait comme but de gagner de l'argent, mais avant de s'y consacrer, il faisait son service militaire.

l'argent s'endormait (fig.) the money problems receded into the background

chair vive living flesh

on ne saurait parler one couldn't possibly speak

billets promissory notes

traites . . . tempérament annoying bills for purchases made on the installment plan
quittances du loyer rent receipts

Maman continuait à essayer de joindre les deux bouts, car la lutte* contre les dettes était de plus en plus harcelante. Quant à notre père, il faisait ses études scientifiques, comme si les difficultés de la vie n'existaient pas. 35

Au début de juillet, mon frère Joseph vint en permission. Même dans l'interlude militaire, il montrait déjà cette pesante* autorité, cette violence de la pensée comme du mot, ce mépris de toute valeur étrangère à son 40 système intellectuel, cette ambition jalouse et fascinée, bref* tous ces caractères puissants qui selon les jours sont vices ou vertus.*

mépris contempt, scorn

Je commettrais une erreur et une injustice en laissant croire, par exemple, que Joseph n'a pas souffert. Il a, plus 45 vivement que personne autour de moi, souhaité la possession des biens matériels. Une telle passion connaît de hideux* découragements.

Le lendemain de son arrivée, Joseph vint me prendre à la sortie du lycée. 50

— J'espère, dit-il, que tu n'es pas pressé. Car il faut que je te parle.

— Parle.

— Toi, Laurent, tu es ce qu'on appelle un garçon sentimental. Je n'y vois pas d'inconvénient.* C'est ta 55 qualité comme ça. Mais je te répète qu'à ton âge, j'avais tout compris. Tu fais des études. Tu dis que ça développe la faculté d'analyse. C'est possible, c'est bien possible. N'empêche que tu n'es pas observateur et tu ne comprends pas ce qui est important dans la vie. 60

C'est . . . ça. That's the way you are.

— Ni toi non plus.

— Si. Moi, j'en sais quelque chose.

Joseph sourit drôlement* et prit un air confidentiel.

— Quand j'étais en apprentissage, rappelle-toi: plus de deux ans, je ne rentrais pas déjeuner à la maison et 65 j'avais dix sous pour ce repas. Eh bien! pendant plus de deux ans, je me suis privé de nourriture.*

volonté willpower

— Oh! fis-je, la volonté!

— Oui, la volonté, naturellement et la faim. Je sais ce que c'est de ne pas manger. Au bout de deux ans, 70 j'avais deux cents francs à moi.

— Deux cents francs! Qu'est-ce que tu en as fait?

Joseph rit, cligna de l'œil,* puis d'une voix grave:

— Je les ai mis dans une affaire.

— Et ils existent encore? 75

— Bien sûr! Moi, je ne suis pas comme Papa. Je ne gaspille pas l'argent.* Ils existent, mes deux cents francs, et c'est même tout à fait comme s'ils n'existaient pas.

— Je ne te les demanderai pas, sois tranquille.

80 — Et tu feras bien, car je ne te les donnerais pas. L'argent est placé, c'est sacré.* On n'y touche à aucun prix. On l'a, mais comme si on ne l'avait pas. Tu comprendras plus tard, si tu deviens un homme sérieux.

— Je ne sais pas ce que tu appelles un homme sé-
85 rieux, mais je sais bien ce que je veux. Je veux une vie où l'on ne parlera jamais d'argent, une vie sans papier timbré, sans traites, sans encaisseurs, sans hommes d'affaires.

Joseph riait à pleine gorge.*

90 — Le paradis terrestre, avec les serpents qui caressent les petits agneaux.* Et de beaux livres pendus à l'arbre de science.[1] Les gens de ton espèce ont tendance à s'imaginer qu'on ne peut pas faire de grandes choses sans être savant.*

95 — Tu ne sais pas ce que tu dis.

— Je le sais trop bien, car c'est moi, Joseph, l'aîné qui me suis sacrifié pour les autres. C'est un compte qu'il faudra régler un jour à l'avenir.

Et comme je le regardais avec étonnement, il dit
100 encore:

— S'il faut des hommes instruits* pour faire ce que je veux faire, eh bien, je les achèterai. Les savants de ton espèce, on les achète comme les autres.

— Avec tes deux cents francs.

105 — Ils auront augmenté.

Deux jours plus tard, sa permission finie, Joseph nous quitta. Il me souvient de notre dernier entretien* qui fût animé.

C'était le matin. Joseph brossait et revêtait* l'une
110 après l'autre les pièces de son uniforme.

— Pourquoi, lui dis-je avec rancune,* pourquoi n'es-tu pas rentré tôt hier soir? Qu'est-ce que tu as bien pu faire?

sans papier timbré . . . encaisseurs without official (stamped) paper, without bills, without bill collectors

paradis terrestre earthly paradise

1. **Et de beaux . . . science:** Joseph is making fun of "book" learning. Here *science* means "knowledge."

Il haussa les épaules. Puis après un long silence:

— Ne te monte pas la tête.* J'étais avec mon ami 115
Valencin.

— Qu'est-ce que c'est que ce Valencin?

— C'est un monsieur puissamment* riche.

— Oh! m'écriai-je, tu ne penses donc qu'à l'argent?
Joseph me considéra d'un œil dédaigneux.* 120

— Moi, fit-il, je suis logique, et surtout je suis
honnête. Je dis les choses comme elles sont. Il faut toujours penser à l'argent et tout le monde pense à l'argent,
car tout repose sur l'argent. Même tes rats de bibliothèque,[2] tes crâneurs,* tes martyrs de la science, eh bien, ils 125
ne pensent qu'à leur traitement,* à leur retraite, à leurs
sous. Seulement, ils ne le disent pas, parce qu'ils ne sont
même pas sincères. Pour mépriser les choses, il faut commencer par les avoir.

— Joseph, m'écriai-je, tremblant de sainte* horreur, 130
je jure sur la tête de notre mère . . .

— Ne jure pas. Tu vas dire une sottise.*

— Mon premier billet de mille francs, Joseph, oui, de
mille francs, je jure de le déchirer* en morceaux gros
comme des confettis, tu m'entends, et de le jeter dans le 135
feu pour expier* ce que tu viens de dire.

— J'avais bien prévu* que tu dirais une sottise. Et
quelle sottise!

Il noua sa cravate. Puis il reprit:

— Avant que tu brûles les billets de mille, nous 140
allons régler notre petit compte.

— Quel petit compte?

Il était tout à fait calme. Il baissait un peu la voix.
Il me montrait ce sourire en même temps impérieux* où
je reconnais encore qu'il va me demander de l'argent. 145

— Tu n'as pas oublié, Laurent, que nous avons un
petit compte?

Je ne me rappelais rien de tel; mais avec Joseph, on
a toujours un petit compte. Il sortit un carnet, le feuilleta,*
l'étala* dans sa main gauche. 150

— Voilà, Laurent. Janvier. Deux francs, plus trois

mépriser to despise

noua knotted
brûles burn

---

2. **rats de bibliothèque:** library rats. Joseph thus
contemptuously refers to scholars and intellec-
tuals in general.

francs, plus un franc soixante . . . ça fait en tout six soixante. Entre nous on ne parle pas d'intérêt.

— Mais qu'est-ce que c'est que ça? Janvier . . . jan-
155 vier. Je ne vois pas.

— Je te demande pardon. A ma dernière permission, nous sommes allés au théâtre, avons mangé dans un bis-trot.* Le soir à la sortie, nous avons pris une consomma-tion.* Tu peux voir, tout est marqué.

160 — Mais je suis sûr que Maman t'avait donné de l'argent pour deux.

— Non. C'était de l'argent à moi. Exactement, c'était de l'argent qu'elle me devait. J'espère bien que tu ne vas pas ennuyer Maman avec ça.

43

— Mais, dis-je, pour cette histoire de janvier, je ne 165
me rappelle plus.

— Ah! cria-t-il en frappant du pied, vous êtes tous
les mêmes, vous les désintéressés.* Vous faites de la grandeur d'âme* avec l'argent des autres.

Je ressentais,* comme toujours dans les histoires de 170
Joseph, une telle humiliation que je fus chercher* l'argent.
Mes minces économies, par bonheur,* allaient à peu près
jusque-là.

J'ai narré* cette petite scène parce que Joseph me
l'a jouée non une fois, mais plusieurs centaines de fois, 175
et qu'elle peut servir à faire comprendre mon frère.
L'argent va, vient, vole. L'argent s'évapore et se perd . . .
Sauf entre les mains de Joseph. Mes six francs soixante,
ils vivent toujours, j'en suis sûr. Joseph accumule et
conserve. C'est une des fonctions humaines. Les vrais 180
hommes d'argent sont tourmentés, à leur manière, par le
goût de l'éternel.

Les vrais hommes . . . éternel. Even materialists are interested in immortality. (*They want eternal existence for their money*).

VOCABULAIRE EXPLIQUE

Page 39
3   bénies (*fig.*):   *heureuses*
5   surgissait à l'improviste: *apparaissait brusquement*
    crocs *m.* (*fam.*):   *dents*
9   fournisseurs *m.*:   *commerçants*
    mémoires *m.*:   *énumérations des sommes dues*
15 cela . . . vite: *cela passe si vite qu'on ne peut pas le croire*
20 porte d'azur: *porte d'un paradis*
22 entrevoir (*fig.*):   *deviner*
23 supporter: *accepter, endurer avec courage*
24 désignée par le sort: *choisie par la destinée*
26 ce beau baptême (*fig.*):   *cette introduction à une vie spirituelle*

Page 40
34 lutte *f.*:   *combat*
39 pesante: *lourde, désagréable*
42 bref: *en peu de mots*
43 vertus *f.*:   *qualités morales*
48 hideux: *horribles, affreux*
55 inconvénient *m.*:   *désavantage, mal*
63 drôlement: *d'une manière singulière; curieusement*
67 je . . . nourriture: *je n'ai pas mangé*
73 cligna de l'œil: *ferma l'œil à demi*

Page 41
77 ne gaspille pas l'argent: *ne dépense pas l'argent inutilement*
81 c'est sacré: *cela mérite un respect absolu*
89 à pleine gorge: *très fort*
91 agneaux *m.*:   *jeunes moutons*
94 savant: *qui a fait des études sérieuses*
101 hommes instruits: *hommes qui ont beaucoup d'instruction*

107 entretien *m.*:   *conversation*
109 revêtait: *mettait*
111 rancune *f.*:   *ressentiment, hostilité*

Page 42
115 Ne te monte pas la tête: *N'imagine pas des choses inexactes.*
118 puissamment: *extrêmement*
120 d'un œil dédaigneux: *d'un regard méprisant, insolent*
125 crâneurs *m.*:   *personnes prétentieuses (vaniteuses)*
126 traitement *m.*:   *salaire*
130 sainte: *vertueuse, juste*
132 sottise *f.*:   *stupidité, bêtise*
134 déchirer: *mettre en pièces*
136 expier: *compenser*
137 j'avais bien prévu: *je m'attendais à ce que*
144 impérieux: *autoritaire*
149 feuilleta: *tourna rapidement les pages*
150 l'étala: *le déposa à plat*

Page 43
158 bistro(t) *m.* (*pop.*):   *restaurant modeste*
159 consommation: *ce qu'on boit dans un café (thé, café, bière, etc.)*

Page 44
168 désintéressés: *gens qui n'agissent pas par intérêt*
169 grandeur d'âme: *élévation morale, noblesse*
170 ressentais: *éprouvais*
171 je fus chercher: *j'allai chercher*
172 par bonheur: *heureusement*
174 narré: *raconté*

Pronoms régimes

Je ne te les demanderai pas. *I shall not ask you for them.*
Je les lui ai rendu. *I returned them to him.*

Deux cents francs! Qu'est-ce que tu en as fait?
Two hundred francs! What did you do with them?

Des raisons, j'en ai beaucoup.
Reasons, I have a lot of them.

Il faut toujours penser à l'argent. Il faut toujours y penser.
One always has to think of money. One always has to think of it.

For a review of the direct and indirect object pronouns, *y*, and *en*, see Appendix, page 275.

EXERCICES

I. Questionnaire

Page 39

1. Qu'est-ce que Laurent voulait dire par une période bénie? 2. Combien de temps ces périodes bénies duraient-elles? 3. Nommez un des privilèges de la fortune. 4. Quelles sortes de problèmes les Pasquier avaient-ils? 5. A quoi fallait-il penser à date fixe? 6. Quelle est la vraie pauvreté, selon l'auteur? 7. Comment cette famille échappait-elle à l'obsession de la pauvreté? 8. Qu'est-ce que la musique a fait entrevoir à la famille?

Pages 39–41

9. Que deviendrait Cécile? Laurent? 10. Qu'est-ce que Mme Pasquier continuait à faire? 11. Qu'est-ce qui n'existait pas pour M. Pasquier? 12. Que Joseph a-t-il dû faire avant de se plonger dans le commerce? 13. Qu'est-ce que Joseph manifestait très jeune? 14. Pourquoi Joseph a-t-il souffert quand il était jeune? 15. Quel mépris a-t-il révélé de bonne heure?

II. Etude de mots (emploi du dictionnaire)

Lisez les phrases suivantes et traduisez les mots en italique. Consultez le lexique qui est à la fin du livre.

Exemple: Plusieurs colonnes *supportent* le toit.
La musique nous aide à *supporter* la vie.

Réponses: (1) *support;* (2) *endure*

1. Les Pasquier avaient beaucoup de *soucis.*
   On cultive le *souci* du jardin pour ses fleurs jaunes.

2. C'est dans une *carrière* que l'on taille les pierres.
   Quelle est la *carrière* qu'il a choisie — la médecine ou l'enseignement?

3. Nos vacances nous ont fait du *bien.*
   Il a laissé son *bien* à son fils.

4. Le prix du repas doit *comprendre* les taxes et le service.
   Ce livre scientifique est difficile à *comprendre*.

5. Il a fait ses *études* à la Sorbonne.
   Les élèves sont en *étude*.
   Je suis allé voir mon avocat dans son *étude*.

6. Les enfants *s'endormaient* toujours avant dix heures.
   Parfois nos problèmes financiers *s'endormaient*.

7. Ce professeur est à la *faculté* de médecine.
   Cet enfant a une *faculté* d'apprendre peu ordinaire.

8. Il riait *à pleine gorge*.
   Il a la poche *pleine* d'argent.

III. Pronoms régimes

Remplacez les mots en italique par des pronoms.

> Exemple: Vous me devez *cet argent*.
> Vous me *le* devez.

1. Joseph pensait *à l'argent* tout le temps.
2. Elle a parlé *à son mari de leurs dettes*.
3. Elle a servi *le repas de midi aux enfants*.
4. Elle a fait une course *en ville*.
5. Rendez-moi *cet argent* tout de suite.
6. Ne me donnez pas *d'argent* aujourd'hui.
7. Il rêvait *de faire fortune*.
8. Il pensait *à la fortune qu'il allait faire*.
9. Je ne vous demanderai pas *vos deux cents francs*.
10. Elle revient *de la campagne*.

IV. Petit exposé oral

Parlez des idées de Joseph sur l'importance de l'argent:

penser à l'argent; vouloir en gagner; ne pas gaspiller la moindre pièce de monnaie; dépenser le strict minimum; placer l'argent pour qu'il y ait des intérêts; replacer ce revenu afin qu'il grossisse; ne jamais oublier les petites ou les grosses sommes que l'on a prêtées; faire ses comptes tous les jours et garder tous ses reçus soigneusement; considérer l'argent comme la chose la plus importante de la vie

V. Exercice écrit

Ecrivez au passé en style de narration le paragraphe suivant. Attention à l'emploi des temps!

En juillet pendant que Joseph est en permission, il dit à Laurent qu'il y a un petit compte à régler entre eux. Il sort un carnet et commence à le feuilleter. Il rappelle une sortie qui remonte au mois de janvier précédent. Joseph dit qu'il a payé avec son propre argent des billets de théâtre, un repas dans un bistrot et une consommation après la représentation. Il affirme que cette somme lui est due. Tout est inscrit dans son carnet. Laurent déclare que c'est leur mère qui leur a donné cette somme pour la sortie. Alors Joseph lui reproche d'être un sentimental qui ne comprend pas la vie. Laurent se met en colère, jurant de déchirer son premier billet de mille. Joseph dit que pour mépriser les choses, il faut commencer par les avoir. Dédaigner l'argent, c'est de la sottise pure.

V. LIQUIDATION D'UNE VIEILLE HISTOIRE

Joseph finit son service militaire et revint de nouveau à la maison. Il s'occupait de ses affaires, moi je faisais toujours mes études. Les saisons, les années s'écoulaient.*

Je me souviens d'un soir de septembre, lorsque j'avais
5 dix-neuf ans. Nous dînions. La famille était au complet.* Papa, qui avait finalement terminé ses études, travaillait, ce qui rendait notre situation financière moins pénible qu'auparavant.*

Comme nous finissions de dîner, Maman nous dit:
10 — Votre père veut vous parler.

— Nous écoutons, dit Joseph.

— Il s'agit, mes enfants, de l'héritage. Nous en avons reçu une partie ce matin, un peu plus de dix mille. Le reste viendra ces jours-ci. Vous savez tous, dit Papa, que je ne
15 peux pas songer à rembourser les emprunts* que nous avons faits sur les titres de Joseph et de Ferdinand. Si lourd qu'en soit l'intérêt, nous ne pouvons pas nous priver d'argent liquide, puisque nous avons la chance d'en voir tomber un peu.*
20 — Oui, m'écriai-je avec agacement,* qu'on ne rembourse pas les emprunts! Je suis même tout consentant* à ce qu'on fasse un emprunt sur mon titre, en attendant le tour de Cécile.

— Laurent! Laurent! souffla* ma mère d'une voix
25 chargée de reproche.

— Mon cher, dit mon père, tu n'en sais rien; d'ici là, ma position peut devenir brillante. Le tout est de commencer. Enfin revenons à notre affaire. Joseph et Ferdinand, supposant que l'emprunt fait sur leur titre ne
30 pourrait pas être remboursé, même plus tard, nous ont demandé tous les deux de leur consentir, sur l'argent que nous venons de recevoir, une avance considérable.

Joseph heurta la table avec le manche de son couteau.*

— Je te demande pardon, Papa; mais ce n'est pas ça 35
du tout.

— Comment! M'avez-vous, oui ou non, demandé l'un
et l'autre une avance de deux mille francs? ce que je me
permets de juger exorbitant.

— Raymond, dit notre mère, il ne s'agit pas d'une 40
avance, puisque c'est un remboursement,* c'est tout le
contraire.

— Un remboursement de quoi?

— Des sommes que nous avons empruntées sur les
titres de Joseph et de Ferdinand, à la majorité de chacun.* 45

Mon père commençait à s'irriter.

— A vous entendre, fit-il, on dirait que je ne comprends rien.

— Tu vas comprendre, dit Joseph.

Il venait de poser à plat ses deux fortes mains sur la 50
nappe. Il semblait ce faisant,* tout dominer, tout éclaircir.*
Il reprit, articulant les mots avec beaucoup de force.

— La question est mal posée. Premièrement: les emprunts. Que Papa se refuse à rembourser l'emprunt qu'il
a fait sur mon papier . . . 55

— Mais c'était pour la maison, vous en avez tous
profité.

— Ne compliquons pas les choses. Nous ne sommes
pas les parents. Les dépenses de la maison, c'est vous que
ça regarde. Donc si Papa se refuse à rembourser cet em- 60
prunt, après tout, c'est son affaire et je ne m'en étonne
pas. Comme en définitive,* le montant* de cet emprunt
doit venir en déduction sur mon argent à moi, je demande
non pas un véritable remboursement personnel, mais une
somme de garantie, voilà le mot exactement. Trois mille 65
francs sur quatre mille trois cents. C'est modeste. Vous
connaissez mon *premièrement*. J'en arrive au *deuxièmement*. J'estime que, n'ayant pas fait d'études, comme celles
qu'ont faites, que font encore Laurent et Cécile, ayant,
dans une certaine mesure, été sacrifié, je dois profiter de 70
l'occasion pour demander, en toute justice, une indemnité* correspondante. Un petit instant de patience. J'ai
fait tous les comptes, au plus juste.*

Cécile se mit à rire.

— C'est à croire, gronda Joseph, qu'il n'y a plus 75
moyen de parler. Tant pis! je continue. Je suis tout à fait

raisonnable en évaluant* à deux mille francs, au moment
où nous sommes, les dépenses engagées par la famille
pour Laurent et pour Cécile. Je dis deux mille francs par
80 tête.*
— Oh! s'écria Maman, l'air soucieux,* pour Laurent,
c'est encore possible, bien qu'il ait eu des bourses. Mais
pour Cécile, tu sais bien que nous n'avons presque rien
payé. J'ajoute même que depuis trois ans, Cécile nous a
85 donné, à moi, à la maison plus de deux mille francs sur
l'argent de ses concerts.
— Mère, dit Cécile, tu m'avais pourtant promis de ne
le dire à personne. Non, Joseph a raison. J'ai du talent, il
n'en a pas; cela mérite une indemnité. Je vote pour les
90 deux mille francs.
— C'est extravagant! dit Papa frappant le bord de la
table. C'est inimaginable!
— Le calcul est le calcul,* fit Joseph avec sang-froid.*
Je demande, je peux demander cinq mille francs, c'est
95 mon droit.
— Et Ferdinand? Il n'a pas fait non plus d'études?
demanda Maman.
— Je veux bien reconnaître, dit Joseph, que Ferdinand n'a pas fait d'études ou, du moins, qu'il n'en a pas
100 fait de très coûteuses ni de très longues. Il a pourtant été
notablement avantagé.*
— Mais en quoi donc? fit Maman.
— Oui, en quoi? demanda Cécile.
— C'est simple, répondit Joseph. En ce qu'il n'a pas
105 fait de service militaire. Et ce sera le *troisièmement* de mon
petit discours. Oui, je sais, Ferdinand est myope.* Il y a
des cas où certaines infirmités sont de véritables chances.*
Ferdinand ayant été exempt de service militaire, je peux
considérer que j'ai exclusivement droit à l'indemnité de
110 deux mille francs.
— Je t'en prie, m'écriai-je en me levant de table, je
t'en prie, Père, donnons-lui ses cinq mille francs et qu'il
n'en soit plus question.
— Une minute, articula Joseph. Je veux mes cinq
115 mille francs, bien sûr, et je veux qu'on me les donne avec
le sourire, comme une chose dûe.
— C'est admirable! disait Père. Cinq mille francs pour
Joseph, et deux mille pour Ferdinand.

bourses scholarships

— Parfaitement, coupa* Joseph. Cinq et deux sept. Sept de vingt-deux . . .[1] Je dis bien vingt-deux: J'ai en main 120 la copie des comptes du notaire . . . Sept de vingt-deux, restent quinze mille. C'est une somme considérable.

— Non, dis-je en forçant ma voix pour dominer le tumulte. Non, ce sera seulement quatorze mille, car puisque tout le monde se sert,* je demande aussi quelque 125 chose.

Cécile me prit le bras.

— Oh! laisse-les, soupira-t-elle. Pas toi, Laurent, pas toi.

— Cécile, soufflai-je très bas, Cécile, je t'expliquerai. 130 Mon père avait pâli un peu.

— Cette scène est inconcevable, dit-il.

— Papa, fis-je, la voix tremblante, je te demande pardon. Joseph l'a démontré,* je n'ai pas droit à ce partage,* puisque j'ai reçu ma part. Eh bien, quand même, 135 solennellement, je te demande mille francs, en acompte* sur l'argent que nous tirerons de* mon titre.

— Mais, dit Père, qu'en feras-tu?

— Papa, j'en ai besoin pour mes études, car moi, je poursuis des études. Je jure, en plus, devant vous tous, 140 que je ne veux pas faire un mauvais usage de cet argent. J'ajoute que je m'engage à le rendre . . . Enfin, je peux signer un papier.

— Ça, c'est toujours préférable, dit Joseph posément.* Je demande un reçu* de Laurent. C'est moi qui le 145 conserverai.

— Papa, dis-je, non seulement je te supplie de me donner ces mille francs, mais de me les donner tout de suite.

— Ce soir? fit Maman.   150

1. **vingt-deux (mille francs):** the amount the family received that day from the inheritance; 4300 francs, the amount borrowed by the parents on Joseph's securities; 3000 francs, the sum demanded by Joseph as a guarantee for the 4300 francs borrowed by the parents on his securities; 4000 francs, the sum spent on the education of Laurent and Cécile (2000 on each) according to Joseph's calculations; 2000 francs, the sum contributed by Cécile to the household expenses; 2000 francs, the sum demanded by Joseph to make up for the fact that he left school early.

— Ce soir, dis-je absolument.

Il y eut un grand silence.

Mon père se leva d'un air furieux. Il sortit de la salle et revint au bout d'un moment, portant une grande en-
155 veloppe. Il en tira des billets de banque.*

— Vraiment, Laurent, dit mon père, nous allons parler de cela. Tu me dépasses.* Vous me dépassez tous.

Une demi-heure plus tard, j'étais dans le jardin, l'argent dans ma poche. Je ne connais rien de meilleur,
160 après une querelle de famille, que le spectacle du ciel et surtout du ciel nocturne.*

Une lumière se montra dans la chambre de Joseph et j'entendis la fenêtre s'ouvrir. Mon frère aimait bien l'air. Un instant après, je vis le feu rouge d'une cigarette.
165 Alors, soudain, j'appelai: — Joseph.

— C'est toi Laurent? Qu'est-ce que tu veux?

— Te parler, me promener. Viens te promener avec moi.

— Ça va. Je descends.

170 Une minute plus tard, Joseph ouvrit la porte. Nous atteignîmes* la rue. La pente* nous menait à la rivière. Quelques secondes encore et nous aperçûmes l'eau noire ou dansaient les lueurs* nocturnes. Nous tournâmes vers la gauche. Un sentier longeait* la rivière, mais il était mal
175 visible et d'accord, nous prîmes la route. Nous marchions d'un assez bon pas.* Pendant une grande minute nous gardâmes le silence. Enfin Joseph, à voix couverte:*

— Tu l'as, ton billet de mille?

— Tu le sais bien que je l'ai.

180 — Je veux dire: tu l'as sur toi, là, comme ça dans ta poche?

— Naturellement. Où veux-tu que je le mette?

— Dans ta poche? Ah! Pas prudent, pas prudent. On ne sait jamais . . . Enfin ça ne me regarde pas.

185 — Non, ça ne te regarde pas.

— Si tu ne l'emploies pas tout de suite, le billet, tu peux me le confier, Laurent. On trouve de bons, de très bons placements, quand on a de l'expérience. Je dis du six, du vrai six et même du sept pour cent. Et pas des place-
190 ments comme Papa.

Joseph se mit à rire.

confier   entrust

— Non, poursuivit-il, pas des placements de rêveur.* Car au fond,* nous avons bien fait d'exiger des sommes tout de suite, pendant que l'argent était là. C'est toujours ça de sauvé. Le reste, Papa va le gaspiller, le vaporiser,* 195 pas l'ombre d'un doute.* Quel dommage! Et il n'y a rien à faire. Je peux tout lui proposer, le meilleur et le plus sûr. Il ne m'écoutera pas. Allons, où vas-tu maintenant?

Nous arrivons au pont. Il était faiblement éclairé.* On apercevait la Marne² et les bateaux des pêcheurs. Un 200 petit escalier de pierre descendait au bord de l'eau. Je m'y engageai sans hâte.* Joseph, tout à ses calculs, me suivait docilement.

— Si tu me le prêtes pour un an, je pourrai te donner six. Tu comprends: soixante francs. 205

2. **la Marne:** river which rises in the region of Langres and flows into the Seine; famous in World War I as the scene of extremely heavy fighting

Nous étions sur le bord de l'eau. Devant nous, un ponton de bois, amarré pour les pêcheurs, dansait mollement* à deux ou trois mètres de la rive. J'étais excellent sauteur. Je pris soudain mon élan* et retombai sur le
210 ponton. Joseph s'arrêta net* au milieu d'une phrase.

— Voilà! C'est du Laurent pur,* dit-il. Et pourquoi? Je te le demande.

— Alors, fis-je en me penchant un peu, tu ne viens pas me rejoindre?

215 — Non. D'ailleurs, si tu restes là-dessus, je vais te fausser compagnie.*

— Pas tout de suite, Joseph, écoute. J'ai quelque chose à te dire.

— Tu choisis bien ton endroit!

220 — Je le choisis mieux que tu ne le crois.

— Tu as des idées de suicide?

— Non, tout le contraire, des idées de vie, Joseph. Ecoute-moi bien, écoute-moi bien. Tu ne te rappelles peut-être pas qu'un jour . . . oh! c'est vieux, tu faisais ton
225 service militaire, ce fameux service qui vaut deux mille francs . . . un jour nous nous sommes disputés, toujours au sujet de l'argent. Tu disais des choses dégoûtantes,* des choses épouvantables. Enfin, tu salissais* tout ce que je respecte au monde. Alors j'ai juré, devant toi, que mon
230 premier billet de mille francs . . .

J'entendis la voix de Joseph. Une voix rauque,* furieuse. Il était penché sur l'eau. Il criait:

— Toi, tu vas faire une folie.* Toi, Laurent, tu vas faire une mauvaise action. Ah! ça n'a pas de nom.

235 — Alors Joseph, j'ai juré que mon premier billet de mille francs, je le jetterais dans le feu, pour expier tes paroles, tes pensées, oui, tout ce que tu disais de la pauvreté, du désintéressement,* des idées pour lesquelles on peut vivre et même mourir.

240 Joseph se mit à crier. Il remuait* sur la rive. Mais il était assez lourd et ne pouvait pas sauter. Il criait:

— Imbécile! Imbécile! Je te donnerai des claques.*

Je continuai de parler. J'étais soulevé d'une ivresse magnifique.

245 — Mon premier billet, Joseph! Le voilà. Regarde-le bien. Je ne le jetterai pas dans le feu. J'y ai songé; mais je ne veux pas que tu te brûles les mains. Alors, regarde Joseph! Je le déchire en deux. Et maintenant, en quatre. Et maintenant, en huit. Et encore et encore.

ponton de bois, amarré floating wooden platform attached by cables

J'étais . . . magnifique. I was buoyed up by an overpowering excitement.

Je quittai le ponton et rejoignis mon frère.   250

— C'est une chose incompréhensible, me dit-il.

— Joseph, pas de sentiment. Pendant cinq ans j'ai tout pesé.* Il fallait que ce billet fût complètement détruit, enfin un geste absolu.*

— On ne s'entendra jamais,* nous deux.   255

Il m'avait pris par le bras, comme s'il eût craint de me perdre.

— Veux-tu que je te dise? Eh bien! Je comprends maintenant. Papa? Tu ne l'aimes point. Ah! tâche* au moins d'avoir le courage de ton opinion. Il t'inquiète, 260 Papa. Dis-le, il te fait peur. On ne sait jamais ce qu'il va bien imaginer. Et puis, il y a des choses que tu ne lui pardonnes pas. Certains jours, Papa, tu le détestes, mon cher, et même il te fait horreur. Tu ne l'avoues* pas, parce que tu es instruit et que les gens instruits comme toi ne savent 265 pas parler franchement.* Eh bien! écoute-moi, Laurent: ce que tu viens de faire, oui, les mille francs, le sacrifice, les grands mots, etc. . . . mon cher, c'est Papa extra-pur, de l'essence de Papa. C'est une de ces folies qu'il aurait sûrement inventées s'il avait appris tout jeune ce que tu 270 te donnes beaucoup de mal pour apprendre. Ça t'embête,* mais tant pis! La vérité avant tout.

J'avais parlé à Joseph de geste absolu, mais ce que j'avais fait en déchirant le billet ne s'accordait pas* tout à fait avec mes principes. Comme j'avais la conscience 275 troublée, je sentais le besoin de me confesser.

Un jour où je me trouvais avec mon ami Justin, je sentais le besoin de me confesser.

— Ecoute! Ce n'est pas un billet de mille francs que j'ai jeté dans la Marne. C'est seulement cinq cents francs. 280 Comprends-tu: seulement cinq cents francs. J'avais deux billets de cinq cents francs. Alors à la dernière minute, j'ai été, comprends-tu, épouvanté.* Le sacrifice m'effrayait. J'ai seulement jeté cinq cents francs. Les autres cinq cents francs, je les ai conservés, pour les détruire aussi, puisque 285 je l'avais juré. Mais comment te l'avouer, Justin? Je ne peux pas me décider à les sacrifier aussi. Alors, je me dégoûte. Je suis peut-être pire que Joseph. Car lui, il est d'une seule pièce. Mais moi, moi! J'ai parlé de geste absolu, oui, j'ai dit ab-so-lu. Alors je me demande si je 290 suis autre chose qu'un menteur* et un saligaud.*

je me dégoûte I am disgusted with myself
il est d'une seule pièce he is consistent

VOCABULAIRE EXPLIQUE

Page 51

3   s'écoulaient: *passaient*
5   La famille . . . complet: *Tout le monde était présent.*
8   auparavant: *avant*
15 rembourser les emprunts: *rendre l'argent qu'on vous a prêté*
19 d'en voir tomber un peu: *d'en recevoir un peu*
20 agacement m.: *irritation*
21 je suis tout consentant: *je consens volontiers*
24 souffla: *dit tout bas*
34 le manche de son couteau: *la partie par laquelle il tient le couteau*

Page 52

41 remboursement m.: *paiement d'une somme due*
45 à la majorité de chacun: *quand chacun aura 21 ans*
51 ce faisant: *en faisant cela*
    éclaircir: *rendre plus clair*
62 en définitive: *tout bien considéré, finalement*
    montant m.: *somme d'argent*
72 indemnité f.: *compensation*
73 au plus juste: *d'une manière précise et honnête*

Page 53

77 évaluant: *estimant*
80 par tête: *par personne*
81 soucieux: *inquiet*
93 Le calcul est le calcul: *Les mathématiques ne se discutent pas.*
    sang-froid m.: *assurance, calme*
101 notablement avantagé: *très favorisé*
106 myope: *qui ne voit pas clairement les objets éloignés*
107 chances f.: *circonstances heureuses*

Page 54

119 coupa: *interrompit*
125 se sert: *prend quelque chose*
134 démontré: *prouvé*
135 je . . . partage: *on ne doit rien me donner*
136 en acompte: *en avance*
137 tirerons de: *recevrons sur*
145 posément: *calmement*
    reçu m.: *papier sur lequel on reconnaît avoir reçu un paiement*

Page 55

155 billets de banque m.: *monnaie en papier*
157 Tu me dépasses: *Je suis incapable de te comprendre.*
161 nocturne: *de la nuit*
171 atteignîmes: *arrivâmes à*
    pente f.: *descente*
173 lueurs f.: *faibles lumières*
174 longeait: *était parallèle à*
176 d'un assez bon pas: *assez vite*
177 à voix couverte: *à voix basse*

Page 56

192 rêveur m.: *celui qui n'a pas le sens pratique*
193 au fond: *en réalité*
195 vaporiser: *dissiper, perdre*
196 pas l'ombre d'un doute: *sans le plus léger doute*
199 Il . . . éclairé: *Il y avait peu de lumière.*
202 m'y . . . hâte: *commençai à descendre lentement*

Page 57

208 mollement: *sans mouvement brusque*
209 je . . . élan: *je m'élançai brusquement*
210 net: *tout d'un coup*
211 c'est du Laurent pur: *c'est tout à fait caractéristique de Laurent*
216 te fausser compagnie: *te quitter sans dire au revoir*
227 dégoûtantes: *répugnantes, odieuses*
228 salissais: *rendais sale, déshonorais*
231 rauque: *rude, dure*
233 faire une folie: *faire une bêtise*
238 désintéressement m.: *indifférence en ce qui concerne son intérêt personnel*
240 remuait: *bougeait*
242 claques f.: *coups appliqués avec la main*

Page 58

253 pesé (fig.): *examiné attentivement*
254 geste absolu: *action qui exprimerait des principes, de l'idéalisme*
255 on ne s'entendra jamais: *nous ne nous mettrons jamais d'accord*
259 tâche: *fais un effort*
264 avoues: *admets comme vrai*
266 franchement: *de manière directe et claire*
272 t'embête (fam.): *t'ennuie, te contrarie*
274 ne s'accordait pas: *n'était pas en harmonie*
283 épouvanté: *horrifié*
291 menteur m.: *celui qui ne dit pas la vérité*
    saligaud m. (fam.): *personne peu honorable, répugnante moralement*

Verbes conjugués comme «craindre»

Nous craignons le pire. *We fear the worst.*
C'est ce qu'elle a craint. *That is what she feared.*
Nous atteignîmes la rue. *We reached the street.*
Elle feint l'étonnement. *She pretends to be surprised.*
Nous joignons les deux bouts. *We are making ends meet.*

The following verbs are conjugated like *craindre:*

se plaindre, *to complain*   éteindre, *to extinguish*
atteindre, *to reach, attain*   teindre, *to dye*
peindre, *to paint*   joindre, *to join*
feindre, *to pretend*   rejoindre, *to rejoin*

For a review of the verb *craindre,* see Appendix, page 284.

Noms à double genre

Il frappa la table avec le manche de son couteau.
He struck the table with the handle of his knife.

La manche de sa veste est déchirée.
The sleeve of his jacket is torn.

A few nouns have two genders. Note the following:

le tour, *turn*   le poste, *position, job*   le voile, *veil*
la tour, *tower*   la poste, *post office*   la voile, *sail*

le vase, *vase*   le crêpe, *crepe* (kind of cloth)   le somme, *nap*
la vase, *mud*   la crêpe, *pancake*   la somme, *sum*

EXERCICES

I. Questionnaire

Pages 51–52

1. Pourquoi Joseph était-il de retour à la maison?   2. Qu'est-ce qui rendait la situation financière moins pénible qu'auparavant?   3. De quoi le père voulait-il parler à ses enfants?   4. Qu'est-ce que les parents venaient de recevoir?   5. Qu'est-ce que M. Pasquier ne pouvait pas faire?   6. Comment l'intérêt sur les emprunts semblait-il à la famille?   7. Qu'est-ce qui aurait pu devenir brillant?   8. Quelle somme Joseph avait-il demandée à son père?

Pages 52–54

9. Expliquez pourquoi Joseph a demandé une indemnité.   10. Pourquoi Cécile a-t-elle voté pour cette indemnité?   11. Comment Ferdinand a-t-il été avantagé?   12. Quelle somme Joseph a-t-il exigée?   13. Combien Laurent a-t-il demandé en acompte sur l'argent qu'on tirerait de son titre?   14. Qui conserverait le reçu signé par Laurent?   15. Est-ce que l'argent donné à Laurent était un emprunt ou un remboursement?

II. Etude de mots

Remplacez les mots en italique par des expressions équivalentes que vous trouverez ci-dessous. (Il y en a deux de trop.)

résolu, plu, remboursé, avantagé, agacé, grondé, plaisanté, ressenti, supplié, remué, heurté, exigé, perdu, démontré

1. Il m'a *imploré* de rester.
2. Il a *gaspillé* son temps.
3. Il a *demandé* un remboursement.
4. Il a *prouvé* sa fidélité.
5. Il a *déplacé* le bureau.
6. Il a *frappé* la table avec son couteau.
7. Il a *éprouvé* une déception.
8. Cette demande l'a *irrité*.
9. Cet emprunt a été *payé*.
10. C'est lui qui est *favorisé*.
11. Il a été *réprimandé*.
12. Il a *décidé* de partir.

III. Verbes (craindre, atteindre, joindre)

Complétez les phrases suivantes en employant la forme convenable du verbe entre parenthèses.

Exemple: (éteindre) Avant de sortir, . . . la lumière.

Réponse: *éteignez*

1. (atteindre) Finalement ils ont . . . leur but.
2. (peindre) En . . . le plafond, il est tombé.
3. (craindre) Je doute qu'ils . . . le pire.
4. (plaindre) Si elle se . . . , il sortira.
5. (rejoindre) Nous . . . nos amis demain.
6. (craindre) S'il . . . cela, il ne serait pas parti.
7. (éteindre) Avant de quitter la cuisine, il a . . . la lumière.
8. (feindre) Elle . . . la joie, mais je savais que cela cachait une profonde tristesse.
9. (teindre) Elle va faire . . . cette robe.
10. (joindre) Si elle . . . les deux bouts, elle serait heureuse.

IV. Petit exposé oral

Expliquez pourquoi Laurent avait la conscience troublée:

Qu'est-ce que Laurent avait fait croire à son frère le soir où il s'était promené avec lui?

Combien de billets de banque avait-il dans sa poche ce soir-là?

Qu'est-ce que Laurent avait déchiré en morceaux?

Pourquoi n'avait-il pas détruit les deux billets?

Pourquoi éprouvait-il le besoin de se confesser? (être idéaliste et ne pas se conduire selon ses propres principes)

De quoi Laurent avait-il parlé à Joseph? (de son désintéressement, de ses principes, de son dégoût pour la conduite de Joseph)

Finalement quelle question Laurent se posait-il?

V. Rédaction

Racontez en style de narration la promenade que fit Laurent avec son frère. Attention à l'emploi des temps!

demander à Joseph de sortir avec lui; descendre avec son frère jusqu'à la rivière; arriver au pont; voir un petit escalier qui descendait au bord de l'eau; s'y engager, suivi de Joseph; apercevoir un ponton amarré pour les pêcheurs; sauter et retomber sur le ponton; annoncer qu'il allait détruire le billet; expliquer son action à Joseph; déchirer le billet et jeter les morceaux dans la rivière; quitter le ponton et rejoindre son frère; entendre parler Joseph qui le jugeait et le condamnait

DEUXIEME PARTIE

SCENES DE LA VIE SCOLAIRE

d'après Marcel Pagnol
Le Temps des secrets

PERSONNAGES

Marcel, *un nouveau au lycée*
Joseph, *son père*
Oliva, *ami de Marcel*
Pégomas, *ennemi des demi-pensionnaires**
M. Payre, *professeur qui surveille l'étude* du soir*
M. Berniolle, *surnommé Poil d'Azur,[1] pion* qui garde les élèves dans la cour de récréation*

Camarades de classe de Marcel: Lagneau, Berlaudier, Nelps, Vigilanti, Schmidt, Rémusat, Cabanel

Autres lycéens: Ben Seboul, «Citronnet» et Carrère

MARCEL PAGNOL Auteur dramatique et romancier, Marcel Pagnol naquit à Aubagne près de Marseille en 1895. Il fit des études sérieuses et entra dans l'enseignement* comme professeur d'anglais. Mais il se sentit attiré par la littérature et se mit à écrire pour le théâtre. 5

le pouvoir corrupteur the corrupting power

il porte à l'écran he brings to the screen

Topaze (1928), pièce satirique où l'auteur fait voir le pouvoir corrupteur de l'argent, jouit* d'un grand succès bien mérité. Entre 1928 et 1931, Pagnol écrit la célèbre trilogie de Marius, Fanny et César, qu'il porte à l'écran lui-même. 10

un cadre méridional a southern setting

Depuis 1957 cet auteur renommé* publie ses Souvenirs d'enfance: La Gloire de mon père (1957); Le Château de ma mère (1958); Le Temps des secrets (1961). Ces œuvres pleines de gaieté, de lyrisme et d'humour nous montrent dans un cadre méridional la vie d'une famille 15 *assez humble, dont le fils aîné est le petit Marcel. Nous restons attendris* devant cet enfant qui découvre chaque jour un monde nouveau et merveilleux.*

1. **surnommé Poil d'Azur:** nicknamed Poil d'Azur (because he had reddish colored hair and pale-blue eyes, an oddity in an area where dark hair and eyes are most common)

LA VIE SCOLAIRE

Le jeune Marcel Pagnol commença ses études à
20 l'école primaire où son père Joseph était instituteur. Après
l'école primaire, pour entrer à l'université, il fallait aller
au lycée; à cette époque l'enseignement était payant,*
mais il était possible d'obtenir une bourse par concours.
Marcel étant très intelligent, son père désirait qu'il se
25 présentât comme candidat.

    bourse scholarship
    concours m. competitive
    examination

Dans son œuvre Souvenirs d'enfance, Marcel Pagnol,
devenu un écrivain célèbre, raconte de façon humoristique comment Joseph et ses collègues l'ont bourré d'orthographe,* de grammaire, d'histoire, de mathématiques
30 pour que leur candidat réussisse au concours.

    bourré (fam.) stuffed

Marcel accepta de perdre son jeudi libre,² jour sacré
pour les écoliers français, et de faire un gros travail supplémentaire, parce qu'il savait que sa candidature enga-
geait l'honneur de toute l'école. Un mois avant l'examen,
35 outre le jeudi, on le priva aussi de sa liberté le dimanche
pour «les révisions générales» que Marcel fit avec passion,
«non point par amour de la science, mais soutenu* par la
vanité d'être le champion qui allait défendre l'honneur de
son école.»

    sa candidature his being
    a candidate

    outre in addition to

40 Vint le concours! Déception et triomphe! La bourse,
il la reçut; seulement il n'eut que la seconde place, un
garçon nommé* Oliva ayant gagné la première.

En automne, Marcel se trouva au lycée. Dans cet im-
mense bâtiment étrange, où il ne connaissait ni élèves, ni
45 professeurs, il se sentait seul, dépaysé.* Il entra dans la
cour de récréation; il y vit jouer des élèves qui criaient à
tue-tête.* Il admirait les jeux et voulait y participer, mais
personne ne lui prêta attention.* Cette parfaite indifférence le poussa à chercher dans la foule des nouveaux
50 qui, comme lui, seraient peut-être isolés et qui crain-
draient, comme lui, de montrer qu'ils étaient là pour la
première fois.

2. **jeudi libre:** the traditional mid-week break,
now changed to Wednesday

67

I. LA RENTREE DES CLASSES

C'est l'auteur qui raconte ses souvenirs:

D'autres élèves arrivaient sans cesse: les anciens,* fort à
leur aise,* entraient dans la cour au galop,* parfois en
poussant des cris, et se jetaient aussitôt dans le tournoi.*
5 Je vis avec plaisir quelques blouses neuves,[1] qui, comme
moi, n'osaient pas s'avancer trop loin, et qui ne parlaient
à personne. L'un de ces nouveaux, tout en regardant la
bagarre,* vint se placer près de moi; au bout d'un instant,
il me demanda:

10   — Tu es nouveau?

    — Oui, et toi?

    — Moi aussi.

    Il était petit, presque minuscule.* Ses cheveux frisés,
d'un noir luisant,* faisaient ressortir sa pâleur mate. Ses
15 yeux brillaient comme de l'anthracite, et sur sa tempe on
voyait de fines veines bleues.

    — D'où viens-tu?

    — De l'école communale de la rue de Lodi.

    — Moi, je viens du chemin des Chartreux.

20   Nous fûmes amis tout de suite.

    — En quelle classe es-tu?

    — En sixième B[1].[2]

    — Moi en sixième A.[2]

frisés curly
faisaient . . . mate con-
trasted sharply with his
sallow paleness
tempe temple

école communale local
public elementary school

1. **blouses neuves:** new arrivals. A pupil wearing
a smock of new material was recognized immediately as a newcomer. Today only small children
appear in a *blouse,* a garment worn over the
regular clothing.
2. **sixième:** In France the lower classes in school
are marked by the higher numbers. Thus the
pupils of the *cinquième* are a year older than
those of the *sixième.*

69

— Alors, nous ne serons pas dans la même classe, mais on est tous les deux ensemble en étude.   25

— Comment t'appelles-tu?

— Oliva.

Je tressaillis.

— C'est toi qui as été reçu premier aux Bourses.

Il rougit à peine.   30

— Oui. Qui te l'a dit?

— J'ai été reçu second!

Il sourit émerveillé.*

— Ça, alors, c'est extraordinaire.

Moi aussi, je trouvais que notre rencontre était due   35
à un prodigieux hasard,* à une fantaisie du destin. Il était pourtant évident que deux élèves, reçus aux Bourses de sixième, devaient obligatoirement* se trouver ensemble à la rentrée. Mais jusque-là, nous n'avions été l'un pour l'autre que le nom d'un concurrent, dont la matérialisation   40
soudaine était aussi surprenante que l'apparition du Petit Poucet ou du capitaine Némo en chair et en os.³ C'est pourquoi nous nous regardions, inquiets et charmés.*

— Moi, dis-je aussitôt, c'est le problème que j'ai raté.* Tandis que toi, tu l'as trouvé.   45

— J'ai eu de la chance, dit-il. J'ai fait trois solutions et je ne savais pas laquelle était bonne. J'en ai choisi une au hasard,* et je suis bien tombé.*

Cet aveu* me plut.

A ce moment, le lycée s'écroula sur nos têtes.   50

Je fis un bond* en avant, puis je me retournai, et je vis un petit homme à fortes moustaches qui battait furieusement du tambour.⁴ L'instrument — en cuivre jaune entre deux cercles de bois bleu — me parut énorme et je

Je tressaillis. I started with amazement.
aux Bourses at the scholarship examinations

s'écroula (fig.) collapsed (It seemed to collapse because of the terrific noise.)

cuivre jaune brass

3. **le nom . . . en os:** the name of a rival whose sudden appearance was as surprising as would have been that of Tom Thumb or Captain Nemo (the intrepid hero of Jules Verne's *Vingt Mille Lieues sous les mers*); *en chair et en os:* in flesh and in bone (cf. English, "in flesh and blood")

4. **tambour:** drum. The secondary school system was established by Napoleon. Thus the use of the drum to mark the beginning of a new activity in the *lycée* dates from the First Empire. Today this military tradition has given way to the more prosaic electric bell.

55 me demandais pourquoi ce virtuose nous donnait ce
bruyant* concert, lorsque la ruée d'une foule m'emporta
vers la porte de l'étude: tout le monde s'aligna* en
colonne sur deux rangs, devant le tambour, qui roulait
toujours à me faire enfler la tête, tandis que l'horloge
60 sonnait comme plusieurs églises.

Enfin le bruit cessa; le moustachu* fit demi-tour, et se
retira pour traverser l'étude. Son départ révéla un monsieur très distingué, debout, et immobile comme une
statue. Il était très grand, et un riche pardessus beige était
65 jeté sur ses épaules; il portait la tête haute, et ses yeux
noirs brillaient comme du verre. Il fit un pas vers nous,
puis d'une voix de commandement,* il dit:

— Les pensionnaires* de sixième et de cinquième,
dans l'étude à côté, la huitième étude. J'ai dit «les pen-
70 sionnaires.»

Il y eut un mouvement dans la colonne, qui se
dispersa pour le départ de ces prisonniers.

Le monsieur attendait que nos rangs se fussent reformés,[5] puis d'une voix grave, il dit:
75 — Les demi-pensionnaires de sixième et cinquième
A et B! Entrez!

Nous entrâmes.

Sitôt la porte franchie,* il y eut une ruée générale,
pour s'installer aux places désirées: je remarquai avec
80 surprise que c'étaient celles qui étaient les plus éloignées
de la chaire.

Comme j'allais m'asseoir au pupitre où j'avais laissé
mon cartable,* la ruée m'emporta jusqu'au premier rang.
Oliva, poussé en avant par les «grands» de cinquième,
85 finit par rester sur un banc de l'autre côté de l'étude. Il y
avait des contestations* à haute voix, des injures,* des
cris.

Notre maître impassible,* comme un roc au milieu
d'une mer agitée, regardait les événements. Enfin, il cria
90 une phrase que je devais entendre tous les jours, pendant
deux années:

— Que c'est long, messieurs, que c'est long!

ruée rush

qui roulait . . . tête
which rumbled enough to
make my head swell

chaire small platform on
which the teacher's desk
was located

5. **que nos rangs se fussent reformés:** for our
ranks to be reformed (vestiges of the military influence in the origin of the *lycée*)

mugissement bellowing
plainte groan
nuancée de shaded with

bousculades f. scramble,
pushing

désespérés desperate

dépossédés those
dispossessed

casier m. storage space
(with open compartments
for books and papers)

C'était une sorte de mugissement mélancolique, une plainte menaçante nuancée de surprise et de regret.

Puis il se tut* pendant une minute et le tumulte 95 s'apaisait* peu à peu.

Alors d'une voix tonnante,* il cria:

— Silence!

Et le silence fut.

J'avais été porté par les bousculades jusque devant 100 la chaire et je me trouvais à côté d'un garçon très brun et joufflu,* qui paraissait consterné* d'avoir été repoussé jusque-là.

Le monsieur remonta lentement vers le tableau noir. Alors il regarda bien en face toute la compagnie, puis 105 avec un sourire à peine esquissé,* il dit d'un ton sans réplique:*

— Messieurs, les élèves qui méritent une surveillance constante ont une tendance naturelle à s'y soustraire.* Comme je ne connais encore aucun d'entre vous, je vous 110 ai laissé la liberté de choisir vos places: ainsi les mal intentionnés, en faisant des efforts désespérés pour s'installer loin de la chaire, se sont désignés d'eux-mêmes.* Les élèves du dernier rang debout!

Ils se levèrent, surpris. 115

— Prenez vos affaires, et changez de place avec ceux du premier rang.

Je vis la joie éclater* sur le visage de mon voisin, tandis que les dépossédés s'avançaient consternés.

Nous allâmes nous installer au tout dernier pupitre, 120 dans le coin de droite en regardant la chaire.

— Maintenant, dit notre maître, chacun de vous va prendre possession du casier qui est le plus près de sa place.

Tout le monde se leva et le brouhaha* recommença. 125

Notre maître lança* soudain une lamentation:

— Que c'est long messieurs, que c'est long!

Il attendit presque une minute, puis il ordonna, sur le ton d'un officier:

— A vos places! 130

Dans un grand silence, il monta à la chaire, s'y établit et je crus qu'il allait commencer à nous faire la classe: je me trompais.*

— Messieurs, dit-il, nous allons passer ensemble toute une année scolaire et j'espère que vous m'épar- 135

72

gnerez la peine de vous distribuer des zéros de conduite,[6]
des punitions. Vous n'êtes plus des enfants, puisque vous
êtes en sixième et en cinquième. Donc, vous devez comprendre la nécessité du travail, de l'ordre, et de la dis-
140 cipline. Maintenant pour inaugurer votre année scolaire,
je vais vous distribuer vos emplois du temps.

Il prit sur le coin de sa chaire une liasse de feuilles, et
fit le tour de l'étude, donnant à chacun celle qui lui convenait.*

145 J'appris ainsi que nos journées débutaient à huit
heures moins un quart par une «étude» d'un quart
d'heure, suivie de deux classes d'une heure. A dix heures,
après un quart d'heure de récréation, encore une heure
de classe, et trois quarts d'heure d'étude avant de des-
150 cendre au réfectoire,* dans les sous-sols de l'internat.

Après le repas de midi, une récréation d'une heure
entière précédait une demi-heure d'étude, qui était suivie
de deux heures de classe.

A quatre heures, seconde récréation, puis de cinq à
155 sept, la longue et paisible* étude du soir.

En somme, nous restions au lycée onze heures par
jour, sauf le jeudi, dont la matinée était remplie par une
étude de quatre heures: c'était la semaine de soixante
heures, qui pouvait être allongée* par la demi-consigne[7]
160 du jeudi ou la consigne entière[8] du dimanche.

Pendant que je réfléchissais, j'entendis un chuchotement,* qui disait:

— En quelle section es-tu?

D'abord, je ne compris pas que c'était mon voisin qui
165 me parlait, car il restait parfaitement impassible, le regard
fixé sur son emploi du temps.

Mais je vis tout à coup le coin de sa bouche remuer
imperceptiblement, et il répéta sa question.

J'admirai sa technique, et en essayant de l'imiter, je
170 répondis:

— Sixième A².

---

6. **zéros de conduite:** When the author was in
school, it was customary to give zeros for bad
conduct.
7. **demi-consigne:** detention of a half day with
a task to be done while being held in school
8. **consigne entière:** detention of an entire day

m'épargnerez will spare
me

emplois du temps class
schedules
liasse de feuilles pile of
papers (*the pupils' schedules*)

sous-sols de l'internat
basement rooms of the
boarding school

—Chic!* dit-il. Moi aussi . . . Est-ce que tu viens du Petit Lycée?

— Non. J'étais à l'école du chemin des Chartreux.

— Moi, j'ai toujours été au lycée. A cause du latin, 175 je redouble la sixième.

redouble am repeating

Je ne compris pas ce mot, et je crus qu'il voulait dire qu'il avait l'intention de redoubler d'efforts.* Il continua:

— Tu es un bon élève?

— Je ne sais pas. En tout cas, j'ai été reçu second aux 180 Bourses.

— Oh! dit-il avec joie. Chic! Moi, je suis complètement nul.* Tu me feras copier sur toi.*

— Copier quoi?

— Les devoirs, parbleu!* Pour que ça ne se voie pas, 185 j'ajouterai quelques fautes, et alors . . .

Il se frotta les mains He rubbed his hands

Il se frotta les mains joyeusement.

Je fus stupéfait. Copier sur le voisin, c'était une action déshonorante. Et il parlait d'y avoir recours,* non pas dans un cas désespéré, mais d'une façon quotidienne! 190 Si Joseph ou l'oncle Jules l'avaient entendu, ils m'auraient certainement défendu de le fréquenter. D'autre part, il est toujours dangereux de «faire copier» le voisin. Lorsque deux devoirs se ressemblent, le professeur ne peut pas savoir lequel des deux est une imposture et le trop géné- 195 reux complice* est souvent puni comme l'imposteur.

Je me promis d'exposer mes craintes à mon cynique voisin, pendant la récréation, et je préparais mes arguments, lorsque, à ma grande surprise, le tonnerre du tam-

tonnerre thunder

bour éclata dans le couloir, et toute l'étude se leva. 200 Nous allâmes nous mettre en rang devant la porte: elle s'ouvrit d'elle-même, et le surveillant de récréation reparut, et dit simplement: — Allez.

Nous le suivîmes.

— Où va-t-on? demandai-je à mon voisin. 205

l'externat m. the part of the school for day pupils

— En classe. On monte à l'externat.

VOCABULAIRE EXPLIQUE

Page 66

demi-pensionnaires *m.*, *f.*: *élèves qui prennent le repas de midi au lycée*

étude *f.*: *salle où les élèves font leurs devoirs*

pion *m. (argot)*: *celui qui est chargé de la discipline*

4   (il) entra dans l'enseignement: *(il) est devenu professeur*

7   jouit: *eut*

11   renommé: *célèbre*

17   attendris: *touchés, émus*

Page 67

22   payant: *où il faut payer*

29   orthographe *f.*: *manière correcte d'écrire un mot*

37   soutenu: *aidé*

42   nommé: *appelé*

45   dépaysé: *perdu dans un milieu inconnu*

47   à tue-tête: *de toutes leurs forces*

48   prêta attention: *fit attention*

Page 69

2   anciens *m.*: *ceux qui avaient déjà été élèves au lycée*

3   fort à leur aise: *qui se sentaient chez eux* au galop: *très vite*

4   tournoi *m. (fig.)*: *lutte, combat*

8   bagarre *f.*: *tumulte causé par les élèves qui se battent*

13   minuscule: *extrêmement petit*

14   luisant *(part. prés. luire)*: *qui brille*

Page 70

33   émerveillé: *plein d'admiration*

36   un prodigieux hasard: *des circonstances étonnantes*

38   obligatoirement: *inévitablement*

43   charmés: *fascinés*

45   j'ai raté *(fam.)*: *je n'ai pas réussi à résoudre*

48   au hasard: *n'importe comment* je suis bien tombé: *j'ai bien choisi (j'ai eu de la chance)*

49   aveu *m.*: *confession*

51   je fis un bond: *je sautai*

Page 71

56   bruyant: *qui fait beaucoup de bruit*

57   s'aligna: *se plaça sur la même ligne*

61   moustachu *m.*: *celui qui porte une forte moustache*

67   voix de commandement: *voix autoritaire*

68   pensionnaires *m.*, *f.*: *élèves logés et nourris au lycée*

78   sitôt la porte franchie: *aussitôt la porte passée*

83   cartable *m.*: *sac où les élèves mettent leurs livres*

86   contestations *f.*: *protestations* injures *f.*: *insultes*

88   impassible: *sans mouvement apparent*

Page 72

95   il se tut *(p.s. se taire)*: *il cessa de parler*

96   s'apaisait: *se calmait*

97   tonnante: *résonnante, éclatante*

102 joufflu: *qui a des joues rondes* consterné: *désolé, chagriné*

106 à peine esquissé: *tout juste commencé*

107 sans réplique: *qui ne permet pas de réponse*

109 s'y soustraire: *échapper (à cette surveillance)*

113 se sont désignés d'eux-mêmes: *ont tiré l'attention sur eux*

118 éclater: *briller*

125 brouhaha *m.*: *bruit prolongé et confus*

126 lança: *fit entendre*

133 je me trompais: *j'avais une idée fausse*

Page 73

144 convenait: *était appropriée*

150 réfectoire *m.*: *salle où les élèves prennent leurs repas*

155 paisible: *tranquille*

159 allongée: *rendue plus longue, prolongée*

162 chuchotement *m.*: *bruit de voix très bas*

Page 74

172 Chic! *(fam.)*: *Quelle chance!*

178 redoubler d'efforts: *faire beaucoup plus d'efforts*

183 je suis . . . nul: *je ne suis pas du tout bon élève* Tu me feras copier sur toi: *Tu me permettras de copier (tes devoirs).*

185 parbleu: *bien sûr!*

189 d'y avoir recours: *d'y faire appel (c'est-à-dire de se servir du copiage)*

196 complice *m.*: *celui qui a part au crime d'un autre*

Verbes conjugués comme «venir»

Il vint se placer près de moi. *He came to stand near me.*
Elle est venue me voir hier. *She came to see me yesterday.*

The following verbs are conjugated like *venir:*

convenir (avoir *or* être), *to agree*
convenir (avoir), *to suit, please*
devenir (être), *to become*
intervenir (être), *to intervene*

parvenir (être), *to reach*
prévenir (avoir), *to warn*
revenir (être), *to come back*
se souvenir de (être), *to remember*

Study the following examples:

Ils sont convenus de partir ensemble. ⎫
Ils ont convenu de partir ensemble. ⎬ *They agreed to leave together.*
                   ⎭

Cela m'a convenu. *That suited me.*

Verbes conjugués comme «tenir»

Il a tenu bon. *He held out.*
Ses camarades de classe l'ont soutenu. *His classmates helped him.*

The following verbs are conjugated like *tenir*. The auxiliary is *avoir.*

appartenir à, *to belong to*
contenir, *to contain*
maintenir, *to maintain*

retenir, *to retain, detain*
soutenir, *to sustain, aid*

To review the verbs *venir* and *tenir,* see Appendix, pages 289-290.

EXERCICES

I. Questionnaire

Pages 67–70

1. Après l'école primaire, à quelle école fallait-il aller pour pouvoir ensuite entrer à l'université? 2. Pourquoi Marcel devait-il se présenter au concours? 3. Qu'est-ce que Marcel a fait pour préparer ce concours? 4. Quel en a été le résultat? 5. Pourquoi Marcel se sentait-il dépaysé en arrivant au lycée? 6. Faites le portrait d'Oliva. 7. Qu'est-ce qui a mis fin à la conversation entre Marcel et Oliva?

Pages 71–74

8. Quels élèves se trouvaient ensemble en étude? 9. Quelles étaient les places désirées? 10. Où la ruée des élèves a-t-elle emporté Marcel? 11. Selon le maître de l'étude, où les élèves qui méritaient une surveillance constante avaient-ils tendance à se mettre? 12. Expliquez comment Marcel s'est trouvé au dernier rang. 13. Qu'est-ce qu'un élève de sixième doit comprendre? 14. Pourquoi le garçon qui redoublait la sixième a-t-il proposé de copier sur les devoirs de Marcel? 15. Pourquoi Marcel a-t-il été stupéfait?

II. Etude de mots (mots apparentés)

Complétez les phrases suivantes en employant le mot convenable. Faites les accords nécessaires.

> Exemple: (la pâleur; pâle; pâlir) Je l'ai vu . . . Sa . . . m'a effrayé. Il avait le visage . . . comme la mort.

Réponses: *(1) pâlir; (2) pâleur; (3) pâle*

1. (le plaisir, plaisant, plaire) Cela doit lui . . . Cette maison est bien . . . Le . . . est le contraire de la douleur.

2. (payant, payer) Dans cette école l'instruction est . . . Il tient à . . . ses dettes.

3. (la paix, paisible, apaiser) Je mène une vie . . . Je désire vivre en . . . avec tout le monde. J'ai dû . . . sa colère en lui faisant des excuses.

4. (l'aperçu, aperçu, apercevoir) Par là on peut . . . les montagnes. Ce livre donne un . . . de l'histoire de cette époque. Ce fait . . . par lui avait échappé aux autres.

5. (la défense, défendu, défendre) L'armée a voulu . . . les frontières. Elle s'occupe de . . . du pays. La mère va . . . aux enfants de sortir. Avis au public: . . . d'entrer. Mon frère m'aurait . . . de cette attaque.

6. (la déception, déçu, décevoir) En lisant ce roman, elle se sentait . . . En le relisant, sa . . . n'a pas diminué. Cet élève va sûrement . . . le professeur par la médiocrité de ses réponses.

III. Verbes (venir, tenir)

Mettez au passé composé les verbes suivants.

Exemple: Il devint riche.
Il est devenu riche.

Il en revint.	Il l'obtint.	Cela m'appartint.
Il y parvint.	Il me prévint.	Cela me convint.
Il le maintint.	Il le soutint.	Cela me retint.

IV. Petit exposé oral

Parlez du problème du copiage:

Quels en sont les techniques? (changer quelques détails, ajouter quelques fautes)

Quel est le but de celui qui copie sur un voisin? (faire vite son devoir sans rien vouloir apprendre)

Pourquoi le copiage est-il un moyen inefficace d'apprendre? (ne demander ni un effort mental, ni un travail intellectuel, ni un désir d'approfondir des connaissances)

Est-ce que le copiage présente un problème moral?

Les deux élèves sont-ils également déshonorés?

Doit-on juger d'une façon différente celui qui copie tous les jours et celui qui le fait très rarement?

Si vous aviez fait un gros effort pour écrire un excellent devoir, aimeriez-vous que quelqu'un copie sur vous?

V. Rédaction

Vous êtes un nouveau. Décrivez la rentrée. Ecrivez votre paragraphe en style de conversation.

se sentir seul, isolé; être accueilli avec une parfaite indifférence par les anciens; regarder leurs jeux; vouloir y participer; chercher dans la foule d'autres nouveaux; parler à un de ces élèves; être tout de suite amis; entendre la sonnerie électrique; entrer dans la salle de classe indiquée par l'emploi du temps; se sentir heureux (curieux, en prison); entendre parler le professeur de la nécessité du travail, de l'ordre, de la discipline

Un après-midi, à la récréation de quatre heures, nous trouvâmes Oliva assis solitaire sur un banc de la cour, ce qui était dans ses habitudes: mais je remarquai que son nez était enflé,* et qu'il paraissait accablé.*

5   — Qu'est-ce que tu as? lui demanda Lagneau.

    — C'est Pégomas, dit-il; et il montra son nez difforme et violacé.*

Ce Pégomas était un externe, grand, gros, gras, et d'une insolence extrême: il rudoyait volontiers les faibles, 10 et se glorifiait* en public de la richesse de sa famille.

    — Qu'est-ce que tu lui avais fait?

    — Rien. Il est jaloux de moi, parce qu'il est toujours le dernier. Alors il m'a dit: «C'est pour te faire la charité qu'on te donne des bonnes notes. Les demi-pensionnaires, 15 c'est tous des pedzouilles,* et les boursiers,* c'est des miteux.» Moi, je lui ai dit: «Et toi, tu es un gros plein de soupe.»* Et tout d'un coup, il m'a donné un coup de poing dans la figure.

Je ne savais pas ce que c'était qu'un pedzouille, mais 20 il s'agissait évidemment d'une insulte. En tout cas, je devins rouge de colère, parce que ce gros richard* avait dit que nous étions des miteux. Le récit de cette infamie* fit très vite le tour de la cour, et le nez d'Oliva fut le point de mire d'un cercle de spectateurs indignés, qui se consul- 25 taient déjà en vue d'une vengeance exemplaire.* Mais comme ils parlaient de se mettre à quatre ou cinq pour corriger l'insulteur, je déclarai que ce ne serait pas honnête, et je dis froidement:

    — Un seul suffira.

30   — Tu as raison! s'écria Berlaudier, qui était friand de bagarres.* Je vais m'occuper de lui demain matin.

    — Non, dis-je. Tu n'es pas boursier. Il faut que ce soit un boursier.

    — Alors, qui? demanda Lagneau.

35   Je regardai la compagnie, je fronçai le sourcil, et je répondis: «Moi!»

gras fat and greasy
rudoyait bullied

miteux down-at-the-heel, pitiable creatures

coup de poing punch, blow (*with the fist*)

point de mire (*fig.*) center of attention (*lit.* target)

fronçai le sourcil frowned

n'était pas à la hauteur de was not up to, was not equal to

Il y eut un moment de silence, puis des sourires, qui me prouvèrent que ma réputation n'était pas à la hauteur de cette héroïque décision. Berlaudier déclara:

— En admettant que tu ne te dégonfles* pas, il va te 40 faire le même nez que celui d'Oliva.

Je le regardai dans les yeux, et je répliquai:

— Nous verrons ça demain matin, à la récréation de dix heures, dans la cour de l'externat.

Je vis l'étonnement sur plusieurs visages et je fus 45 tout à coup étonné moi-même par les paroles définitives que je venais de prononcer. Cependant Lagneau posait sa main sur mon épaule, et déclarait, avec une autorité souveraine:*

— Ne vous inquiétez pas pour lui: vous ne le con- 50 naissez pas. Moi, je le connais.

enfonçai thrust

comme quelqu'un . . . maîtresses like someone who has hidden his cards and who now was going to play the best ones

Je ne dis plus rien, mais pour confirmer la déclaration de mon ami, j'enfonçai mes mains dans mes poches et je fis un sourire un peu moqueur, comme quelqu'un qui aurait longtemps caché son jeu, mais qui va abattre ses 55 cartes maîtresses.

Cette attitude sembla faire une certaine impression sur les assistants:* en tout cas, elle me réconforta* moi-même, et c'est d'un pas paisible que je répondis à l'appel du tambour. 60

Les heures d'étude furent glorieuses. La nouvelle circulait d'un pupitre à l'autre; chacun me regardait tour à tour,* et par des gestes ou des jeux de physionomie* exprimait son approbation, son admiration, son inquiétude, ou son incrédulité.* 65

dénégation denial

L'attention de M. Payre fut assez vite attirée par cette atmosphère insolite;* et comme Nelps, pessimiste, me faisait des signes de dénégation, il l'accusa de «faire le guignol»* depuis cinq minutes et le menaça d'un zéro de conduite, qui eût été le premier de sa vie scolaire. Puis il 70 demanda à Vigilanti s'il souffrait d'un torticolis qui le forçât à se retourner vers moi. Les pantomimes cessèrent, mais on fit passer discrètement des billets à mon adresse,* signés de loin par un clin d'œil:

eût été would have been
torticolis crick in the neck

clin d'œil wink

**A coups . . . orteils =
Frappe à coups . . . orteils.** Hit him by stamping on his toes. **Fais-y des chatouilles** Tickle him

«Si tu frappes le premier, il se dégonflera.» (Schmidt) 75 — «A coups de talon sur les orteils.» (Rémusat) — «Ne mange pas trop ce soir.» (Nelps) — «Fais-y des chatouilles, il les craint.» (Oliva) — «Si tu te dégonfles, j'irai à ta

place.» (Berlaudier) — «Une pincée de poivre dans l'œil,
80 et un point c'est tout.» (Cabanel)

Une pincée de poivre . . .
c'est tout. A pinch of
pepper in his eye; period!
That's all.

Je répondais par des hochements de tête* en manière
de remerciement, et des sourires qui prouvaient mon assurance: et parce que j'étais le centre d'intérêt de l'étude,
je me sentais de plus en plus fort, j'étais ivre* de confiance
85 et de vanité.

Lagneau me raccompagna jusqu'à ma porte. En
chemin,* il changea de ton, car il me dit tout à coup:

— Dis donc, il y a une chose que tu as oublié!

— Et quoi?

90 — Si tu attrapes une retenue?

— Eh bien, je dirai la vérité à mon père, et il me félici-
tera!

— Moi, je te dis ça, tu comprends, parce que si au
dernier moment tu voulais te dégonfler, on pourrait expli-
95 quer aux autres que tu as peur d'une retenue, parce que
tu es boursier!

— Alors tu crois que j'ai dans l'idée de me dégonfler?

Il ne me répondit pas tout de suite, puis il dit à mi-
voix:*

100 — Pégomas est plus grand que toi, et en plus, il est
méchant.

Cette sollicitude aurait dû me toucher: mais c'est le
manque de confiance qu'elle prouvait qui m'irrita.

— Tu as peur pour moi, maintenant?

105 — C'est-à-dire que . . .

— Eh bien, demain matin à dix heures cinq, tu verras
ce que je sais faire.

Après le dîner, comme je me déshabillais, ma mère
vint dans ma chambre, et me dit à voix basse:

je me déshabillais I was
undressing

110 — Qu'est-ce que tu as? Tu as eu de mauvaises notes?

— Non, Maman, je t'assure . . .

— Tu n'as presque rien mangé.

— C'est parce que j'ai trop goûté* à quatre heures.
Lagneau m'a payé deux croissants.

115 — Il ne faut pas toujours accepter, me dit-elle. Demain, je te donnerai vingt sous pour que tu puisses lui
offrir quelque chose. Tâche de bien dormir: tu me parais
un peu nerveux. Est-ce que tu as mal à la gorge?

— Non. Pas pour le moment.

120 Elle me baisa le front,* et sortit.

Son inquiétude, qui confirmait celle de Lagneau, me révéla* la mienne, que j'avais refusé d'admettre jusque-là: alors, je me rendis compte* que la période orale et glorieuse de mon aventure était terminée. Il faudrait, demain matin, se battre pour de bon.*   125

Or, la réputation de Pégomas était inquiétante,* et le fait qu'il s'attaquât[1] aux faibles ne prouvait nullement* qu'il fût faible lui-même: et même, à bien voir, cela signifiait qu'il se battait souvent et qu'il gagnait toujours. Je ne l'avais jamais vu qu'au passage* dans la cour de l'ex- 130 ternat: en examinant ces images fugitives, je découvris qu'il était aussi grand que Schmidt, et beaucoup plus gros. «Gros plein de soupe» c'est facile à dire, mais on ne sait pas de quoi les gens sont pleins. C'était peut-être un «gros plein de muscles», qui me jetterait à terre au premier 135 coup de poing, et si je me relevais avec le nez d'Oliva, tout mon héroïsme verbal sombrerait* dans le ridicule.

Un raisonnement technique me fit craindre le pire: cet abominable externe n'avait donné qu'un seul coup de poing à sa victime, un simple coup d'avertissement,* et 140 pourtant le résultat en avait été désastreux. Evidemment Oliva n'avait pas beaucoup de force: mais le nez des faibles n'est pas plus mou que celui des forts, et le mien ne résisterait pas mieux. Je l'avais vu de profil dans le miroir à trois faces de la Belle Jardinière.* Il était assez 145 fin,* parfaitement droit, et je l'avais trouvé charmant: cette brute allait peut-être l'aplatir* pour la vie entière. Quelle folie m'avait donc poussé, le nez en avant, vers cette ridicule tragédie? Je cherchai à me rassurer en évoquant* le succès que m'avaient fait mes camarades, et le 150 soutien* moral qu'ils avaient spontanément offert: mais je compris tout à coup que leur admiration étonnée n'était nullement une preuve de leur confiance en ma force, mais qu'ils avaient applaudi l'absurde courage de ma faiblesse.

Certes,* ils ne voulaient pas ma défaite,* mais ils 155 riraient sans pitié, pendant qu'Oliva et Lagneau appliqueraient* des mouchoirs humides sur mon nez aplati entre deux yeux pochés.

Alors, je fus glacé d'une peur blafarde, et je cherchai un moyen d'échapper au massacre* sans perdre la face. 160

à bien voir on close examination

raisonnement chain of reasoning

mou soft

miroir à trois faces three-way mirror

yeux pochés black eyes (as the result of a fight)
je . . . blafarde I turned pale, icy with fear

1. **le fait qu'il s'attaquât:** The subjunctive is used in a noun clause after *le fait que,* if the fact under consideration exists only in one's thoughts.

VOCABULAIRE EXPLIQUE

Page 81

    défi *m.*: *appel au combat*
4 enflé: *gonflé*
    accablé: *oppressé, brisé*
7 violacé: *presque violet*
10 se glorifiait: *se faisait un mérite*
15 pedzouilles *m., f. (fam. et péj.)*: *paysans vulgaires et ignorants*
    boursiers *m.*: *élèves qui ont reçu des bourses*
17 gros plein de soupe *(fam.)*: *individu gros, vulgaire et riche*
21 richard *m. (péj.)*: *un homme très riche*
22 infamie *f.*: *action vile et ignoble*
25 exemplaire: *qui servira de leçon*
31 qui était friand de bagarres: *qui aimait les querelles violentes*

Page 82

40 tu te dégonfles *(fam.)*: *tu changes d'idée et n'oses pas te battre*
49 souveraine *(ironique)*: *suprême*
58 assistants *m.*: *spectateurs*
    réconforta: *donna de l'encouragement*
63 tour à tour: *l'un après l'autre*
    jeux de physionomie: *grimaces*
65 incrédulité *f.*: *scepticisme*
67 insolite: *étrange, inhabituelle*
69 faire le guignol: *faire le clown (guignol: clown du théâtre des marionnettes)*
73 billets à mon adresse: *petits messages qui m'étaient destinés*

Page 83

81 hochements de tête: *mouvements de tête de haut en bas*
84 ivre *(fig.)*: *exalté (comme celui qui a bu trop de vin)*
87 en chemin: *pendant le trajet*
99 à mi-voix: *à voix basse*
113 goûté: *mangé (un goûter: quelque chose de léger que mangent les enfants l'après-midi)*
120 me baisa le front: *m'embrassa sur le front*

Page 84

122 me révéla: *me montra*
123 je me rendis compte: *je compris*
125 pour de bon: *sérieusement*
126 inquiétante: *intimidante, alarmante*
127 nullement: *pas du tout*
130 au passage: *au moment où il passait*
137 sombrerait *(fig.)*: *tomberait, disparaîtrait*
140 un coup d'avertissement: *une réprimande, une menace*
145 Belle Jardinière: *nom d'un grand magasin*
146 fin *(adj.)*: *petit et mince*
147 aplatir: *déformer, écraser*
150 évoquant: *rappelant à la mémoire*
151 soutien *m.*: *aide*
155 certes: *assurément*
    défaite *f.*: *perte d'une bataille*
157 appliqueraient: *mettraient*
160 échapper au massacre: *éviter le massacre*

Pronoms démonstratifs

Son inquiétude, qui confirmait *celle* de Lagneau, me révéla la mienne.
Her anxiety, which confirmed that of Lagneau, revealed mine to me.

Il va te faire le même nez que *celui* d'Oliva.
He will give you the same nose as that of Oliva.

Ce ne serait pas honnête.
This would not be honest.

Ecoute *ceci :* Pégomas est plus grand que toi et il est méchant.
Listen to this : Pégomas is bigger than you, and he is mean.

Ne mange pas trop le soir ; *cela* est important.
Don't eat too much in the evening ; that is important.

Ça, c'est étonnant! *That is astonishing!*

Note that *ça* is a shortened form of *cela.*

To review the demonstrative pronouns, see Appendix, page 276.

EXERCICES

I. Questionnaire

Pages 81–82

1. Pourquoi Oliva paraissait-il accablé?   2. Faites le portrait de Pégomas.
3. Quelle insulte Pégomas avait-il prononcée?   4. Qu'est-ce qu'Oliva lui
a répondu?   5. Qu'est-ce que Pégomas a fait alors?   6. Qu'est-ce qui
a été le point de mire d'un cercle de spectateurs indignés?   7. Qui a
proposé de corriger seul l'insulteur?   8. Pourquoi les autres élèves
étaient-ils étonnés de cette proposition?

Pages 82–84

9. Comment les camarades de Marcel pendant les heures d'étude ont-ils
exprimé leurs sentiments envers lui?   10. Pourquoi lui ont-ils donné des
conseils?   11. Est-ce que ces conseils suivaient les règles du «fair-play»?
Donnez un exemple.   12. Pourquoi Marcel a-t-il trouvé les heures
d'étude glorieuses?   13. Quelle était la réaction de Marcel à la sollicitude de Lagneau?   14. Qu'est-ce qui a révélé à Marcel son anxiété?
15. Qu'est-ce qui arriverait à Marcel, si Pégomas le jetait à terre au
premier coup de poing?   16. Que Marcel a-t-il compris tout à coup?

II. Etude de mots (homonymes)

Complétez les phrases suivantes en employant les mots entre parenthèses.

> Exemple: (vin, vint, vingt) Il y a . . . élèves dans cette classe. Le . . . est
> tiré, il faut le boire. Enfin . . . le concours.

Réponses: *(1) vingt; (2) vin; (3) vint*

1. (vers, verre) Il se dirigea . . . le lycée. Chaque matin elle but un . . .
de lait.

2. (cou, coup, coût) Ce simple . . . d'avertissement avait été désastreux. Le . . . de la vie augmente tous les jours. Elle portait des diamants au . . .

3. (poing, point) Il a reçu un coup de . . . sur le nez. Mettez un . . . à la fin de cette phrase.

4. (taire, terre) La . . . est notre univers. Elle dit aux enfants de se . . .

5. (le cours, la cour, court) Il est en retard, il . . . Il suit plusieurs . . . d'anglais. Il y a eu une bagarre dans . . . du lycée.

6. (le tour, la tour) A Paris ils ont vu . . . Eiffel. Après cette visite, ils ont fait . . . de la ville.

III. Pronoms démonstratifs

A. Répétez les phrases suivantes en employant un pronom démonstratif.

Exemple: C'est l'ami de Marcel.
C'est celui de Marcel.

1. C'est l'étude de M. Payre.
2. C'est le lycée de Lagneau.
3. C'est le voisin de Rémusat.
4. Ce sont les camarades de cet enfant.
5. C'est l'aveu de Marcel.
6. C'est l'œuvre de cet écrivain.
7. C'est la surveillance de ce pion.
8. Ce sont les cartes de ce joueur.

B. Traduisez les mots entre parenthèses:

1. Marcel et Oliva sont des amis; (the former) se battra contre Pégomas.
2. Ses frères et ses cousines viennent d'arriver; (the latter) comptent rester quelques jours, (the former) partent ce soir.
3. Retenez bien (this): chose promise, chose due.
4. Partez très tôt; (that) vaudra mieux.
5. Il refuse de travailler. Que pensez-vous de (that)?

IV. Petit exposé oral

Vous êtes Lagneau. Racontez en style de conversation ce qui s'est passé en étude le jour où Marcel a décidé de corriger Pégomas.

Dites comment les élèves ont exprimé leurs sentiments envers Marcel.
Dites pourquoi vos camarades ont fait passer des billets à Marcel et parlez de ce que contenaient ces billets.
Racontez ce que M. Payre a dit à Nelps et dites pourquoi il le lui a dit.
Expliquez pourquoi vous avez conseillé à Marcel d'éviter la bataille.

V. Rédaction

Montrez le contraste entre l'exaltation de Marcel pendant les heures d'étude et l'anxiété qu'il ressentait quand il arriva chez lui.

Par quoi avait-il été soutenu? (la colère contre l'insulteur; l'approbation de ses camarades; sa fierté en face de cette admiration; son faux courage)

D'où venait son inquiétude? (la réputation de batailleur de Pégomas; sa grande taille; sa force; sa méchanceté; ses attaques aux faibles)

Pourquoi Marcel craignait-il le pire? (le coup d'avertissement donné à Oliva; le nez enflé de celui-ci; la peur de voir son nez à lui aplati pour la vie entière)

III. PREPARATIFS DE COMBAT

La lâcheté est toujours ingénieuse, et j'eus tôt fait de composer un scénario.

Ma mère s'était montrée inquiète de ma santé. Je n'avais qu'à me plaindre d'un début d'angine,* et elle me
5 garderait à la maison deux ou trois jours, pendant lesquels, sous prétexte d'une difficulté d'avaler, je ne mangerais presque rien. Cette comédie me mènerait jusqu'au vendredi matin. Alors, je rentrerais au lycée, le teint blafard* et la joue creuse, et à cause de mes douleurs dans les ge-
10 noux, je boiterais.

Beaucoup m'accueilleraient* avec un sourire désagréable, ou des «hums» désobligeants. Je ferai semblant de ne pas les voir, et je dirais à Lagneau, comme en confidence:

15 — Le docteur ne voulait pas que je sorte, mais je suis venu pour régler* cette affaire avec Pégomas.

Alors, Lagneau, Berlaudier, Oliva, Vigilanti lèveraient les bras au ciel, et crieraient:

— Tu es fou!* Tu ne vas pas te battre dans l'état où
20 tu es! C'est incroyable, un courage pareil.

J'insisterais — et à la récréation de dix heures, je partirais — toujours boitant — à la recherche de Pégomas: mes amis me poursuivraient* et me retiendraient à bras-le-corps,* tandis que je me débattrais furieusement
25 en poussant des cris de rage — et finalement, ce serait Berlaudier qui irait corriger Pégomas.

Ce plan me parut admirable, et je riais en silence de ma ruse que je trouvais diabolique.* Rassuré et satisfait, j'allais m'endormir, lorsque j'entendis la voix de Joseph:
30 il suivait le couloir* pour aller se coucher, et il chantait à mi-voix:

La lâcheté . . . ingénieuse Cowardice is ingenious (a coward is clever at inventing excuses)

avaler to swallow

la joue creuse hollow-cheeked, thin
boiterais would limp

désobligeants unfriendly

me débattrais would struggle (to escape)

La victoire en chantant
Nous ouvre la barrière . . .[1]

Alors, je sentis brûler mes joues,* et je cachai ma
tête sous mes draps.*   35

tibia shinbone

Un coup de pied sur le tibia, deux coups de poing
dans la figure, est-ce que cela valait la peine de jouer une
ignoble comédie qui ne tromperait personne, et en tout
cas, qui ne me tromperait pas moi-même? Qu'aurait dit
mon père, qu'aurait dit mon frère Paul, s'ils avaient connu 40
ma lâcheté? Puisque je l'avais promis, j'irais provoquer
Pégomas — et s'il me jetait à terre, je me relèverais, et
je reprendrais l'offensive. Deux fois, trois fois, dix fois
jusqu'à ce qu'il prenne la fuite* en criant de peur; et si
je sortais du combat les yeux pochés et le nez de travers,* 45
mes amis me porteraient en triomphe, parce que rien
n'est plus beau qu'un vainqueur* blessé . . .

Calme, et les yeux grands ouverts dans la nuit, je
fis l'examen de mes chances.

Je ne m'étais encore jamais battu sérieusement. A 50
l'école, ma qualité de fils de Joseph m'avait conféré* une
immunité totale; au lycée, la peur des punitions m'avait
écarté des bagarres, mais au cours des jeux* assez violents,

diligence stagecoach

comme l'Attaque de la diligence ou Roland à Roncevaux,[2]
j'avais fait preuve* d'une assez grande habileté* dans 55

croche-pied tripping
one's adversary
combats de boxe simulés
pretended boxing

l'art difficile du croche-pied; dans les combats de boxe
simulés, ma rapidité avait souvent surpris l'adversaire: un
jour même, j'avais sans le vouloir poché l'œil de Rémusat,
qui m'avait dit ensuite cette parole mémorable: «Je sais
bien que tu ne l'as pas fait exprès:* tu ne te rends pas 60
compte de ta force!»

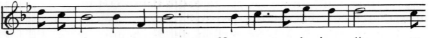

1. La vic-toire, en chan-tant,   Nous ou - vre la bar - riè - re,

1. **La victoire en chantant/Nous ouvre la barrière:** *La victoire qui chante nous ouvre des pos-
sibilités de vie honorable.* (This patriotic song,
Chant du départ, symbolized for Marcel duty
and honor. On hearing it, he realized that he was
about to commit an act of cowardice.)
2. **Roland à Roncevaux:** Roland, the hero of the
epic poem *Chanson de Roland,* perished in a
great battle against the Moors at Roncevaux in
the Pyrenees. (The boys had made a game of this
battle.)

Précieuse déclaration dont le souvenir me réconforta* merveilleusement. De plus, j'avais constaté depuis peu* qu'à force de regarder mes biceps, ils avaient fini par pren-
65 dre forme, et qu'ils étaient durs comme du bois. Toutes ces raisons me rendirent pleine confiance, et je résolus de m'endormir immédiatement, afin d'être «fin prêt»* pour la bataille.

Ma nuit fut cependant très agitée, car jusqu'au matin
70 je combattis l'affreux Pégomas.

Il était vraiment très fort, mais j'étais beaucoup plus rapide que lui, et je l'accablais d'une grêle de directs, de crochets et de swings. Je lui pochai d'abord les deux yeux, par des directs d'une élégance qui souleva les applaudisse-
75 ments. Puis, je visai son nez, qui était mou comme un oreiller,* et qui devint instantanément énorme.

Il tremblait de haine* et de peur, mais au lieu de prendre la fuite, il me lançait de terribles coups de pied que j'esquivais habilement* par des sauts de grenouille
80 d'une aisance* surnaturelle. Lorsque je me réveillai, je tenais à deux mains son poignet gauche, car je venais de détacher son bras de son épaule, par une torsion à la Nick Carter,[3] et j'allais l'assommer* avec cette arme, tandis que Lagneau essayait de me retenir et me disait: «Ça va, ça va,
85 ça suffit comme ça!»

J'arrivai au lycée à la toute première récréation du matin. Pendant que dans l'étude vide je mettais ma blouse, Lagneau, Oliva, Berlaudier et quelques autres sur-girent:* il y avait même deux pensionnaires de l'étude
90 voisine, Ben Seboul, un Africain, et le petit Japonais qu'on appelait «Citronnet».*

Tous me regardaient avec curiosité et Berlaudier, mo-queur, me demanda:

— Alors tu es toujours décidé?
95 Je répondis gravement:

— Je n'ai qu'une parole.

Lagneau, visiblement inquiet, s'écria:

— Tu n'as jamais donné ta parole! Tu as tout simple-ment dit . . .

je l'accablais . . . cro-chets I overpowered him with a shower of straight cuts, right and left hooks
souleva les applaudisse-ments brought applause
visai aimed at

sauts de grenouille frog-like leaps

poignet wrist

3. **torsion à la Nick Carter:** twist in the manner of Nick Carter (the dynamic hero who could rise above all obstacles and conquer all difficulties)

— J'ai dit que je casserais la figure* à Pégomas, et je 100
vais le faire à dix heures.

— Tu le feras si tu veux, dit Vigilanti, mais personne
ne t'y oblige.

Tous, ils craignaient pour moi le pire parce qu'ils
n'étaient pas au courant* de ma victoire de la nuit. 105

C'est alors que parut Carrère. Je crus qu'il était venu
pour arranger les choses, et m'interdire ce combat.* Mais
avec un visage grave, il dit simplement:

— Je suis fier d'être ton ami, et je trouve très bien
que tu attaques un garçon qui est sûrement plus fort que 110
toi. Je suis sûr que tu vas le rosser,* parce que tu te bats
pour l'honneur. Ce que tu peux craindre, c'est une retenue, ou même une demi-consigne. Mais pour ça, je
peux t'aider. C'est Poil d'Azur qui surveillera la récréation.
D'habitude, il ne dit jamais rien à personne, mais une 115
bataille, ça pourrait l'intéresser. Alors, je me charge de
l'occuper en lui demandant un tuyau* pour un problème
d'algèbre. Pour lui, les x, c'est des caramels mous. Tu
pourras te battre tranquille.

Citronnet, de sa voix discrète, gazouilla:* 120

— Viens avec moi dans la cour, et je te ferai voir un
truc.

— Quel truc?

Il m'expliqua gentiment:

— Tu lui prends le doigt du milieu, et tu le retournes 125
à l'envers.* Ça craque,* son doigt reste en l'air, et il se met
à pleurer tout de suite.

— C'est compliqué, dit Ben Seboul. Il vaut mieux un
coup de tête dans l'estomac. Alors, il se baisse, et toi tu
relèves ton genou à la rencontre de son nez et ça éclate* 130
comme une figue.

— Vous êtes gentils, dis-je, mais je sais ce que je vais
faire.

— Oui, ricana* Berlaudier, ce que tu vas faire, tu le
sais — mais ce qu'il va te faire, tu ne le sais pas! En tout 135
cas, s'il te met en morceaux, j'ai une bobine de papier
collant!

— Toi, tais-toi! dis-je brutalement. Ne m'énerve pas,*
sinon je commence par toi!

Je fis un pas en avant, les épaules carrées et les poings 140
fermés.

c'est une retenue, ou
même une demi-consigne
it is detention or even
the loss of a half day
(*Thursday afternoon*)

truc trick, gimmick

bobine de papier collant
roll of gummed tape

épaules carrées shoul-
ders squared

Alors, Berlaudier prit une mine* terrorisée, leva les bras au ciel, et d'une voix suraiguë* de fille, il cria:

— Au secours! Maman! il veut me frapper! Au se-
145 cours!

Et il s'enfuit* vers la cour, dans un éclat de rire général. Mais le roulement du tambour et l'entrée de M. Payre mirent fin à la comédie.

VOCABULAIRE EXPLIQUE

Page 91

4 angine f.: *inflammation de la gorge*
8 blafard: *très pâle*
11 accueilleraient: *recevraient*
16 régler: *liquider, terminer*
19 Tu es fou: *Tu as perdu la raison!*
23 me poursuivraient: *courraient après moi*
24 à bras-le-corps: *par le milieu du corps*
28 diabolique: *très méchant*
30 couloir m.: *corridor*

Page 92

34 je sentis . . . joues: *je sentis que mes joues brûlaient de honte*
35 draps m.: *linge qui couvre le lit*
44 prenne la fuite: *se sauve*
45 de travers: *pas droit*
47 vainqueur blessé: *celui qui est mutilé, mais qui triomphe dans un combat*
51 m'avait conféré: *m'avait permis d'avoir*
53 au cours des jeux: *pendant les jeux*
55 j'avais fait preuve: *j'avais montré*
   habileté f.: *dextérité, talent*
60 exprès: *avec intention*

Page 93

62 réconforta: *redonna du courage et de l'espoir*
63 depuis peu: *depuis très peu de temps*
67 fin prêt: *entièrement prêt*
76 oreiller m.: *coussin qu'on met sous la tête quand on se couche*

77 haine f.: *animosité, hostilité*
79 esquivais habilement: *évitais adroitement (avec dextérité)*
80 aisance f.: *facilité*
83 assommer: *frapper d'un coup violent qui fait perdre conscience*
89 surgirent: *apparurent brusquement*
91 «Citronnet»: *petit citron (à cause de la couleur de sa peau)*

Page 94

100 je casserais la figure (fam.): *je combattrais jusqu'à ce qu'il soit vaincu*
105 au courant: *informés*
107 m'interdire ce combat: *me défendre de me battre*
111 rosser (fam.): *frapper violemment et triompher*
117 tuyau m. (fam.): *renseignement*
120 gazouilla: *murmura d'une voix douce comme celle des oiseaux*
126 à l'envers: *dans un sens opposé au sens normal*
    craque: *produit un bruit sec*
130 éclate: *se brise tout à coup en morceaux*
134 ricana: *riait en se moquant*
138 ne m'énerve pas: *ne m'excite pas*

Page 95

142 prit une mine: *eut une expression*
143 suraiguë: *très perçante*
146 s'enfuit: *se sauva vite*

Emploi de l'infinitif après certains verbes

Elle a fait venir un médecin.
She called in a doctor. (She had a doctor come.)
Je fais faire une robe. *I am having a dress made.*

> To cause something to be done is rendered in French by *faire* plus an infinitive.

Je sentis brûler mes joues. *I felt my cheeks burn.*
Il a vu pâlir l'enfant. *He saw the child turn pale.*
Elle laisse partir son fils. *She allows her son to leave.*
J'entends chanter les enfants. *I hear the children singing.*

> *Sentir, voir, laisser,* and *entendre* are followed by a direct infinitive. The word order differs from that used in English. Study the above examples.

EXERCICES

I. Questionnaire

Pages 91–92

1. De quoi la mère de Marcel s'était-elle inquiétée? 2. Pour éviter de se battre avec Pégomas, qu'est-ce que Marcel pourrait faire? 3. S'il jouait cette comédie, comment serait-il accueilli par ses camarades? 4. Qu'est-ce que le père de Marcel a chanté en passant dans le couloir? 5. Qu'est-ce qui a détourné Marcel du plan qu'il avait arrêté? 6. Pourquoi Marcel s'est-il caché la tête sous ses draps? 7. Qui serait trompé par la comédie que Marcel avait envisagée? 8. Quel sentiment Marcel éprouvait-il après avoir décidé de tenir parole?

Pages 92–94

9. Pourquoi Marcel ne s'était-il encore jamais battu sérieusement? 10. De quelle habileté avait-il fait preuve dans les jeux? 11. Comment étaient les muscles de Marcel? 12. Qu'est-ce qui s'est passé pendant la nuit? 13. Qu'est-ce que les amis de Marcel craignaient? 14. Quelle punition Marcel risquait-il? 15. Pourquoi une punition serait-elle grave pour Marcel? 16. De quoi Carrère se chargerait-il?

II. Etude de mots

Complétez les phrases suivantes en choisissant le mot convenable de la liste qui se trouve ci-dessous. Il y a deux mots de trop.

vainqueur	lâcheté	interdire
douleur	ruse	tromper
parole	recherche	accueillir
haine	combat	régler

1. Le sentiment qui pousse une personne à vouloir faire du mal à quelqu'un s'appelle la ...
2. Je veux terminer cette affaire; j'ai envie de la ... tout de suite.
3. Celui qui gagne la bataille est le ...
4. Ce qu'on sent quand on a mal s'appelle la ...

5. Le professeur va leur . . . de sortir.
6. Il me l'a promis, il m'a donné sa . . .
7. Son courage s'opposait à la . . . de son ami.
8. Ce roi n'aimait pas les batailles, il préférait la . . . à la force.
9. Quand on dit à quelqu'un ce qui n'est pas vrai, on le . . .
10. Ils ont raison de bien . . . les gens.

III. Emploi de l'infinitif après certains verbes

Traduisez les phrases suivantes:

1. Sa mère le fait soigner par un médecin célèbre. 2. Le censeur a fait venir Marcel à son bureau. 3. Il sentait battre son cœur. 4. Nous avons vu arriver le pion. 5. J'ai entendu dire que Marcel serait puni. 6. Le censeur laisse partir Marcel sans le réprimander.

IV. Petit exposé oral

A. Parlez du scénario que Marcel a imaginé pour éviter de se battre avec Pégomas:

se plaindre d'un début d'angine (Il se plaindrait . . .); rester plusieurs jours à la maison; manger très peu sous prétexte d'une difficulté à avaler; rentrer au lycée, la mine mauvaise, le teint pâle, la joue creuse

B. Expliquez pourquoi Marcel a finalement décidé de ne pas jouer cette comédie:

être rappelé à une conduite honorable par la chanson de son père (Il a été rappelé . . .); avoir honte de sa lâcheté; arrêter un plan de combat pour venger son ami

V. Exercice écrit

Ecrivez au passé le morceau suivant. Employez le passé simple pour marquer un fait ou une action passés, l'imparfait pour exprimer la durée, le caractère progressif de l'action.

Au moment où Marcel arrive au lycée, ses amis le regardent avec curiosité. Berlaudier lui demande s'il est toujours décidé à se battre. Marcel répond qu'il n'a qu'une parole.

Alors Vigilanti lui dit que personne ne l'oblige à régler cette affaire. Lagneau est visiblement inquiet et veut empêcher le combat. Tous les amis de Marcel craignent le pire, parce qu'ils connaissent la force de Pégomas.

Carrère rappelle à Marcel le danger d'attraper une retenue. Il y a peut-être moyen de l'éviter. Carrère propose d'attirer l'attention du surveillant sur un problème d'algèbre pendant la récréation. Ainsi Marcel sera libre d'attaquer Pégomas.

IV. LA BATAILLE

Avant la récréation sanglante, il me fallut traverser* une
heure de grammaire française, puis une heure de latin. La
voix lointaine de Socrate[1] parlait. Cependant* Lagneau,
excité par l'attente* du drame, me proposait, du coin de
5 la bouche, des plans de combat.
— Si tu veux, moi, je vais lui parler le premier. Toi,
tu viens par derrière ...
Je chuchotai:*
— Non, je veux l'attaquer face à face.
10 — Laisse-moi te dire ...
Je l'aurais bien laissé dire, mais c'est Socrate qui ne le
laissa pas.
— M. Lagneau, dit-il, je vois sur votre visage un tic*
assez inquiétant, qui pourrait faire croire que vous avez la
15 bouche sous l'oreille gauche. Si vous désirez éviter deux
heures de retenue, je vous conseille de la replacer sous
votre nez.
Lagneau fut ainsi réduit au silence,* mais Berlaudier
me montrait de loin, de temps à autre, la bobine de papier
20 collant. Je feignais* de ne pas le voir. J'avais croisé les bras,
comme font les bons élèves: en réalité, c'était pour tâter*
mes biceps, et j'en faisais tressaillir la bosse pour les préparer au combat ... Mais le temps n'avançait pas: des
fourmis grimpaient le long de mes jambes. A travers les
25 platanes, le soleil de juin baignait* d'une lumière d'or
vert la cour déserte, où le sang coulerait peut-être tout à
l'heure ... Non, je n'avais plus peur, et je me sentais
prêt à venger le nez d'Oliva, la gloire de l'étude, et l'honneur du nom: mais je trouvais vraiment pénible d'être
30 prêt si longtemps, et j'écoutais de toutes mes forces le
carillon* de la grande horloge: enfin la petite cloche tinta

1. **Socrate:** Socrates, a Greek philosopher. (This
was the nickname given to the Latin teacher by
the pupils whose knowledge was not too accurate.)

sanglante bloody

**j'en faisais tressaillir la
bosse** I flexed my muscles
des fourmis . . . jambes
I had pins and needles
up and down my legs
(**fourmis** ants)
platanes m. plane trees
sang coulerait blood
would flow

tinta rang

une fois. C'était «moins cinq» et le tambour battit la charge.*

A travers les ruées* de la sortie, j'avançai d'un pas décidé vers la porte de la sixième B. Lagneau marchait à ma droite, Berlaudier à ma gauche, et nous étions suivis par une dizaine de demi-pensionnaires: Oliva, dont le nez était devenu bleu, courut à notre rencontre:* Nelps l'accompagnait.

— N'y va pas! me dit Oliva. J'ai eu tort de te parler de ça: n'y va pas!

Je l'écartai noblement de mon chemin et je découvris Pégomas: **adossé à un pilier** de la galerie, il enfonçait* un croissant entre ses grosses joues. Il avait une tête de plus que moi, mais il n'était pas aussi grand que dans mes craintes, et je me plus à croire* qu'il était vraiment plein de soupe.

Dans un grand silence, j'allai me planter devant lui et je lui dis:

— C'est toi, Pégomas?

— Oui, pour t'embêter.*

J'entendis des éclats de rire, mais je ne relevai pas cette injure dérisoire.

— Il paraît que tu as dit que les demi-pensionnaires sont tous des pedzouilles et que les boursiers sont des miteux. Est-ce que tu as le courage de le répéter?

J'avais compté sur ce préambule, prononcé sur un ton agressif, pour intimider l'adversaire, et j'espérais vaguement qu'il allait faire de plates* excuses. Mais il me regarda avec une surprise chargée de mépris,* et proclama:

— Les demi-pensionnaires sont des pedzouilles, et les boursiers sont des miteux. La preuve c'est que le gouvernement vous fait manger ici, parce que chez vous, il n'y a pas de quoi bouffer.*

Et il enfonça dans sa gueule* la seconde moitié du croissant.

Une rumeur* indignée courut dans la foule, et je fus soudain enflammé par une violente colère, une colère de chat. Ce gros plein de soupe venait de parler de la pauvreté de mon père. Je m'élançai* vers lui et je frappai de bas en haut, sous les narines,* de toutes mes forces. C'était le coup de Nat Pinkerton,[2] qui «désoriente* l'ad-

---

adossé à un pilier leaning against a pillar

je . . . dérisoire I didn't make a retort to this ridiculous insult

---

2. **Nat Pinkerton:** the indomitable hero of a series of popular novels

versaire». Le mien eut un double succès, car non seulement je lui retroussai le nez* vers le plafond de la galerie,
75 mais encore ma paume,* au passage, enfonça le demi-
croissant — qui était pointu — jusqu'à la glotte du sacrilège.*

Je reçus au même instant un coup assez violent sur
mon œil gauche, puis j'entendis le bruit affreux d'une
80 éructation déchirante, suivie d'une gargouillante nausée.
Je fis un pas en arrière, je m'élançai de nouveau, et je le
frappai deux fois au creux de l'estomac. Tout en vomissant* les débris du croissant, il se plia en deux et me
tourna le dos, en me présentant un vaste derrière: j'y ap-
85 puyai mon talon,* et d'une violente poussée, je le projetai
dans la cour où il s'étala à plat ventre,* tandis que les
spectateurs applaudissaient à grands cris.

Je l'avais suivi, et en parlant à son râble* horizontal,
je criais: — Relève-toi, grand lâche.* Relève-toi, parce
90 que ce n'est pas fini! Ça ne fait que commencer.

Il se tourna sur le côté, et lança de vaines ruades,
tandis que Vigilanti me conseillait:

— Saute-lui sur le ventre!

J'allais certainement le piétiner,* lorsqu'Oliva et Nelps
95 me prirent chacun par un bras, et j'entendis la voix de
Lagneau qui disait les paroles de mon rêve:

— Ça va, ça va, ça suffit comme ça!

Le gros garçon se releva soudain, et je repoussai vivement mes amis pour m'élancer à sa rencontre.

100 Mais Poil d'Azur, échappant aux séductions mathématiques de Carrère, vint surgir du pilier, et pour la première fois son visage exprimait un certain intérêt pour
l'actualité.* Le grand lâche se jeta sur lui, en criant:

— M'sieur! M'sieur! Regardez ce qu'il m'a fait.

105 En tombant face avant, il s'était écorché la lèvre supé-
rieure, qui saignait et se gonflait sous nos yeux.

Poil d'Azur regarda ce phénomène avec une véritable
curiosité, puis il répondit sans la moindre émotion:

— Je vois. D'ailleurs, j'ai tout vu, et tout entendu.
110 Rompez!

Pégomas, stupéfait, insista:

— C'est un demi-pensionnaire! C'est celui-là! Et il me
montrait du doigt.

— Je sais, dit Poil d'Azur, je sais.

115 Puis il se tut* pensif. J'attendais immobile, les paroles
fatales qui allaient préciser le châtiment* de ma victoire:

éructation déchirante
agonizing belch
gargouillante nausée
rumbling sound of nausea

lança de vaines ruades
kicked ineffectually

vint surgir du pilier
came into view from be-
hind a pillar

s'était écorché had
skinned
saignait et se gonflait
was bleeding and becom-
ing swollen

Rompez! Break it up!

103

chez le Surveillant général
to the office of the dis-
ciplinary supervisor

**fronça soudain les sour-
cils** frowned suddenly

fierté f. pride

Pour comble de gloire
As the crowning glory

n'arrivât (*imparf. du subj.
arriver*) would come
Censeur vice-principal

peut-être allait-il me conduire chez le Surveillant général?

Le tambour roula longuement, mais en vain. La foule de curieux qui nous entourait maintenant restait immobile et muette,* dans l'attente du jugement.* 120

Alors Poil d'Azur fronça soudain les sourcils, et dit avec force:

— Eh bien? Vous n'avez pas entendu le tambour? Rompez!

Il nous tourna le dos et s'éloigna* d'un pas tranquille, 125 à travers la ruée des élèves, tandis que mes amis, ivres de joie et de fierté, me faisaient un cortège triomphal* jusqu'à la classe d'anglais.

Cette victoire fit grand bruit dans les cours de l'internat. Lagneau racontait la bataille sur le mode homé- 130 rique* et concluait en disant:

— Si je n'avais pas été là, il l'aurait tué!

Berlaudier discutait la chose en technicien,* et appréciait grandement le coup de paume sous le nez, dont je fis plusieurs fois la démonstration, au milieu d'un cercle 135 de connaisseurs.

Pour comble de gloire, le seul coup que j'avais reçu m'avait glorieusement poché un œil, qui fut d'abord rougeâtre,* puis au cours de* l'après-midi, s'entoura de cercles multicolores* du plus bel effet. Ce fut vraiment 140 une glorieuse journée, à peine assombrie* par la crainte des conséquences possibles de ma victoire, car l'attitude de Poil d'Azur restait pour nous mystérieuse. Les uns pensaient que les quelques paroles qu'il avait prononcées représentaient le cycle complet de ses réactions, et cons- 145 tituaient la liquidation définitive de l'Affaire; d'autres craignaient que le bruit de ma gloire n'arrivât aux oreilles — toujours ouvertes — de M. le Censeur. Comme cette hypothèse* inquiétante ne concernait que le lendemain, c'est-à-dire les temps futurs, je résolus de n'y penser qu'à 150 son heure* et de jouir en paix de ma promotion.

Pendant l'étude, M. Payre me regarda avec intérêt, et vint me demander «qui m'avait arrangé de la sorte».* Je répondis modestement qu'en jouant à la pelote,* j'avais reçu la balle dans l'œil: explication tout à fait plausible, 155 et que Joseph accepta le soir même sans la moindre discussion.

VOCABULAIRE EXPLIQUE

Page 101

1 traverser (*fig.*): *passer par, vivre pendant*
3 cependant: *pendant ce temps-là*
4 l'attente *f.*: *l'espérance f.*
8 je chuchotai: *je murmurai*
13 un tic: *une contraction nerveuse*
18 réduit au silence: *obligé de rester sans parler*
20 je feignais: *je faisais semblant*
21 tâter: *toucher avec la main pour examiner*
25 baignait (*fig.*): *enveloppait*
31 le carillon: *le son des cloches*

Page 102

33 battit la charge: *donna le signal d'avancer*
34 ruées *f.*: *mouvements violents des élèves dans une même direction*
38 courut à notre rencontre: *alla très vite pour nous rejoindre*
43 enfonçait: *mettait profondément*
46 je me plus à croire: *j'aimais croire*
51 t'embêter: *t'ennuyer*
59 plates: *serviles, obséquieux*
60 chargée de mépris: *pleine de condescendance*
64 il . . . bouffer (*fam.*): *il n'y a pas assez à manger*
65 gueule *f.* (*grossier*): *bouche*
67 rumeur *f.*: *bruit confus de voix*
70 m'élançai: *me précipitai, me jetai*
71 narines *f.*: *ouvertures du nez*
72 désoriente: *surprend*

Page 103

74 lui retroussai le nez: *relevai son nez*
75 paume *f.*: *creux de la main*
77 la glotte du sacrilège: *la gorge par laquelle était passée l'insulte*

83 vomissant: *rendant*
85 appuyai mon talon: *mis la partie arrière de mon pied*
86 s'étala à plat ventre: *tomba par terre (sur l'abdomen)*
88 râble *m.* (*fam.*): *dos*
89 Lâche *m., f.*: *personne sans courage*
94 piétiner: *frapper vivement avec les pieds*
103 l'actualité *f.*: *les circonstances, les événements présents*
115 se tut (*p.s. se taire*): *cessa de parler*
116 préciser le châtiment: *indiquer la punition avec précision*

Page 104

120 muette: *silencieuse*
dans l'attente du jugement: *pendant qu'elle attendait la décision du juge*
125 s'éloigna: *s'en alla*
127 cortège triomphal: *procession pour célébrer la victoire*
131 sur le mode homérique: *dans la manière d'Homère, le poète grec dont le style est héroïque*
133 en technicien: *en homme qui connaît la technique*
139 rougeâtre: *légèrement rouge*
au cours de: *pendant*
140 (un œil) s'entoura de cercles multicolores: *des cercles multicolores se formèrent autour d'un œil*
141 assombrie: *rendue triste*
149 hypothèse *f.*: *supposition, conjecture*
151 à son heure: *au moment nécessaire*
153 de la sorte: *de cette manière*
154 pelote: *jeu dans lequel on lance une balle contre un fronton (mur très haut)*

Emploi du subjonctif

Conversation:

Je crains qu'il n'arrive en retard.
I am afraid that he is arriving (will arrive) late.

Je crains qu'il ne soit arrivé en retard.
I am afraid that he has arrived late.

Je craignais qu'il ne soit arrivé en retard.
I was afraid that he arrived late.

Langue littéraire:

Je craignais qu'il n'arrivât en retard.
I was afraid that he would arrive late.

Je craignais qu'il ne fût arrivé en retard.
I was afraid that he had arrived late.

> The *ne* after *craindre* before the subjunctive in an affirmative clause is often omitted in less careful speech.
>
> For a review of the subjunctive, see Appendix, pages 273–274.

EXERCICES

I. Questionnaire

Pages 101–102

1. A quoi Marcel pensait-il pendant les classes de grammaire et de latin?
2. Comment Lagneau a-t-il été réduit au silence? 3. Qu'est-ce que Marcel trouvait pénible? 4. Où Marcel a-t-il trouvé Pégomas à l'heure de la récréation? 5. Qu'est-ce que Pégomas était en train de manger? 6. Qu'est-ce que Marcel a demandé à Pégomas de répéter? 7. Qu'est-ce que Pégomas a ajouté à la phrase demandée par Marcel? 8. Qu'est-ce qui augmentait les forces de Marcel? 9. Alors qu'a fait Marcel?

Pages 103–104

10. Quel succès le coup de Marcel a-t-il eu? 11. Quel coup Marcel a-t-il reçu? 12. Pourquoi Pégomas s'est-il plié en deux? 13. Comment Marcel a-t-il pu projeter son ennemi dans la cour? 14. Que pensait Marcel en voyant venir le surveillant? 15. Comment Marcel considérait-il son œil poché? 16. Pourquoi Marcel a-t-il décidé de ne pas penser à sa punition?

II. Etude de mots (paronymes)

Les paronymes sont des mots qui sont presque homonymes, donc faciles à confondre. Exemples: rencontrer, raconter; éminent, imminent.

Complétez les phrases suivantes en employant le mot qui convient. Faites les accords nécessaires.

1. (enseignement, enseignant) L' . . . secondaire est gratuit en France. Les . . . se réunissent avant la rentrée des élèves.

2. (preuve, épreuve) Cet examen comporte des . . . écrites et orales. C'est un élève médiocre; la . . . c'est qu'il n'a pas été reçu.

3. (bas, basse, base) C'est une maison très . . . ; les plafonds en sont . . . Ces principes forment la . . . de sa conduite.

4. (pleine, peine) L'assiette est . . . de gâteaux. Il se donne de la . . . pour faire un bon travail.

5. (immobile, immeuble, immobilier) Il habite un grand . . . Si l'on veut acheter une maison, on s'adresse à un agent . . . Il ne bouge pas; il reste . . .

6. (franchir, franchi, franche) Elle est très sincère, très . . . Ils ont voulu . . . le fleuve, mais il n'existait ni pont, ni bateau. Le fleuve . . . , ils auraient pu s'échapper à la police.

III. Emploi du subjonctif

Ecrivez les phrases suivantes au présent.

Exemple: Lagneau ne voulait pas que Marcel se battît.
Lagneau ne veut pas que Marcel se batte.

1. Le professeur défendit qu'il parlât.   2. Ses amis étaient étonnés que Marcel fût vainqueur.   3. Le surveillant exigea qu'on se tût.   4. Ils craignaient que le sang ne coulât.   5. Je n'étais pas sûr qu'il pût se défendre.   6. Elle souhaitait que son enfant fît des études sérieuses.   7. Il fallait attendre jusqu'à ce que son camarade vînt dans la cour.   8. Il était incroyable que ce gros lâche dît de pareilles insultes.

IV. Petit exposé oral (au passé, style de conversation)

C'est la fin de l'année scolaire. Vous êtes en classe; vous vous ennuyez. Parlez de cette heure qui vous semble très longue.

Pourquoi la voix du professeur semble-t-elle lointaine?   (ne pas faire attention à son explication; penser aux vacances; faire des projets de récréation, de voyage, de lecture, etc.)

Pendant cette heure interminable, qu'est-ce qui remplit le tableau noir? (les conjugaisons des verbes, ou les problèmes de mathématiques, ou les formules chimiques, selon la matière enseignée dans cette classe)

Qu'est-ce qui attire votre attention? (le soleil de juin; l'odeur des fleurs; les sons qui viennent de l'extérieur: les voitures qui passent; les camions qui changent de vitesse; les avions qui survolent l'école)

Qu'est-ce que vous trouvez pénible? (la durée de la classe; le temps qui n'avance pas; le manque de confort de votre siège)

Qu'est-ce qui vous libère enfin? (la sonnerie électrique qui marque la fin de la classe)

V. Rédaction

Ecrivez en style de narration le compte rendu d'une heure de classe où vous vous êtes ennuyé. Suivez le plan ci-dessus.

V. AU BUREAU DU CENSEUR

Le lendemain matin, dans l'étude vide, je finissais de boutonner ma blouse, tout en causant avec Schmidt et
Lagneau. L'enflure de mon œil avait diminué, mais ses   **enflure** f. swelling
couleurs s'étaient affirmées,* car j'avais réussi, par des
5 frictions nocturnes, à annuler* l'effet curatif des com-   **frictions nocturnes**
presses de ma mère, qui — dans sa naïveté* — eût effacé   nightly massages (*to irri-*
la glorieuse meurtrissure* dont elle ignorait la valeur.   *tate the eye and to keep*
                                                               it from healing)
    Lagneau était précisément en train de l'admirer
lorsque le concierge-tambourineur,* plongeant son buste   **plongeant . . . l'entre-**
10 dans l'entrebâillement de la porte, me fit un signe d'appel, **bâillement** thrusting the
et cria: upper part of his body
                                                               through the narrow open-
    — Chez monsieur le Censeur!¹   ing

Lagneau, consterné, dit à voix basse:

    — Ça y est! Poil d'Azur a fait un rapport!*

15 Cette terrible nouvelle me frappa au creux de l'estomac, et je dûs pâlir, car le bon Schmidt s'efforça de* me
rassurer.

    — Qu'est-ce que tu risques? dit-il. Peut-être deux
heures. Moi, une retenue comme ça, ça ne me ferait pas
20 peur. Ce n'est pas pour le travail, ni pour la conduite. Tu
as voulu défendre un ami. On devrait te décorer.

    — Peut-être, dis-je. Mais si on me supprime* ma
bourse?

Vigilanti venait d'entrer, suivi d'Oliva.

25 — Quoi? cria-t-il. Ça, alors, ça serait un crime! Moi, je
dis qu'il va te donner un avertissement, et pas plus.

Oliva s'avança, navré.*

    — Je veux y aller avec toi. Je vais dire que c'est tout
de ma faute.

---

1. **Chez monsieur le Censeur:** To the vice-principal's office! (The word *monsieur* placed before
the title is used as a mark of respect.)

— Ce n'est pas vrai, répliqua Lagneau. C'est tout de la 30
faute du gros plein de soupe: Explique au censeur que
c'est Pégomas qui t'a attaqué, et tout le monde dira
comme toi.

— Ça, dit Vigilanti gravement, ça ne serait pas honnête, parce que ce n'est pas vrai. 35

— Quoi? cria Lagneau, indigné. Nous avons le droit
de jurer que c'est Pégomas qui a commencé par un coup
de poing sur le nez! Il n'a pas besoin de dire que c'était
celui d'Oliva.

— Il a raison! déclara Schmidt. Allons-y tous. 40

Le buste oblique* du concierge reparut, et cria:

— Alors? Ça vient?*

Nous sortîmes ensemble dans le couloir, où le concierge tout entier[2] m'attendait. En voyant mes amis, il
demanda: 45

— Qu'est-ce qu'ils veulent, tous ceux-là?

— On est des témoins! dit Lagneau. On va dire au
censeur qu'il a raison, et que c'est l'autre qui a commencé.

— S'il a commencé, il s'est bien trompé!* dit le concierge. Il a un nez comme un poivron, et une bouche 50
qu'on dirait qu'il siffle. Et son père fait un foin du diable.
Il demande au censeur si c'est un lycée ou si c'est l'abattoir.*

Alors, je fus vraiment effrayé et Lagneau lui-même
parut inquiet. 55

— Son père est venu?

— Il est venu, et il y est encore. Il y a son père, il y
a lui, il y a le censeur et monsieur Berniolle, qui est en
train de s'expliquer.*

M. Berniolle, c'était Poil d'Azur. Je compris que 60
j'étais perdu. Je m'appuyai sur l'épaule de Lagneau.*

— Et pourtant, tu as bien fait, disait Vigilanti. Tu as
ta conscience pour toi!

Ma conscience! A quoi pouvait-elle me servir, ma
conscience? Si Pégomas était défiguré, je passerais sûre- 65
ment en Conseil de discipline,* je perdrais ma bourse, et
je n'aurais pas d'autre solution que la fuite.*

Oliva marchait devant moi. De temps à autre, il se
retournait et me regardait humblement.

2. **tout entier:** In the corridor the pupils saw the
whole man, whereas before they had seen only
his head and shoulders.

On est des témoins.
(fam.) We are witnesses.

Il a un nez . . . siffle. He
has a bulbous nose (like
a pepper) and a protrud-
ing mouth (as though he
were about to whistle).
fait . . . diable is stir-
ring up a devilish row

70 Je me mis à le détester. C'était vraiment mon mauvais ange.* Aux bourses, il m'avait volé la place de premier, et voilà qu'à cause de lui, et pour la gloire de son nez, je serais chassé du lycée, à la grande honte de mon père. Je le maudissais du fond du cœur, et je regrettais
75 amèrement* cette victoire désastreuse qui m'envoyait à l'échafaud,* et qui dévastait* ma famille . . . De plus, je pensais tout à coup à ce père furieux qui allait peut-être me gifler* devant tout le monde . . . Ça, alors, ce serait le comble . . . A cette idée, je fus forcé de m'arrêter, pour
80 respirer profondément sous les yeux inquiets de mes amis. Le concierge, qui nous devançait,* se retourna, et dit encore une fois:
— Alors, ça vient?
Nous arrivâmes enfin devant la porte double d'où
85 sortaient chaque jour, depuis des années, tant de condamnés: je ne l'avais encore jamais franchie, et je m'arrêtai de nouveau.
Le concierge, sans montrer la moindre émotion, écarta mon escorte, me prit par l'épaule, frappa discrète-
90 ment, tendit l'oreille,* ouvrit la porte, me poussa en avant, et la referma sur moi.
Je vis d'abord le dos de Poil d'Azur; il était debout, et sa main gauche serrait* son poignet droit, sur son derrière. De l'autre côté du bureau, M. le Censeur était assis,
95 immobile, devant un registre ouvert.
A la gauche du dos de Poil d'Azur, il y avait celui de Pégomas; il tourna son visage vers mon entrée: je vis avec stupeur ses lèvres tuméfiées et son nez enflé, aussi jaune que le safran de la bouillabaisse.[3] On aurait dit un masque
100 de carnaval dont la grimace involontaire, et peut-être définitive,* proclamait ma férocité.
A côté de Pégomas, il y avait un homme très grand, richement vêtu d'un complet bleu marine,* et qui tenait à la main un chapeau de feutre gris. Le petit doigt de cette
105 main était orné d'une bague d'or très épaisse, qui avait dû coûter une fortune. En levant les yeux, je vis qu'il était roux. Les rouquins,* dit-on, c'est tout bon ou tout mauvais. De quel genre était celui-là? On ne pouvait pas en décider

maudissais (*impar.* **maudire**) cursed

ce serait le comble that would be the last straw

ses lèvres . . . enflé his puffy lips and his swollen nose

feutre felt (*fabric*)

orné d'une bague d'or adorned with a gold ring

3. **safran de la bouillabaisse:** Saffron, a yellow-colored spice, is used in *bouillabaisse,* the fish chowder so popular along the Mediterranean.

à première vue, mais d'après les propos* du concierge, je craignais qu'il ne fût pas bon. Je m'aperçus que Poil d'Azur parlait. Sur le ton d'une parfaite indifférence, et comme quelqu'un qui récite une leçon, il murmurait: 110

— A ce moment-là, j'ai entendu l'élève Pégomas qui disait avec force: «Les demi-pensionnaires, c'est des pedzouilles; et les boursiers, c'est des miteux: la preuve, c'est 115 qu'on les fait manger au lycée, parce que chez eux, ils n'ont rien à bouffer. Et alors . . . »

— Permettez! dit l'homme à la bague. Excusez-moi de vous interrompre.

Il se tourna vers son fils, et demanda: 120

— Reconnais-tu que tu as prononcé ces paroles?

Pégomas, l'œil mauvais,* articula péniblement* à travers sa bouche en viande.

en viande which resembled raw meat

— Je l'ai dit parce que c'est la vérité!

Il y eut un court silence, pendant lequel l'homme 125 roux, à ma grande surprise, tira* sa bague de son doigt, tandis que M. le Censeur, fronçant le sourcil, regardait Pégomas d'un air de blâme;* il allait parler, mais il n'en eut pas le temps.

La main droite de l'homme roux, d'un geste rapide 130 comme un éclair,* fit éclater un petit pétard sur la joue de l'insulteur, qui tressaillit et vacilla.

fit . . . pétard gave a resounding slap
tressaillit et vacilla winced and staggered

M. le Censeur sourit, tandis que le justicier,* tout en remettant la bague à son doigt, se tournait vers moi.

— Mon jeune ami, me dit-il, je vous félicite d'avoir 135 corrigé cet imbécile comme il convenait* de le faire, et j'espère que monsieur le Censeur ne donnera aucune suite à ce regrettable incident.

ne donnera aucune suite will not take any further notice

Puis, il prit son fils par l'épaule, et le poussa vers moi.

— Présente tes excuses à ce garçon, dit-il. 140

Pégomas me regardait, hagard. A l'injonction paternelle* il répondit:

— Je ne sais pas quoi dire.

— Répète: «Je regrette d'avoir prononcé ces paroles odieuses,* et je te prie de les oublier.» 145

Il hésita, regarda de tous côtés, puis il ferma les yeux, et répéta la phrase en cherchant ses mots.

— Bien, dit M. Pégomas. Et maintenant, monsieur le Censeur, je m'excuse moi-même de vous avoir fait perdre un temps précieux: cette aventure, que mon fils m'avait 150 racontée à sa façon, méritait d'être éclaircie.*

M. le Censeur le raccompagna jusqu'à la porte, en
prononçant des paroles de politesse. Mais lorsqu'il l'ouvrit, Lagneau, courbé* en deux, tomba en avant sur la
155 poitrine de M. Pégomas, comme s'il voulait l'ausculter.
Son malade surpris le repoussa assez vivement, ce qui
permit à Lagneau de prendre la fuite avant d'être reconnu.

Les Pégomas partis, M. le Censeur vint à moi, me
souleva le menton du bout de l'index, examina mon œil,
160 et dit: «Ce ne sera rien.»

Et comme le tambour roulait, il dit encore:

— Grâce à la générosité de monsieur Pégomas, vous
ne serez pas puni cette fois-ci. Rompez!

Je sortis, au comble de la joie.* Je trouvai dans le
165 couloir non seulement mes sincères faux-témoins, mais
encore une dizaine d'autres «supporters» recrutés — au
cours de sa fuite — par le fidèle Lagneau. Ils riaient de
plaisir, ils m'admiraient, ils s'accrochaient à mes épaules.
Le petit Oliva riait nerveusement, et le long de son nez
170 bleuâtre* brillait la trace d'une larme* de joie, mais il
n'osait pas s'approcher de moi: alors je repoussai les
autres, et je serrai ma gloire sur mon cœur.

A partir de ce jour chaque fois que le Pégomas[4] me
voyait arriver dans la cour, il me lançait un regard torve,
175 et s'éloignait en rasant les murs,* ou glissait par une fuite
semi-circulaire, derrière un pilier de la galerie, et ma réputation en était rafraîchie.

C'est ainsi qu'à la fin de l'année de sixième j'affirmai
sans effort ma personalité, et que je m'installai définitive-
180 ment dans une assez belle situation de combattant redoutable* et de redresseur de torts.*

en avant . . . Pégomas head first on the chest of M. Pégomas
ausculter to listen to the sounds within the body (*as a doctor does when checking the heart*)

menton chin

supporters (*fam.*) (sports) fans

s'accrochaient clung to, hung on

il me . . . torve he looked at me askance

4. **le Pégomas:** The singular article is used with a proper name to indicate a well-known person-ality.

115

VOCABULAIRE EXPLIQUE

Page 111

4 affirmées: *montrées plus clairement*
5 annuler: *effacer, rendre nul*
6 naïveté f.: *simplicité, candeur*
7 meurtrissure f.: *marque bleue sur le corps*
9 concierge-tambourineur m.: *concierge qui a une deuxième fonction, celle de battre du tambour*
14 rapport m.: *compte rendu*
16 s'efforça de: *fit des efforts pour*
22 me supprime: *m'enlève*
27 navré: *désolé*

Page 112

41 oblique: *qui se penchait*
42 Ça vient? (fam.): *Vous venez?*
49 il s'est bien trompé: *il a commis une grave erreur*
53 abattoir m.: *lieu où l'on tue les animaux destinés à être mangés*
59 s'expliquer: *faire connaître sa pensée, ses raisons*
61 m'appuyai . . . Lagneau: *me servis de l'épaule de Lagneau comme soutien*
66 en Conseil de discipline: *devant un groupe de professeurs réunis pour résoudre les problèmes de discipline et pour juger les coupables*
67 que la fuite: *que de m'en aller définitivement*

Page 113

71 mauvais ange: *celui qui porte malheur*
75 amèrement: *vivement, beaucoup*
76 échafaud m.: *plate-forme destinée à l'exécution des condamnés à mort*
   dévastait: *ruinait*

78 gifler: *frapper violemment avec le plat de la main*
81 nous devançait: *passait devant nous*
90 tendit l'oreille: *écouta attentivement*
93 serrait: *pressait*
101 définitive: *permanente*
103 bleu marine: *bleu foncé (sombre)*
107 rouquins m. (fam.): *hommes qui ont les cheveux roux*

Page 114

109 propos m.: *paroles, observations*
122 l'œil mauvais: *avec un regard méchant*
    péniblement: *avec difficulté*
126 tira: *ôta, enleva*
128 blâme m.: *réprimande*
131 rapide . . . éclair: *extrêmement vite*
133 justicier m.: *celui qui rend justice*
136 il convenait: *il fallait*
142 injonction paternelle: *ordre du père d'obéir*
145 odieuses: *détestables*
151 éclaircie: *rendue plus compréhensible*

Page 115

154 courbé: *plié*
164 au comble de la joie: *complètement, parfaitement joyeux*
170 bleuâtre: *légèrement bleu*
    larme f.: *liquide produit par les yeux*
175 en rasant les murs: *en passant tout près des murs*
181 redoutable: *dangereux, fort à craindre*
    redresseur de torts: *celui qui répare les injustices (ironique)*

Pronoms relatifs (lequel, *etc.;* dont)

Il y eut un silence, pendant lequel le monsieur tira sa bague de son doigt.
There was a silence during which the gentleman removed the ring from his finger.

> *Lequel,* used as the object of a preposition to refer to persons and more frequently to things, must agree with its antecedent in number and gender: *l'église devant laquelle; les films desquels, etc.*

Voilà un excellent joueur. L'équipe a besoin de lui.
Voilà un excellent joueur dont l'équipe a besoin.
There is an excellent player whom the team needs (of whom the team has need).

> *Dont* ("of which," "of whom," "whose") has the value of a relative pronoun. It replaces *de qui, duquel,* etc. and is invariable. It may refer to antecedents singular or plural and to persons as well as to things.

See Appendix, page 277.

I. Questionnaire

Pages 111–113

1. Qu'est-ce que Lagneau admirait quand le concierge est arrivé?
2. Qu'est-ce que le concierge a dit à Marcel?   3. Pourquoi Marcel a-t-il pâli en entendant cette terrible nouvelle?   4. Qu'est-ce que les camarades de Marcel voulaient dire au censeur?   5. Qu'est-ce que le concierge a dit du nez de Pégomas?   6. Qu'est-ce que le père de Pégomas avait demandé au censeur?   7. Si Pégomas était défiguré, qui jugerait Marcel?
8. Expliquez pourquoi Oliva semblait le mauvais ange de Marcel.

Pages 113–115

9. En arrivant chez le censeur, qu'est-ce que Marcel a vu avec stupeur?
10. Faites le portrait de M. Pégomas.   11. Comment savez-vous que Poil d'Azur, malgré son air indifférent, avait entendu l'insulte de l'élève Pégomas?   12. Qu'est-ce que M. Pégomas a fait après avoir entendu la confession de son fils?   13. Pourquoi M. Pégomas a-t-il félicité Marcel?
14. Sous la menace de son père, quelles excuses Pégomas a-t-il faites à Marcel?   15. Comment savez-vous que Lagneau écoutait à la porte?
16. Qu'est-ce que Marcel a fait en voyant une larme de joie sur la joue d'Oliva?

II. Etude de mots

Complétez les phrases suivantes en employant le mot convenable. Faites les accords nécessaires.

> Exemple: (tromper, se tromper, trompeur) Il a résolu le problème sans
> . . . On appelle . . . celui qui trompe.

Réponses: *(1) se tromper; (2) trompeur*

1. (témoin, témoignage, témoigner) Le faux . . . est un crime; un . . . doit dire la vérité. Cette jeune fille n'a pas voulu . . . contre son frère.
2. (rouge, roux, rousse, rougir) Il avait des cheveux . . . L'enfant portait une robe . . . Cette jeune fille est timide, elle . . . facilement.

119

3. (effrayé, effrayant, effrayer) Il ne faut pas . . . les enfants. Elle est . . . de sa résponsabilité. La guerre est une chose . . .

4. (éclat, éclatant, éclater) L'eau chaude a fait . . . le verre. Elle s'est blessée d'un . . . de ce verre. Sa robe est d'un rouge . . .

5. (volontaire, volonté, volontiers) Involontaire est le contraire de . . . Avec la meilleure . . . du monde, il n'y arrivera pas. J'irai . . . voir le malade.

6. (comble, comblé, combler) Elle est au . . . de la joie. Elle est . . . de joie. Ils . . . leurs enfants de cadeaux.

III. Pronoms relatifs (lequel, *etc.;* dont)

Complétez les phrases suivantes en employant le pronom relatif qui convient.

Exemples: Il a reçu la bourse sur . . . il comptait.
J'ai demandé l'argent . . . j'avais besoin.

Réponses: *(1) laquelle; (2) dont*

1. Voilà le garçon . . . je vous ai parlé.   2. Je lui ai donné l'adresse à . . . il devait envoyer mon courrier.   3. La porte par . . . il comptait entrer était fermée à clef.   4. Cette robe . . . j'ai envie coûte cher.   5. Son œil poché, . . . il est très fier, est jaune et bleuâtre.   6. Voilà les livres parmi . . . vous trouverez ceux . . . vous avez besoin.

IV. Dialogue dirigé

Vous êtes la mère (ou le père) de Marcel. Préparez un dialogue dans lequel vous interrogez votre fils au sujet de son œil poché.

La mère (ou le père)

1. Demandez à votre fils qui lui a poché l'œil.
2. Dites à votre fils que vous aimez mieux qu'il dise la vérité.
3. Demandez à votre fils de vous raconter ce qui est arrivé.
4. Demandez lequel des adversaires est le plus âgé, le plus fort.
5. Demandez ce qu'a dit ce lâche à Oliva.
6. Demandez à votre fils s'il a été convoqué par M. le Censeur.
7. Demandez ce qu'a fait le père de Pégomas.
8. Demandez ce qui est arrivé ensuite.
9. Dites à votre fils de tâcher d'éviter les bagarres à l'avenir.

Le fils

1. Expliquez que vous avez reçu une balle dans l'œil en jouant.
2. Dites que vous vous êtes battu pour venger un camarade.
3. Dites que Pégomas a insulté votre ami Oliva, il y a quelques jours, et l'a frappé sur le nez.
4. Dites que Pégomas est le plus âgé, le plus fort.
5. Dites que Pégomas a dit qu'on donne de bonnes notes aux boursiers pour leur faire de la charité.
6. Dites que oui et dites que le père du gros plein de soupe y était aussi.
7. Dites que le père de Pégomas a demandé à son fils s'il avait insulté le boursier, Oliva.
8. Dites que Pégomas a répété l'insulte, que son père l'a giflé et l'a obligé à faire des excuses.
9. Dites que vous essaieriez, mais que vous aviez raison cette fois-ci.

TROISIEME PARTIE

MON FILS, CET INCONNU

d'après Philippe Hériat
Le Temps d'aimer

MON FILS,

PERSONNAGES

Agnès, *jeune femme qui vit séparée de sa famille*
Renaud, *seize ans, fils d'Agnès*
Patrick, *neveu d'Agnès*
Justin, *lycéen sérieux, un peu plus âgé que Renaud*
Henriette et
Jeanne Boussardel, *cousines d'Agnès*

les Hauts-de-Hurle-Vent
Wuthering Heights

*PHILIPPE HÉRIAT   Né à Paris en 1898 et mort en 1971,
Philippe Hériat a eu des activités diverses: il a été journaliste, comédien, metteur en scène* de cinéma, auteur
dramatique, romancier. C'est lui qui a tiré de l'ouvrage
d'Emily Brontë, les Hauts-de-Hurle-Vent, un livret* d'opéra   5
dont la musique est d'un compositeur américain, Carlisle
Floyd.*

Le grand prix de l'Académie française a été décerné
à Hériat pour son œuvre la plus célèbre, les Boussardel.
Dans ces quatre romans (la Famille Boussardel, les Enfants   10
gâtés, les Grilles d'or, le Temps d'aimer) l'auteur montre
le conflit entre un mode de vie opprimant et la conquête
de la liberté. Ces romans, présentés avec un grand succès
à la télévision, dénotent une observation satirique des
mœurs* du dix-neuvième siècle et de la vie contempo-   15
raine.*

habiles clever

*L'idéalisme de la jeune Parisienne, Agnès Boussardel,
s'oppose fortement aux principes de sa famille dont les
membres attachent une extrême importance à l'argent.
Par des stratagèmes habiles, ses parents enlèvent au fils   20
d'Agnès, enfant illégitime, l'héritage auquel il aurait droit.
La grand-mère Marie préfère de beaucoup Patrick à ses
autres petits-enfants,* et c'est elle qui est surtout responsable de cette injustice. A la suite d'un* conflit amer,*

CET INCONNU

25   Agnès quitte sa famille pour aller s'installer dans le
Midi au grand soleil, à l'air pur, loin des brumes* de Paris.
Intelligente et débrouillarde,* elle gagne bien sa vie. Elle
aime son métier de décoratrice et vit heureuse avec son
fils Renaud qu'elle comble d'affection.

30   Dans sa nouvelle vie, elle prend la décision de ne
jamais agir par intérêt, comme fait sa famille, les Boussardel. Ce clan, dont les membres sont liés* par un goût
excessif de l'argent et de la sécurité, est dépourvu des
meilleures qualités* de la bourgeoisie et semble, au con-
35 traire, posséder tous les défauts* de cette classe sociale.

     A force de vivre* seul avec son fils, Agnès devient
prisonnière de son affection pour lui. Elle ne veut que
son bonheur. Elle essaie toujours de se mettre à sa place
pour pouvoir comprendre son point de vue. Elle pense
40 que le fossé entre les générations* n'existe pas entre eux.

     Renaud, qui est au lycée, s'intéresse à la littérature
et aux arts. Il a beaucoup de camarades, sans pourtant
avoir d'amis véritables. Pour le sortir de son isolement,*
sa mère le fait travailler à la maison avec un jeune homme,
45 Justin, qui partage leur vie de famille. Agnès espère qu'ils
deviendront de bons amis.

     Il y a dix ans qu'Agnès a rompu avec sa famille et
n'a vu ni Henriette ni Jeanne. Quand finalement ses cousines donnent signe de vie, c'est, bien entendu, pour une
50 question d'intérêt.

     Un jeune neveu, Patrick, s'est mis dans une situation
difficile vis-à-vis de* la loi. Il risque un long emprisonne-
ment. La famille a déjà dépensé beaucoup d'argent pour
le sortir de cette mauvaise affaire et doit en dépenser
55 davantage.* · Si Patrick est inculpé,* la fortune de la
famille sera diminuée. Sachant qu'Agnès pourrait aider
Patrick, les deux cousines font leur possible pour la rejoindre.

le Midi   the South of France

intérêt m.   self-interest

I. LA FAMILLE REAPPARAIT

C'est Agnès qui raconte l'histoire.

Ce jour-là, je me laissai surprendre par un coup de téléphone dont je me serais passée. Si je m'étais trouvée à
mon travail, la bonne m'eût défendue de cet appel comme
5 elle savait le faire, répondant qu'elle ignorait quand je
serais là, et j'aurais pu lui faire dire ensuite que je ne rentrerais pas de plusieurs jours. Au lieu de quoi, je décrochai moi-même l'appareil* et je ne pus qu'encaisser le
coup.
10   Henriette, qui se nommait au bout du fil,* faisait partie de mon ancienne famille. Cette Henriette ne me
téléphonait pas de Paris, mais d'un hôtel de la ville, où
elle se trouvait depuis une heure, fraîche débarquée du
rapide* du matin, descendue en Provence[1] spécialement
15 pour me voir, et sa belle-sœur* Jeanne l'accompagnait.
Henriette, Jeanne? . . . épouses* de mes cousins. Mes
cousines.
    D'abord je refusai de les recevoir, mais elles s'y
attendaient et je sentis que cette opposition ne figurait
20 pour elles qu'un dernier obstacle, après la fatigue et
l'ennui du voyage, après l'effort que cette démarche*
vers moi avait dû leur coûter, à elles et peut-être à toute
la famille.

dont . . . passée that I
could have done without

je ne pus . . . coup *(fam.)*
I could only take the
blow (without any possi-
bility of defending my-
self)

1. **Provence:** scenic region in southeastern
France, noted for its resort cities on the Mediterranean, its sunny climate, its picturesque mountain villages, and its impressive Roman monu-
ments, ancient vestiges of the Roman conquest
of Gaul

Henriette multipliait des arguments que je sentais mûris:* elles ne reprendraient pas le train sans m'avoir 25 vue, et je devais bien penser qu'elles n'étaient pas venues sans motif grave. La raison de leur visite n'était en rien «le prolongement des actions judiciaires* passées auxquelles je pouvais songer.» Enfin ce fut tout juste si elle ne jeta pas le blâme sur «tante Marie», c'est-à-dire ma 30 mère, seule responsable des hostilités dont mon fils et moi avions été victimes. Et quand je répondais «Voyez mon avocat», elle ripostait* que ce n'eût pas été régulier* de mêler les avocats à cela, mot énigmatique.

Bref, je la sentis déterminée; je me savais non 35 moins déterminée à ne pas accorder la réconciliation, où l'intervention, enfin le geste quel qu'il fût qu'on venait me demander et je n'avais qu'une idée: liquider ces importunes.*

Or je m'étais trop alarmée, comme toujours dès que 40 je croyais menacé l'intérêt de mon fils, et ce n'était pas le cas. Le geste que mes parents attendaient de moi ne pouvait pas lui nuire et, au contraire, comme elles me laissèrent entendre,* pouvait tourner à son avantage, par contrecoup. Mais ce geste était impensable,* c'eût été 45 de ma part si indécent, si hors de mon caractère et de ma ligne,* que je sus tout de suite que je refuserais. Comment avait-on pu espérer . . . ? Il n'y avait que les Boussardel pour avoir de ces idées.

Tout de même, cela révélait chez eux une fêlure. 50 J'avais aperçu déjà que leur temps de gloire était passé, mais leur temps de bon sens aussi, alors? Et de dignité? Jadis* ils eussent tout préféré — sacrifices, épreuves,* souffrances individuelles et collectives, ruine même, à la moindre ombre jetée sur leur consideration. Chez eux, on 55 se fût brûlé la cervelle,* comme disaient alors mes père et oncle, en parlant d'un failli, plutôt que de consentir à l'étalage au grand jour de vilains secrets.*

Et c'était cela qu'on voulait et on le voulait de moi. Un jeune Boussardel, Patrick, dernier fils de mon frère 60 Simon[2] et fort mal élevé par sa mère depuis la mort de son père, s'était mis dans un très mauvais cas.* Une assez misérable affaire d'une auto volée et prise en chasse par

---

n'était en rien was not at all

ce fut . . . blâme she all but placed the blame

le geste . . . me demander whatever action it was that they had just asked me to take

contrecoup *m.* as an indirect consequence (of this gesture)

une fêlure a crack (in their defenses)

à la moindre . . . considération to the slightest slur on their reputation

un failli a bankrupt person

---

2. **Simon:** Patrick's father, now deceased, was the grandmother's favorite.

la police dans une course nocturne qui s'était soldée* par
65 une mort d'homme. Ce jeune héros, encore en prison
avant jugement, risquait le pire et la famille entière prenait les armes pour le sauver. La méthode la plus sûre
dans ces sortes d'affaires était d'invoquer le mauvais terrain, les exemples pernicieux.

70   Que venais-je faire là-dedans? Simplement ceci: personne mieux que moi ne pouvait se faire l'accusateur
public des Boussardel pris en corps,* personne mieux que
moi ne pouvait dénoncer ce dont ils étaient capables
quand l'intérêt les inspirait. Je n'avais qu'à raconter mon
75 conflit avec eux, dire ce qu'ils avaient accompli par esprit
de lucre* contre deux des leurs, jusqu'à plein succès et
sans que la considération du nom en souffrît, et sous les
yeux mêmes de Patrick enfant.

        Henriette aidée de Jeanne parlait vivement sous mes
80 yeux, d'une main experte, les rouages de sa machine.*
Comme je m'exclamais sur l'absurdité de ce mécanisme
qui détruisait ce qu'il voulait préserver — la famille —
Henriette sourit d'un air supérieur et se décida à m'apprendre que tout avait été mis au point par l'avocat dé-
85 fenseur lui-même. Il savait des précédents, il ne faisait que
tabler* sur la tendance actuelle des juges à toujours incriminer les parents; enfin il croyait si bien à son moyen
de défense qu'il avait accompagné les deux plénipotentiaires* depuis Paris; il attendait en ville à l'hôtel, le résultat
90 de leur mission.

        — Vous comprenez, Agnès, il ne pouvait pas monter
avec nous jusqu'ici sans faute professionnelle grave. Jamais
un avocat ne doit prendre contact avec un témoin. Et
nous ne voulons pas commettre la plus petite irrégularité.*
95   — Cependant vous, dit Jeanne à ce moment, la main
tendue vers le téléphone proche,* rien ne vous empêche
de l'appeler.

        — Mais . . . dis-je. Et mère?

        — Non. Tante Marie n'est pas venue. D'ailleurs vous
100 l'ignorez sans doute, mais nous vous l'apprenons: sa
santé n'est pas bonne.

        — Vous n'avez pas compris ma question. Je deman-
dais . . . si elle est d'accord.

        — Sur votre intervention au procès? Agnès! Mais
105 nous ne serions pas venues vous en parler. Nous ne
serions pas ici. Entièrement d'accord. Vous savez quel est
son dévouement* pour ses petits-enfants.

invoquer . . . pernicieux
to cite unfavorable cir-
cumstances (of the back-
ground) and to give vi-
cious examples
accusateur public public
prosecutor

mécanisme m. process,
method

tout . . . défenseur
everything had been
worked out by the coun-
sel for the defense

sans . . . grave without
serious professional in-
discretion

au procès in the lawsuit

129

— Vous imaginez! reprit Henriette, à la pensée que son petit-fils en qui elle voit revivre le cher Simon . . . vous savez combien cet enfant ressemble au père! . . . à 110 l'idée que le pauvre petit a devant lui des mois encore de prévention* et qu'ensuite il risque de passer des années en prison, la malheureuse tante Marie ne dort plus et se porte encore plus mal.

— Sans oublier, relança* Jeanne, que les biens de 115 Patrick mineur, ou ceux de sa mère civilement* responsable, seront diminués de tout le capital à verser* aux orphelins de l'agent de police qui est passé sous la voiture. Ajoutez-y les dommages-intérêts à distribuer à droite et à gauche: quand les experts s'y mettent! . . . Cela peut 120 monter à un total énorme, si j'en juge par la provision déjà exigée.* Et payée.

Un coup d'œil appuyé* de sa belle-sœur finit par l'arrêter, mais j'apercevais enfin tout. L'intérêt n'était pas absent de l'affaire. Je me retrouvais chez les miens. 125

Je restais abrutie,* abîmée;* le cœur me manquait. Dans ma hâte de voir ces femmes se lever, je dis que j'avais besoin de réfléchir.

— Hein? Réfléchir? . . . Ah! oui, bien sûr.

Je fis le geste de quitter mon siège pour les inviter 130 à partir.

— Eh bien! puisqu'elle a besoin de réfléchir! fit Henriette avec, dans le ton, une concession qui était déjà un aveu de recul,* mais elle ne se levait pas.

— Oui, répliqua Jeanne. Encore faut-il qu'elle com- 135 prenne bien . . .

— J'ai tout parfaitement compris. Mais comprenez aussi que vous m'avez prise au dépourvu. Ça vaut la peine de réfléchir, vous ne le trouvez pas?

Nous sommes retrouvées toutes les trois devant la 140 maison. Jeanne faisait signe au chauffeur assis sur le banc. Sa belle-sœur avait relevé les yeux sur moi.*

— Physiquement, Agnès, vous n'avez pas changé. Vous n'avez pas pris un an.

Jeanne était déjà dans le taxi. 145

— Elle va réfléchir encore puisqu'elle nous l'a promis. Montez, Henriette. Nous retéléphonerons demain, nous ne repartons pas ce soir.

dommages-intérêts
damages (*legal*)
s'y mettent take a hand
in it

m'avez . . . dépourvu
took me by surprise

130

VOCABULAIRE EXPLIQUE

Page 124

3   metteur en scène *m.*: *spécialiste qui dirige les prises de vues, le jeu des acteurs, les décors d'un film*

5   livret *m.*: *libretto, texte mis en musique*

8   décerné: *accordé, conféré*

15   mœurs *f.*: *habitudes de vie, coutumes*

23   petits-enfants *m.*: *enfants du fils (ou de la fille)*

24   à la suite de: *après et à cause de*

Page 125

26   brumes *f.*: *vapeur dans l'air qui empêche de voir*

27   débrouillarde: *capable de se tirer d'affaire*

32   liés: *attachés*

34   dépourvu . . . qualités: *qui ne possède pas les qualités*

35   défauts *m.*: *imperfections*

36   à force de vivre: *parce qu'elle vivait*

40   le fossé entre les générations (*fig.*): *le manque de compréhension entre les générations (fossé = ditch)*

43   isolement *m.*: *solitude*

52   vis-à-vis de: *envers*

55   davantage: *en plus grande quantité*
     inculpé: *accusé officiellement*

Page 127

8   je décrochai . . . l'appareil: *je pris moi-même l'appareil téléphonique*

10   au bout du fil: *au téléphone*

14   fraîche . . . rapide: *qui venait d'arriver par le train le plus rapide*

15   belle-sœur *f.*: *femme du frère*

16   épouses *f.*: *femmes*

21   démarche *f.*: *sollicitation*

Page 128

25   mûris: *préparés longtemps en avance (mûri = ripened)*

28   judiciaires: *faites au nom de la loi*

33   elle ripostait: *elle répondait avec vivacité, avec agressivité*
     régulier: *correct, conforme aux règles*

39   liquider ces importunes: *me débarrasser de ces visiteuses désagréables*

44   elles me laissèrent entendre: *elles me firent comprendre sans le dire*

45   impensable: *impossible d'imaginer*

47   ma ligne: *ma manière habituelle d'agir*

53   jadis: *autrefois, dans le passé*
     épreuves *f.*: *douleurs, chagrins*

56   on se fût brûlé la cervelle (*fam.*): *on se fût suicidé (se serait suicidé)*

58   l'étalage . . . secrets: *l'exposition devant tout le monde des secrets méchants ou malhonnêtes*

62   dans un très mauvais cas: *dans la position d'un délinquant*

Page 129

64   qui s'était soldée: *qui avait abouti à*

72   pris en corps: *pris dans leur ensemble*

76   esprit de lucre: *amour de l'argent*

80   les rouages de sa machine: *les détails du fonctionnement de son entreprise*

86   tabler: *compter*

89   plénipotentiaires *m.*: *représentants qui ont les pouvoirs nécessaires pour traiter*

94   commettre . . . irrégularité: *faire la moindre chose en violation des règlements*

96   proche: *qui est près*

107   dévouement *m.*: *l'attachement, la fidelité*

Page 130

112   prévention *f.*: *temps passé en prison avant d'être jugé*

115   relança: *continua à nouveau*

116   civilement: *au regard de la loi civile*

117   verser: *payer*

122   la provision déjà exigée: *l'argent déjà demandé comme avance*

123   un coup d'œil appuyé: *un regard insistant*

126   abrutie: *incapable de rien comprendre, rien sentir*
     abîmée: *plongée dans le désespoir*

134   un aveu de recul: *une confession de retraite*

142   avait relevé . . . moi: *m'avait regardé à nouveau*

Prépositions

à

Ils enlèvent l'héritage à l'enfant.
(enlever quelque chose à quelqu'un-*to take something from someone*)

Observe that "from" in the above example is expressed by à. The following verbs have a similar construction:

acheter à, *to buy from*   louer à, *to rent from*
arracher à, *to snatch from*   prendre à, *to take from*
emprunter à, *to borrow from*   voler à, *to steal from*

de

Il arrive *de* Paris. (*from*)
Elle est contente *de* son fils. (*with*)
Il est respecté *de* ses amis. (*by*)
C'est le meilleur élève *de* la classe. (*in*)

par

Il est arrivé *par* l'avion de dix heures. (*by* [*means of*], *on*)
Il a été puni *par* sa mère. (*by*)
Le courrier arrive deux fois *par* jour. (*per, each*)

EXERCICES

I. Questionnaire

Pages 124–125

1. A quoi la famille Boussardel attache-t-elle une trop grande importance?
2. Qu'est-ce que la famille a enlevé au fils d'Agnès?   3. Qu'est-ce qu'Agnès a fait à la suite de ce conflit?   4. Quel métier Agnès exerce-t-elle?   5. Que fait Agnès pour pouvoir comprendre les idées de son fils?
6. Pourquoi Justin habite-t-il chez Agnès?   7. Combien de temps Agnès est-elle restée sans avoir vu ses deux cousines?   8. Pourquoi ses cousines donnent-elles finalement signe de vie?

Pages 128–130

9. Quand Agnès a refusé de revoir ses cousines, quels étaient les arguments d'Henriette?   10. Qu'est-ce que les Boussardel auraient préféré à la moindre ombre jetée sur leur consideration?   11. Pourquoi Agnès peut-elle mieux que personne dénoncer la famille?   12. Quelle est la tendance actuelle des juges vis-à-vis d'un adolescent délinquant?   13. Si Patrick est inculpé, à qui faudrait-il verser de l'argent?   14. Qu'est-ce qui n'était pas absent de cette affaire?   15. Comment Agnès se trouvait-elle à la fin de la visite de ses cousines?

II. Etude de mots

Remplacez les mots en italique par des expressions équivalentes que vous trouverez ci-dessous. Il y en a un de plus.

plutôt	tout de même	auparavant
ensuite	ainsi	désormais
autrefois	aussitôt	alors

1. Il a tort d'agir *de cette manière.*
2. Elles lui ont téléphoné d'abord, *puis* elles sont allées la voir.
3. *A partir de maintenant,* elle n'aura aucun lien avec sa famille.

4. Nous pensons partir à dix heures, mais je vous préviendrai *avant*.
5. Nous avons déjeuné *immédiatement* après son arrivée.
6. Il faudra *pourtant* y penser.
7. C'est *à ce moment-là* que j'ai compris le but de leur visite.
8. Le vieillard pensait à sa vie de *jadis*.

III. Prépositions

Complétez en employant la préposition convenable:

1. Il est venu (*from*) France.   2. Elle a acheté son appartement (*from*) sa cousine.   3. Il a été puni (*by*) ses parents.   4. Ils ont volé cette montre (*from*) un vieillard.   5. Il est armé (*with*) son courage.   6. Je me suis laissée surprendre (*by*) un coup de téléphone.   7. Ses biens seront diminués (*by*) une grosse somme.   8. Ils avaient arraché l'héritage (*from*) cet enfant.   9. Ils sont liés (*by*) leur goût de l'argent.   10. Elle a emprunté de l'argent (*from*) son cousin.   11. Il a pris le ballon (*from*) son frère.

IV. Dialogue dirigé

Vous êtes Jeanne. Vous demandez à Agnès de venir à l'aide de Patrick.

1. Dites que vous êtes venue la voir à cause de Patrick.
2. Répondez que Patrick a volé une voiture, et a causé la mort d'un agent.
3. Dites à Agnès que personne mieux qu'elle ne peut se faire l'accusateur public des Boussardel.
4. Dites que oui, que vous êtes venue lui demander de témoigner contre la famille.
5. Répondez que les juges actuellement ont tendance à incriminer les parents.
6. Dites à Agnès que vous êtes à peu près sûre que le juge tiendrait comme responsable la famille de Patrick.
7. Dites que cela n'a rien à voir avec ces événements. Ajoutez que la chose importante, c'est de se servir de n'importe quel moyen pour atténuer la responsabilité de Patrick.

Vous êtes Agnès. Vous répondez aux arguments de Jeanne.

1. Demandez ce qu'a fait Patrick.
2. Demandez ce que vous pourriez faire là-dedans.
3. Demandez à Jeanne si elle veut vraiment un étalage au grand jour de ce que la famille a accompli contre vous et votre fils.

4. Demandez à quoi ces accusations serviraient.
5. Demandez à Jeanne si elle croit que le juge serait plus indulgent, si vous consentiez à témoigner.
6. Demandez à Jeanne si elle pense vraiment que la famille est responsable de la conduite de Patrick.
7. Dites que vous aimeriez mieux ne pas être mêlée à cette affaire et ajoutez que vous avez besoin de réfléchir.

Mon fils arriva juste au moment où je regardais s'éloigner le taxi de mes cousines.

— Tu les as reconnues? lui dis-je.

Oui, il les avait reconnues, et de toute façon,* «avec
5 leur genre»* dit-il, on ne pouvait pas s'y tromper: c'était la famille. Mon fils n'ignorait pas mon conflit avec elle ni qu'il en avait été malgré lui la cause et l'enjeu. Il avait su tout jeune sa naissance irrégulière; il savait ce que je n'avais pu lui cacher des actes d'hostilité de sa grand-
10 mère; il savait qu'elle et ses cousins l'avaient dépossédé* de la fortune à lui, léguée* par sa grand-tante; enfin il avait à mon côté vécu notre expulsion du cap Baïou,[1] cinq ans plus tôt, et de tout l'enchaînement procédurier c'était pour lui l'épisode concret. Il en gardait le pénible sou-
15 venir. Il avait, dix années durant, adoré son île natale et je me doutais bien qu'il en rêvait encore, même si nous n'en parlions jamais.

Car autant j'avais jugé sage de le mettre très tôt au courant du pire, qui était sa bâtardise,* autant j'évitais de
20 parler des conséquences qui en étaient sorties. De toute la sûreté de son instinct, Renaud imitait cette réserve et jamais un mot facile* sur notre famille ne lui échappait. Tout au plus,* quelquefois, pour parler d'elle, disait-il «les Boussardel,» mais c'était tout naturellement, comme je
25 faisais moi-même en pensée, et je ne me sentais tout de même pas le droit de l'en empêcher.

De l'ambassade* de ses tantes, je ne répétai donc à mon fils que le minimum. On était venu me demander de

enjeu *m.* stake *(financial)*

l'enchaînement procédurier legal quibbling

---

1. **cap Baïou:** Agnès and her son were living on a small island off the south coast of France, occupying a house that was part of Renaud's inheritance from his great-aunt. Through a series of planned persecutions the Boussardel clan, convinced that Agnès had disgraced her family, forced her and her son to leave the island.

137

Ben oui (fam.) = Bien oui, mais oui

les dépanner (fam.) to get them out of their difficulty

T'as pas . . . t'as = Tu n'as pas . . . tu as

combine f. (fam.) racket, scheme

la revanche pour la revanche vengeance for the sake of vengeance

t'es = tu es

Ça vaut . . . fois. It's worth thinking about.

témoigner contre ma famille pour atténuer* la responsabilité d'un jeune Boussardel aux prises* avec la justice. 30
Cela eut l'air de lui suffire. A ma surprise, Renaud comprit la manœuvre, qui lui parut claire et logique. «Ben oui, toute la faute aux parents, le coup est régulier,* on le fait tout le temps.» Ce qui l'indigna, ce fut qu'on eût pour cela pensé à moi. 35

— Si les parents ont des ennuis, qu'ils se débrouillent* tout seuls. Ou qu'ils en cherchent une autre pour les dépanner; ils sont assez nombreux dans la famille.

— C'est qu'ils ne trouveront pas mieux que moi pour le rôle. Ce qu'ils ont pu faire à d'autres n'est rien auprès 40
de* ce que j'aurais à raconter.

Je suivais sur son visage, en l'écoutant, en lui parlant, la marche* de sa pensée; j'attendais des questions, des curiosités, mais de tout cela Renaud ne retenait qu'une chose: «Ça te fera du mal, je te connais.» Il en prenait 45
souci* et il voulait me protéger dans cette aventure.

— T'as pas dit oui, t'as bien fait. Reste ici bien tranquille avec moi. Te réconcilier* avec eux . . . parce que finalement c'est ça que je vois, moi, dans leur combine . . . tu ne sais pas où ça te mènera. 50

— Elles m'ont laissé entendre que ce serait une revanche,* dis-je à mon fils.

— Puisque tu t'en fiches!* Tu me l'as dit.

— La revanche pour la revanche, en effet, je m'en fiche. Seulement il y a le parti que je pourrais en tirer.* 55
Je te cite leurs propres termes.*

— Et tu les crois! dit-il en levant les bras au ciel. Mais ce sont elles qui trouveront encore moyen de te retourner leur truc contre toi. Ah! t'es incorrigible.

— J'ai idée qu'en disant cela, elles pensaient à une 60
révision possible de l'affaire du testament.

— De la grand-tante? en ma faveur? Ah! alors là, c'est moi qui m'en fiche.

— Il y avait beaucoup d'argent, tu sais.

— Cet argent-là ne m'intéresse pas. 65

— C'était pour toi la sécurité pour la vie entière. Ça vaut qu'on y regarde à deux fois.

— Maintenant je vois bien la situation. Puisqu'il s'agit de mes intérêts, j'ai mon mot à dire, tu admets? Bon. Alors je ne veux pas que tu y ailles, c'est clair? Si t'es 70
ma mère, tu n'iras pas . . .

— Tu comprends, Renaud, si je leur ai dit «Je vais
réfléchir», c'est que je voulais te consulter.

Les jours qui suivirent, j'observai de l'inquiétude chez
75 Renaud, que ses soucis de lycéen pouvaient expliquer.
Ses cours étaient terminés. Ceux de Justin aussi. Nous
entrions dans cette période redoutée des élèves et des
parents,* cet intervalle entre la fin des classes et le début
des examens, *the no man's land* des batailles scolaires.
80 Le repas du soir, c'était notre point de ralliement,*
après nos journées divergentes. Nous nous retrouvions à
table, Renaud, Justin et moi; nous devenions une vraie
famille.
— Dis donc, Maman, demanda Renaud un soir, y
85 a-t-il des nouvelles des bonnes femmes?[2]
— Non, aucunes nouvelles. Silence absolu. Je te dirai
qu'après la conversation que j'ai eue l'autre soir avec
toi, je leur ai fait porter à leur hôtel un refus écrit tout ce
qu'il y a de catégorique.* Après ça elles ne pouvaient plus
90 revenir à la charge . . .* Mais Justin n'est pas au courant!
Nous n'avons pas de secrets pour vous, Justin. Voici de
quoi il s'agit.
Pour résumer devant lui la démarche de mes cousines,
peu de mots me suffirent et lui suffirent aussi, avec ce
95 qu'il savait déjà du vieux conflit. Plus étonné que ne l'avait
été mon fils par leur invention* — cette idée de déplacer   **déplacer** to shift
la responsabilité de Patrick sur ses parents — Justin se
heurta,* comme j'avais fait, au paradoxe juridique[3] et cela
me confirma que j'avais raisonnablement agi. Je remar-
100 quais souvent que malgré la différence de génération,
Justin et moi jugions de même.*
— Eh! pour une drôle de scène au tribunal,* dit-il,
ça serait une drôle de scène. Une fille qui traîne sa famille au pilori,* qui montre sa mère du doigt.
105 Il se figurait* le tableau. Une grimace de dégoût sur
la jeune bouche, il appréciait les horreurs que j'aurais à
lâcher.*

2. **bonnes femmes** (*péjor.*): Renaud is referring
to the cousins in a disparaging manner.
3. **paradoxe juridique:** paradox, because the family is being assailed for the crime of the grandson. Normally the person who commits the crime
is the one accused.

— Mais au fait,* dis-je, je ne t'ai pas dit pourquoi, pour qui elles me demandaient de faire cette démarche.

110 — Non.

— Pour Patrick.

— Le cousin? Celui qui tout petit était tellement gâté? demanda Renaud.

— Oui, fis-je en riant. Sais-tu qu'il s'est trouvé en-
115 traîné* dans un groupe de camarades!

— On dit toujours ça après, quand ça a mal tourné. C'est pourtant facile de ne pas entrer dans une bande. Même au lycée il y en a et, si tu veux, tu les ignores.

— Patrick ne faisait vraiment pas partie d'une bande,
120 paraît-il. Mais quelquefois les autres dans une difficulté lui demandaient conseil. Ou aide. Ça le flattait, il ne savait pas refuser.

— On les connaît, ces gars-là. Parce qu'ils ont trop d'argent de poche de leurs parents, ils épatent* ceux qui
125 n'en ont pas. Et ils se croient caïds.*

— En quelle classe il est? demanda Justin.

— Philo,* dis-je, mais en retard. Il vient d'avoir dix-huit ans. Alors quand ses copains* n'avaient pas de voiture à leur disposition, c'était lui qui les conduisait où ils
130 avaient affaire. Et comme leurs sorties* n'étaient pas tou-jours innocentes . . .

— Oui, dit Renaud, des virées, des raids. Classique. Quoi? C'était autre chose? Ne me dis pas qu'ils faisaient des cambriolages?*

135 — Si. Ses tantes ne me l'ont pas caché.

— Formidable!* Un petit Boussardel voleur, on aura tout vu. Mais s'ils se sont fait arrêter, ce n'est pas terrible. Y en a d'autres et qui n'en sont pas morts.

— Attends! L'affaire va bien plus loin, j'ai tous les
140 détails. Une nuit, après je ne sais quels méfaits* en ban-lieue,* Patrick ramenait sa bande dans une Cadillac.

— Une Cadillac? Tiens!

— Il s'excite en conduisant, il s'emballe,* il brûle un feu rouge, on le siffle, il continue, le voilà pris en chasse.
145 Poursuite nocturne. Il voit un barrage d'agents devant lui, il fonce* sur eux; il en blesse trois, il en tue un.

— Oh! . . .

Renaud en restait bouche bée* et Justin aussi. L'aven-ture de Patrick passait ce que cette ville peu sauvage pou-
150 vait leur offrir.

gars m. (fam.) fellows

à leur disposition at their disposal
avaient affaire had busi-ness

virées f. joy rides
Classique Classic (It fol-lows the usual pattern.)

Y en a = Il y en a

on le siffle a policeman whistles him down

**Si y a eu = S'il y a eu
un coup dur** a staggering blow
défileront (fig.) will appear to testify (**défiler** to follow one another)
D'autant que All the more so because

Cet appareil-là That array (*the widow, the orphans, and their lawyers*)

Y a = Il y a

Ce que . . . là-dedans? What have I to do with this affair?

il s'y connaît he is an expert, he knows all about it

se faire valoir to show off

— Si y a eu un agent tué, déclara enfin mon fils, ça devient un coup dur.

— Tous les autres flics* défileront, ajouta Justin, même ceux qui n'auront rien vu.

— D'autant que celui-là était marié. Père de famille. 155 La veuve* et les orphelins* aussi défileront. Vous voyez tout ce que ça entraîne. Les avocats désespérés. Cet appareil-là est plus fort que l'appareil Boussardel. Je ne vais pas m'attendrir sur leur compte,* mais je reconnais que la fatalité* est contre eux. 160

— Les plus malheureux dans le coup,* dit Justin, ça reste quand même la famille de l'agent.

— Bien sûr, dis-je.

— Y a une chose que je ne comprends pas, dit Renaud. 165

— Ce que j'ai à voir là-dedans? dis-je.

— Ça, j'ai compris. C'est bizarre, mais ça se défend.* Non, c'est la Cadillac. Tu ne vas pas me faire croire que Patrick a une Cadillac. Ce n'est pas le genre* de la famille de lui offrir une Cadillac pour ses dix-huit ans. 170

— Je ne t'ai pas dit qu'il en avait une, je t'ai dit qu'il roulait dedans.

— Elle n'était pas à lui?

— Mais non! Voilà ce qui aggrave* son cas. Il l'avait piquée.* C'est sa spécialité, il pique les voitures. Et il s'y 175 connaît. Il redouble au lycée, mais il est capable de faire des discours sur tous les moteurs. Il possède un jeu de clés* très complet et quand la bande a besoin de se déplacer, il se fait un plaisir de lui fournir la voiture pour cette occasion. Mais pour se faire valoir, il piquait des 180 voitures de plus en plus puissantes et ce jour-là ç'a été une Cadillac.

— Ah! s'écria mon fils, il remonte dans mon estime; je n'aurais jamais cru ça de lui.

— Quoi? 185

— Non. Je le prenais pour un snob idiot, moi, ne s'intéressant à rien. C'est vrai qu'il y a longtemps que je ne l'ai pas vu; il aura changé. Ah! je lui fais mes excuses.

— Parce qu'il vole les Cadillac? Et qu'il tue les agents? dis-je indignée. 190

— Parce qu'il a la folie des voitures.* A mes yeux ça le rend humain.

142

VOCABULAIRE EXPLIQUE

Page 137
4 de toute façon: *en tout cas*
5 avec leur genre: *avec leurs caractéristiques*
10 l'avaient dépossédé: *lui avaient enlevé*
11 léguée: *donnée par testament*
19 bâtardise f.: *le fait d'être né de parents non mariés*
22 jamais . . . facile: *jamais une critique qui aurait été facile de faire*
23 tout au plus: *au maximum*
27 ambassade f.: *mission*

Page 138
29 atténuer: *rendre moins fort*
30 aux prises: *en conflit*
33 le coup est régulier: *on a l'habitude d'employer ce stratagème*
37 qu'ils se débrouillent: *qu'ils s'arrangent, qu'ils se tirent d'affaire*
41 auprès de: *en comparaison de*
43 marche f.: *le développement*
46 il en prenait souci: *il s'en inquiétait*
48 te réconcilier: *te mettre d'accord*
52 revanche f.: *compensation*
53 tu t'en fiches (fam.): *tu t'en moques*
55 parti . . . tirer: *avantage que je pourrais gagner*
56 propres termes: *conditions exactes, précises*

Page 139
78 redoutée . . . parents: *dont les élèves et les parents ont peur*
80 point de ralliement: *endroit où nous nous réunissions*
89 catégorique: *absolu*
90 revenir à la charge: *insister dans leurs demandes*
96 invention f.: *stratagème, fabrication*
98 se heurta: *rencontra comme obstacle*
101 jugions de même: *étions du même avis*
102 une drôle . . . tribunal: *une scène curieuse devant les juges*

104 traîne . . . pilori: *signale sa famille au mépris public*
105 se figurait: *s'imaginait*
107 lâcher: *laisser échapper, révéler*

Page 141
108 au fait: *à propos*
115 entraîné: *emmené de force*
124 épatent: *étonnent*
125 caïds m. (fam.): *chefs de bande*
127 Philo (abré. de Philosophie): *une des classes terminales du lycée*
128 copains m. (fam.): *camarades préférés*
130 sorties f.: *excursions, promenades*
134 cambriolage m.: *action de voler des objets qui se trouvent dans une maison*
136 Formidable: *Sensationnel!*
140 méfaits m.: *mauvaises actions*
141 banlieue f.: *région qui se trouve autour d'une ville*
143 il s'emballe: *il cède à un enthousiasme excessif*
146 fonce: *se précipite*
148 bouche bée: *la bouche ouverte d'étonnement*

Page 142
153 flics m. (fam.): *agents de police*
156 veuve f.: *femme qui a perdu son mari* orphelins m.: *enfants qui n'ont plus leur mère ou leur père*
159 m'attendrir sur leur compte: *avoir pitié d'eux*
160 fatalité f.: *malheureux hasard*
161 dans le coup (fig.): *dans l'affaire*
167 ça se défend: *c'est une idée qui n'est pas mauvaise*
169 ce n'est pas le genre: *ce n'est pas caractéristique*
174 aggrave: *rend plus difficile*
175 piquée (fam.): *volée*
178 jeu de clés: *ensemble des clés pouvant ouvrir des portes différentes*
191 la folie des voitures: *la passion pour les voitures*

143

Subjonctif

Qu'ils en trouvent une autre pour les dépanner.
Let them find someone else to get them out of the difficulty.

Qu'il fasse son devoir.
Let him do his duty.

Observe that the sentences given above begin with the conjunction *que*. To give a command in the third person singular or plural, use *que* followed by the present subjunctive. Remember that the subjunctive generally occurs in a subordinate clause. In the above examples, the verbs *vouloir, désirer,* or *souhaiter* can be said to be understood: *Je veux qu'il fasse son devoir.*

Adverbes et adjectifs

Ça va de mal en pis. (pis = adverbe)
Things are going from bad to worse.

Ce film est mauvais, mais celui-là est pire. (pire = adjectif)
This film is bad, but that one is worse.

Il était au courant du pire. (pire = adjectif employé comme nom)
He knew the worst.

Do not confuse the following adjectives and adverbs:

Adjectif	Adverbe
mauvais	mal
pire	pis
bon	bien
meilleur	mieux
moindre	moins

EXERCICES

I. Questionnaire

Pages 137–138

1. Qui avait légué une fortune à Renaud?   2. Par qui Renaud avait-il été dépossédé de cette fortune?   3. Qu'est-ce que les cousines ont demandé à Agnès?   4. Qu'est-ce que Renaud a tout de suite compris?   5. Pourquoi Agnès était-elle tentée de témoigner contre sa famille?   6. Quel intérêt Renaud avait-il à une révision possible de l'affaire du testament de sa grand-tante?   7. Quel conseil Renaud a-t-il donné à sa mère à propos du témoignage?

Pages 139–142

8. Pourquoi Agnès n'avait-elle pas eu de nouvelles de ses cousines?   9. Qu'est-ce qui a étonné Justin?   10. Comment explique-t-on souvent la délinquance d'un adolescent?   11. Pourquoi Patrick ne refusait-il pas ce que demandaient ses camarades?   12. Que faisaient les camarades de Patrick la nuit?   13. En fonçant sur le barrage d'agents, qu'est-ce que Patrick a fait?   14. Quels étaient les plus malheureux dans l'affaire selon Justin?   15. Comment Patrick a-t-il obtenu la voiture qu'il conduisait?   16. Pourquoi Patrick remontait-il dans l'estime de Renaud?

II. Etude de mots (explications et définitions)

Complétez les phrases suivantes. (Voir le Vocabulaire expliqué, page 143.)

    Exemple: Léguer veut dire . . .

Réponse: *donner par testament*

1. Une chose que l'on craint est une chose . . .
2. Catégorique veut dire . . .
3. Un enfant qui n'a plus son père ou sa mère est un . . .
4. Celle qui a perdu son mari est une . . .
5. La région qui se trouve autour d'une ville s'appelle la . . .

6. Ils ne voulaient pas se réconcilier; ils refusaient de se . . .
7. En tout cas, il arrivera demain. — Oui, il viendra demain de . . .
8. Ce médicament a rendu son mal de tête moins violent; il l'a . . .
9. C'est une idée qui n'est pas mauvaise. — Oui, ça peut se . . .
10. En fonçant sur le barrage, il a tué un agent. — Oui, c'est cela qui . . . son cas.

III. Subjonctif

Donnez la réplique qu'il faut en imitant l'exemple:

Exemple: Il devrait comprendre nos difficultés.
Qu'il les comprenne!

Il devrait rendre l'argent qu'il a emprunté.
Il devrait suivre les conseils de son père.
Il devrait admettre que c'est lui le coupable.
Il devrait reconnaître qu'il a eu tort.
Il devrait payer ses dettes.
Il devrait garantir sa marchandise.
Il devrait dire la vérité.
Il devrait régler cette affaire tout de suite.

IV. Adjectifs, adverbes

Complétez les phrases suivantes en employant les mots entre parenthèses:

1. (mieux, meilleur) Ce gâteau est . . . que celui-là. Il vaut . . . partir.
2. (pis, pire) Tout va de mal en . . . Cette route est mauvaise, mais celle-là est . . .
3. (bien, bon) Ce garçon n'est . . . à rien. Il s'agit . . . d'un vol.
4. (moins, moindre) Il travaille . . . qu'auparavant. Cela n'a pas la . . . importance.
5. (mal, mauvaise) Cette affaire commence . . . C'est une très . . . affaire.

V. Rédaction

Racontez en style de narration l'histoire de Patrick.

Elements descriptifs à noter (imparfait)

être très gâté par ses parents; ne pas être un élève sérieux; avoir la passion des voitures; être entraîné dans une bande; écouter les flatteries de ses camarades; voler des voitures pour les conduire où ils avaient affaire

Actions à noter (passé simple)

ce soir-là voler une Cadillac pour rendre service à la bande qui cambriolait; brûler un feu rouge; entendre le sifflet d'un agent; voir un barrage d'agents devant lui; foncer sur le barrage; blesser trois agents; en tuer un

III. LE FOSSE SE CREUSE ENTRE LES GENERATIONS

Lorsque Renaud dit que Patrick remontait dans son estime, je fus choquée, scandalisée. J'étais incapable de comprendre l'attitude de mon fils.

Quand j'entendis Renaud prendre la défense de son
5 cousin, je restai silencieuse, craignant de répliquer trop vivement. Je me demandais ce qu'en pensait Justin, qui se contentait, l'œil sur Renaud, de sourire de lui.

— Ecoute, mon garçon, dis-je, je ne cherche pas à m'opposer à ton opinion, mais la passion pour la mé-
10 canique ne justifie pas le meurtre.* Ni même le vol.

— Faut se figurer la scène! dit mon fils. Mets-toi à sa place. En pleine nuit,* les motards, les sifflets, les sirènes, les phares, lui au volant d'une voiture de luxe qui tape le cent soixante, mais il y a de quoi perdre son sang-
15 froid. Il a toutes les circonstances atténuantes.

Le visage enflammé* comme je le lui avais rarement vu, il laissait monter en lui un Renaud qui n'était pas tout à fait le mien. Je me tournais vers Justin pour m'équilibrer.* Il y eut une pause. Renaud lui-même prit conscience* du
20 malentendu noué* entre nous.

— Maman, dit-il, tu ne peux pas t'imaginer ce que c'est pour nous, les voitures, la vitesse, le moment où on se sent maître d'un moteur qui répond sous vos pieds.

— Pourquoi je ne pourrais pas m'imaginer? Je con-
25 duis depuis un peu plus longtemps que toi. Et mieux.

— Pas pareil. Question de formation.* Tu es venue sur le tard.* Tu me l'as dit, que t'as encore vu des fiacres à cheval* dans Paris que tu étais enfant. Nous, l'auto, on est né, elle était là. Toute notre enfance, on a rêvé de con-
30 duire les bagnoles qu'on voyait partout, de faire de la vitesse, d'être le roi de la route. Rappelle-toi la vieille jeep; j'avais dix ans; tu me mettais déjà au volant,* entre tes jambes. J'ai su sans apprendre, comme pour nager. C'est

motards . . . phares motorcycle cops, whistles, sirens, searchlights
au volant . . . cent soixante at the steering wheel of a luxury car which hits 160 kilometers an hour (*about 100 miles an hour*)

Nous, l'auto . . . était là. When we were born, the car already existed. (*disjointed speech*)

creusent le fossé *here:* widen the gap
la même the same (generation)

des choses comme ça qui creusent le fossé entre les générations. Demande à Justin, nous sommes de la même.   35

— Oh! fit l'autre, mis en cause* et qui se décida
assez mollement à entrer dans la danse.* Je ne dis pas.
J'aimerais assez avoir à moi une petite voiture. Mais de là
à prendre les virages* à toute vitesse comme dans un film
de gangsters . . .   40

— T'es un froid.* Et ce soir tu n'oses pas prendre
parti.* Moi, je maintiens mon raisonnement. Toutes les
époques ont eu leur romantisme[1] et celui-là,[2] c'est le
nôtre. Je t'ai fait cent fois l'exposé, Maman; y a les nouveaux mythes.[3]   45

— Je t'en prie! Ne me parle pas de mythe et de romantisme à propos de cette sordide histoire de blousons
dorés.[4]

— Mais pas du tout. T'es complètement à côté.*
Ce n'est pas sordide chez Patrick. Quoi? On t'a dit que   50
lui-même cambriolait? qu'il avait sa part dans le coup?*
Non, il était désintéressé.* Et la preuve, tiens! c'est qu'il
pouvait se contenter ce soir-là d'une voiture juste assez

nerveuse responsive, quick on the pick-up

nerveuse et qui serait passée inaperçue.* Pas du tout.
Il a piqué une marque rare. Par amour de l'art, et par   55
goût de l'aventure. Maintenant il a la société contre lui.
Tu vois que quand je parle de romantisme . . . Ecoute je
ne te dis pas que j'approuve Patrick.

— Encore heureux!

Encore heureux! (*ironique*) At least that is something (to be thankful for)!

— Mais j'essaye de le comprendre. Je l'envisage dans   60
son contexte.*

— Oui . . . En tout cas, sa responsabilité, ce qu'il
risque, ça ne me regarde pas. Ça ne nous concerne en
rien; tu m'as défendu de m'en mêler et . . .

1. **romantisme:** romanticism — the aspiration of
youth for self-expression; the expression of individual emotions; the demand for free play of the
imagination
2. **celui-là:** refers to the love of speed
3. **les nouveaux mythes:** Renaud intimates that
today's myths and legends arise from the love of
youth for fast cars.
4. **blousons dorés:** refers to young delinquents
who have too much money and who, like the
"blousons noirs", wear Windbreakers or short
leather jackets

Faut pas = Il ne faut pas dans ce pétrin (fam.) in that soup (mess, jam)

— Pardon. J'ignorais les vrais éléments.* Je les con- 65
nais et ça change tout. La psychologie de Patrick est là
maintenant. Faut pas le laisser dans ce pétrin. Faut que
tu y ailles.
— Voilà autre chose.
— Au besoin,* je t'accompagnerai. 70
— Chez le juge? A l'audience?* Heureusement ton
témoignage ne serait pas admis. Tu es mineur, mon
garçon.
— J'irai parler à mon tuteur[5] qui est de leur camp. Tu
ne pourras pas m'en empêcher! 75
Il m'avait lancé cela comme un défi. Son ton avait
changé. Notre ton. Sous mon œil en colère mon fils ne se

décevoir to disappoint

démontait pas,* mais Justin me regarda d'une façon telle
que je me sentis en train de le décevoir.
— J'aimerais bien qu'on parle d'autre chose, repris-je 80
plus calme.
Il y eut un long silence, après quoi je dis doucement:
— Tu comprends, mon chéri, il n'est pas du tout prouvé
que mon intervention serait tellement utile à Patrick.
— Mais puisqu'on parle d'autre chose . . . 85
— Oh! tu sais bien que je n'aime pas t'imposer
silence. Ni t'imposer mon point de vue.
Il me regarda avec un peu d'ironie: — Mais, Maman,
m'imposer ton point de vue, ça n'arrive jamais. D'ailleurs,
reprit-il renonçant à bouder,* ou trop pris par sa con- 90
viction: — Sur ce point-là tu ne pourrais pas me faire
changer d'avis. Je ne trouve pas les deux bonnes femmes
sympa,* mais elles ne sont pas des petites filles. Je reste
objectif. Elles n'auraient pas monté cette combine avec
l'avocat si ça ne devait pas marcher. La tante Henriette, 95
c'est bien celle qui disait tout le temps: «N'oubliez pas

j'ai fait mon droit I have studied law

que j'ai fait mon droit.»
— Ah, tu t'en souviens? dis-je.
— Tu vois, elle est qualifiée . . . Cependant, nous
n'avons pas résolu le problème, dit Renaud. 100
— Tu vois que Justin, qui est plein de bon sens et
qui n'est pas juge et partie* comme nous, estime aussi
mon intervention impensable.*

5. **tuteur:** guardian. (The Boussardel family had
exerted its influence to have a court-appointed
guardian for Renaud.)

105 — Ça n'est pas la première fois qu'il se range de ton côté.*

— Dis donc, toi! fit Justin, pas content.

— C'est peut-être aussi, dis-je avec un geste pour apaiser* Justin, qu'il ne cultive pas par principe le paradoxe et la contradiction.

110 — Ça te va!* de me parler de contradiction. Depuis quelque temps il suffit que j'ouvre la bouche pour que tu prennes le contraire de tout ce que je dis. Celui-là aussi, d'ailleurs.

— Ne sois pas impoli, s'il te plaît! Justin est notre
115 invité. Qu'est-ce que vous vouliez dire, Justin? Ça m'intéresse.

— Oh! rien. Enfin, que toutes ces vilaines choses qu'on vous a faites et que vous avez essayé d'oublier — revenir ramasser ça,* pour une raison ou une autre, et
120 le jeter à la figure de votre famille, ça serait laid.

— Ce qui serait laid, répondit vivement Renaud, ce serait de laisser tomber Patrick. Plus que laid, lâche.

Je sentais qu'il voulait me pousser à bout.*

— Tu finis par dire n'importe quoi, lui dis-je.

125 — La vérité, reprit-il sans me regarder, c'est qu'il lui faudrait du culot, à celle-ci, et qu'elle n'en a pas.[6] Elle pose à l'affranchie* et ce n'est qu'une bourgeoise . . . Tiens! J'ai touché juste; la voilà en colère.

Je lui secouais le poignet pour le forcer à me faire
130 face.*

— Restons-en là,* veux-tu? Puisqu'il t'est impossible de parler de ce sujet sans dire des choses désagréables. Une fois pour toutes: je n'irai pas témoigner dans cette affaire, c'est dit, n'en parlons plus. La discussion de ce
135 soir n'a fait que me confirmer dans mon opinion. Il se trouve que Justin a parfaitement formulé* mes raisons.

L'œil de Renaud lui lança son encre la plus noire et nous restions tous les trois sur nos positions.* Après quoi:

140 — Je peux me lever de table? demanda mon garçon.

J'ai touché juste I hit the nail on the head
Je lui . . . poignet. I shook his wrist.

Renaud . . . noire. Renaud gave him his blackest look.

6. **C'est ce qu'il lui faudrait . . . n'en a pas:** What this one would need is nerve, and she doesn't have it. (Renaud is being extremely insolent by speaking of his mother in the third person, as if she were not there.)

— Si tu veux. Prends des fruits et va les manger où ça te plaît.*

Il se servit et quitta la salle.

En montant me coucher, je poussai la porte de mon fils, sans bruit, et je m'approchai du lit. Il dormait ou 145 feignait* de dormir. La lune entrait et l'air de la nuit. Au bout d'un instant, je distinguai ses traits.* Mon fils, cet inconnu . . . Je m'inclinai sans prendre appui sur le lit* de peur de le réveiller s'il dormait et je posai un baiser* sur son front. Je me demandai, je me demande 150 encore s'il dormait.

D'après Philippe Hériat, *Le Temps d'aimer*
© Gallimard

VOCABULAIRE EXPLIQUE

Page 149

10 meurtre *m.*: *l'action de tuer un être humain*
12 en pleine nuit: *au milieu de la nuit*
16 enflammé: *rouge d'émotion*
18 m'équilibrer (*fig.*): *me redonner confiance en moi-même*
19 prit conscience: *se rendit compte*
20 noué (*fig.*): *formé*
26 formation *f.*: *apprentissage (Dès son enfance il a vécu parmi les automobiles.)*
27 Tu es . . . le tard: *Tu es venue à la connaissance des automobiles tard dans ta vie.*
28 fiacres à cheval: *voitures tirées par des chevaux (les "taxis" de cette époque)*
32 volant *m.*: *appareil de direction dans une automobile*

Page 150

36 mis en cause: *appelé à donner son avis*
37 se décida . . . danse: *fut peu disposé à participer à la discussion*
39 virages *m.*: *tournants de la route*
41 un froid: *un garçon qui ne se passionne pas*
42 prendre parti: *te prononcer pour ou contre*
49 T'es . . . côté: *Tu n'as rien compris.*
51 coup *m.*: *mauvaise action*
52 désintéressé: *qui n'agit pas en vue d'un profit*
54 inaperçue: *sans être remarquée*
61 contexte *m.*: *ensemble des circonstances auxquelles il est mêlé*

Page 152

65 les vrais éléments: *les véritables notions de base (la passion de Patrick pour les voitures)*

70 au besoin: *s'il est nécessaire*
71 à l'audience: *à la séance où le juge entend les parties*
78 ne se démontait pas: *ne perdait pas son assurance*
90 renonçant à bouder: *abandonnant sa mauvaise humeur*
93 sympa (*fam.*): *sympathiques, agréables, aimables*
102 n'est pas juge et partie: *n'a pas à juger d'un cas où ses propres intérêts sont engagés*
103 impensable: *impossible à imaginer*

Page 153

105 se range de ton côté: *te soutient*
108 apaiser: *calmer*
110 Ça te va! (*ironique*): *Ça ne te convient pas.*
119 ramasser ça: *reprendre ces vilaines choses*
123 me pousser à bout: *me mettre dans un état d'exaspération complète*
127 elle pose à l'affranchie: *elle se croit émancipée*
130 me faire face: *me regarder dans les yeux*
131 Restons-en là: *Arrêtons-nous là*
136 formulé: *exprimé*
138 restions . . . positions: *Aucun des trois ne faisait de concessions*

Page 154

142 où ça te plaît: *où tu veux*
146 feignait: *faisait semblant*
147 traits *m.*: *lignes caractéristiques du visage*
149 je m'inclinai . . . lit: *je me baissai sans toucher le lit*
150 je posai un baiser: *je l'embrassai*

y *(suite)*

A-t-il renoncé à *ce voyage?* Oui, il *y* a renoncé.
Did he give up this trip? Yes, he gave it up.

Je pensais à *ce que je ferais le lendemain.* J'*y* pensais.
I thought of what I would do the next day. I thought about it.

Sont-elles allées *en Provence?* Oui, elles *y* sont allées.
Did they go to Provence? Yes, they went there.

> *Y* stands for (1) a noun governed by *à, dans, en, sous,* etc.; (2) a clause governed by *à;* (3) *là,* which equals "to a place" or "at a place."

en *(suite)*

Elle se souvient *de cet incident.* Elle s'*en* souvient.
She remembers that incident. She remembers it.

Ne me parle pas *de mythes.* Ne m'*en* parle pas.
Don't talk to me about myths. Don't talk to me about them.

Elle arrive *de Paris.* Elle *en* arrive.
She is arriving from Paris. She is arriving from there.

Tu as reçu le premier prix? J'*en* suis heureux. (en = de ce que tu as reçu le premier prix)
You received the first prize? I am glad of it.

> *En* replaces (1) a noun governed by *de;* (2) a partitive noun; (3) *de là;* (4) a clause governed by *de.*

> Note also:

Il a beaucoup *de livres.* Il *en* a beaucoup.
A-t-il une *voiture?* Oui, il *en* a une.

EXERCICES

I. Questionnaire

Pages 149–150

1. Pourquoi Agnès a-t-elle été choquée? 2. Qu'a-t-elle dit à son fils pour le réprimander? 3. Pour quoi Renaud s'est-il enthousiasmé? 4. De quoi a-t-il pris conscience? 5. Selon Renaud, de quoi les enfants rêvent-ils? 6. Pourquoi Renaud a-t-il dit que Justin était un froid? 7. D'après le raisonnement de Renaud, que Patrick se serait-il contenté de faire, s'il avait agi par intérêt? 8. Pourquoi Renaud a-t-il changé d'avis à propos du témoignage de sa mère?

Page 152–154

9. Dans la discussion de l'affaire Patrick, de quel côté Justin s'est-il rangé? 10. Pourquoi, selon Renaud, Justin n'avait-il pas le droit de parler? 11. Pourquoi Renaud a-t-il dit que Patrick était désintéressé? 12. Quand Agnès a dit que son intervention pourrait ne pas être utile à Patrick, quelle a été la réponse de Renaud? 13. De quoi Renaud a-t-il accusé sa mère? 14. Qu'est-ce qui serait lâche selon Renaud? 15. Qu'est-ce que Justin a dit pour soutenir Agnès? 16. Expliquez pourquoi Agnès s'est dit: — Mon fils, cet inconnu.

II. Etude de mots (sens propre, sens figuré)

Lisez les phrases suivantes et expliquez le sens des mots en italique.

> Exemples: Notre voiture ne marche pas; il faut un mécanicien pour *la dépanner.*
> Cherche quelqu'un d'autre pour *te dépanner.*

Réponses: *(1) to get it started; (2) to get you out of the difficulty*

1. Il a reçu un *coup* au menton.
   Elle n'a pas pu *tenir le coup.*
   J'ignorais ce qui se passait, je *n'étais pas dans le coup.*

2. Il dessinait des *figures* géométriques.
Elle avait la *figure* toute rouge.
Pasteur est une des grandes *figures* du monde scientifique.

3. La police *conduit* le voleur en prison.
Ce jeune homme a la passion des voitures; il *conduit* très bien.

4. Les soldats *se rangent*.
Vos amis *se rangent* de votre côté.

5. L'ouvrier *creuse* le fossé à côté de la route.
C'est ce genre de chose qui *creuse* le fossé entre les générations.

6. Il a *noué* sa cravate.
Une amitié *s'est nouée* entre eux.

III. Y, en

Remplacez les mots en italique par *y* ou *en*.

Exemple: Il s'habitue à *vivre loin des villes*.
Il s'y habitue.

1. Il s'exerce à *jouer du piano tous les jours*.
2. Il se charge de *le leur dire*.
3. Il faisait beaucoup de *fautes d'orthographe*.
4. Je n'ai pas voulu aller à *cette soirée*.
5. Elle s'est décidée à *partir le lendemain*.
6. Vous faut-il encore de *la crème et du beurre*?
7. L'enfant s'est caché *derrière l'arbre*.
8. Nous ne tenons pas à passer nos vacances *au bord de la mer*.
9. Elle a voulu acheter une *petite maison de campagne*.
10. Tu ne pourras pas m'empêcher *d'aller parler à mon tuteur*.

IV. Petit exposé oral ou écrit

Parlez de vos rapports avec vos parents. Dites s'ils approuvent ou désapprouvent:

a. votre façon de parler (langue soignée, peu soignée; langage plein d'argot; langage quelquefois grossier)

b. votre apparence (porter des vêtements de bon goût, de mauvais goût; être propre, sale; se coiffer avec soin; avoir l'air de ne pas se peigner du tout)

c. vos progrès scolaires (être nul, médiocre, sérieux, travailleur; comprendre ou ne pas comprendre qu'une bonne instruction est la base de toute carrière)

d. votre attitude envers vos camarades (accepter ce qu'ils font sans critique; entrer dans une bande et être entraîné par elle; ignorer la bande; juger vos camarades selon leur mérite)

e. votre attitude envers les gens plus âgés que vous (les respecter; penser qu'ils sont incapables de vous comprendre; essayer d'avoir des rapports avec eux; accepter leur autorité jusqu'à un certain point; être irrité devant leur autorité; les blâmer pour tout)

QUATRIEME PARTIE

NEZ-DE-CUIR

d'après Jean de La Varende

PERSONNAGES

Roger, *comte de Tainchebraye*
Jeannet, *son écuyer*[1]
Simone de
Tainchebraye, *mère de Roger*
Monsieur Marchal, *médecin*
Madeleine, *fille d'un aubergiste**

Une jeune fleuriste, des paysans, des amis, des voisins, des domestiques de Tainchebraye

JEAN DE LA VARENDE   D'origine à la fois bretonne et normande, Jean-Balthazar Mallard, vicomte de La Varende, naquit en 1887 au château de Bonneville dans l'Eure. Après avoir fait des études à Rennes* et à Paris pour devenir critique d'art, il retourna à son château, s'y installa* et se mit à écrire.* 5

Très attaché au sol de ses ancêtres, il évoque les forêts et les prairies du pays d'Ouche.[2] Par un style parfois tumultueux,* mais toujours fort, il fait revivre le passé. A sa mort en 1959, il laisse un nombre important d'ouvrages:* 10 études historiques, critiques d'art, romans.*

Cette histoire se passe dans les dernières années de l'Empire.[3] Roger de Tainchebraye, gravement blessé dans une des campagnes de Napoléon, est en route pour la Normandie, son pays natal. 15

1. **écuyer:** servant in charge of the horses on an estate. (The equerry was a constant companion to his master and even accompanied him in battle.)
2. **pays d'Ouche:** wooded plateau in Normandy with pasture lands suitable for the raising of cattle
3. **Empire:** established by Napoleon in 1804, when he had himself crowned emperor of the French. His reign lasted until April 1814, at which time, defeated by a coalition, he was exiled to Elba.

NEZ-DE-CUIR

Pour bien comprendre ce récit,* il faut revoir brièvement* les événements de l'époque.

    Après la Révolution,[4] *le jeune Bonaparte réussit à se faire nommer Premier Consul, puis en 1802 Consul à vie.*
20 *Quand il devint Empereur en 1804, la France avait vécu quinze ans de guerres et de troubles civils. Ses terres ravagées, son commerce presque détruit, elle avait le plus urgent besoin d'une vie stable, d'une paix permanente. L'Empereur, par son génie, rétablit l'ordre là où avait*
25 *régné le chaos. Il créa des écoles, un code juridique, des cours de justice, une administration forte. Malheureusement, il s'engagea dans de nombreuses campagnes militaires qui saignèrent la France à blanc. Forcé d'abdiquer en 1814, il se retira à l'île d'Elbe. Malgré son échec,* il*
30 *conspira contre le nouveau roi, Louis XVIII. Résolu à reprendre le pouvoir,* Napoléon rentra en France en février 1815. Pendant les célèbres Cent-Jours, il recruta une armée, traversa la France, entra dans Paris, puis livra bataille* contre les Anglais et les Prussiens près de Waterloo*[5]
35 *et fut vaincu.*

    Les Cent-Jours! Quel désastre pour la France qui en sort ruinée. Napoléon finit sa vie en exil à Sainte-Hélène, tandis que la France affaiblie,* essaie de reprendre ses forces.*
40   *Chateaubriand,*[6] *contemporain de Napoléon, est témoin de cette époque. Dans son œuvre, les Mémoires*

un code juridique a systematic arrangement of the laws

saignèrent . . . blanc bled France white *(drained the country of its human and material resources)*

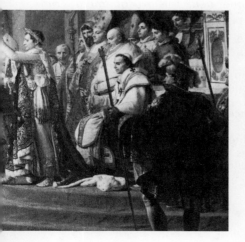

4. **Révolution:** The French Revolution of 1789, born of protests against the excesses of the royalty and the clergy, brought about some much needed reforms. The middle class gained a greater voice in the government and the lot of the peasants was somewhat improved.

5. **Waterloo:** the battlefield in Belgium which was the scene of Napoleon's final defeat

6. **Chateaubriand (François-René de)** (1768–1848): The brilliant author of *Atala, les Martyrs, Voyage en Amérique, Mémoires d'outre-tombe* ("Memories from beyond the tomb"), etc. was one of the forerunners of the Romantic movement in literature.

d'outre-tombe, cet *illustre écrivain* prononce son jugement:

«*Le train du jour* est de magnifier les victoires de
Bonaparte: les blessés ont disparu; on n'entend plus les* 45
imprécations,* les cris de douleur et de détresse des vic-
times; on ne voit plus la France épuisée,* labourant le sol
avec des femmes; on ne voit plus les parents arrêtés[7] en
place de leurs fils; on ne voit plus ces affiches de cons-
cription collées* au coin des rues, les passants rassemblés 50
devant ces immenses arrêts de mort et y cherchant, cons-
ternés, les noms de leurs enfants, de leurs frères, de leurs
amis, de leurs voisins. On oublie que tout le monde se
lamentait des triomphes; on oublie que le peuple était
las* de son oppression et de ses conquêtes. 55

«*La réalité de nos souffrances est démontrée par la*
catastrophe même: si la France eût été fanatique de Bona-
parte, l'eût-elle abandonné[8] deux fois brusquement, com-
plètement, sans tenter un dernier effort pour le garder?
Si la France devait tout à Bonaparte, gloire, liberté, ordre, 60

labourant le sol plowing
the soil

immenses arrêts de mort
long lists of death notices

7. **parents arrêtés en place de leurs fils:** If the son
fled to escape military service, the parents were
arrested.
8. **si la France eût été . . . l'eût-elle abandonné:**
eût été = avait été; eût abandonné = aurait aban-
donné. In literary style, the pluperfect subjunctive replaces both the *plus-que-parfait* and the
conditionnel antérieur in this type of conditional
sentence.

prospérité, industrie, commerce, manufactures, monu-
ments, littérature, beaux-arts; si avant lui, la nation n'avait
rien fait elle-même, la France a donc été bien ingrate,*
bien lâche, en laissant tomber Napoléon aux mains de ses
65 ennemis, ou du moins en ne protestant pas contre la cap-
tivité d'un pareil bienfaiteur?

«Ce reproche, qu'on serait en droit* de nous faire,
on ne nous le fait pas cependant et pourquoi? Parce qu'il
est évident qu'au moment de sa chute,* la France n'a pas
70 prétendu défendre Napoléon; bien au contraire, elle l'a
volontairement abandonné; dans nos dégoûts amers, nous
ne reconnaissions plus en lui que l'auteur de nos misères.
Les alliés ne nous ont pas vaincus;* c'est nous qui, choisissant entre deux fléaux,* avons renoncé à répandre notre
75 sang, qui ne coulait plus pour nos libertés.

«Bonaparte, lui, malgré ces énormes acquisitions, a
succombé, non parce qu'il était vaincu, mais parce que la
France n'en voulait plus. Grande leçon! qu'elle nous fasse
à jamais ressouvenir qu'il y a cause de mort dans tout ce
80 qui blesse la dignité de l'homme.»

Comme nous venons de voir, les Français payèrent
cher les guerres de Napoléon. Quand ils eurent vu leur
commerce arrêté, leur sol envahi,* leurs villes détruites,
leurs fils mutilés ou morts, ils trouvèrent trop élevé le prix
85 de la gloire. Toute la population avait atrocement souffert, mais c'étaient surtout les jeunes qui avaient été sacri-
fiés à l'orgueil* de l'Empereur.

**nous avons renoncé . . .
libertés** we gave up shed-
ding our blood which no
longer flowed for our
freedom

qu'elle . . . ressouvenir
let us never forget . . .
(*lit.* let it never permit us
to forget)

I. A L'EPOQUE DE NAPOLEON

Roger de Tainchebraye était parmi les milliers de blessés qui se trouvaient sur les routes de France après la débâcle.*

Le château de Tainchebraye borde* la route qui délimite*
les deux contrées* du Perche[1] et de l'Ouche. Il y surveille
5 des lointains infinis; la maison s'est maintenue identique
à elle-même* comme le paysage, mais aussi durable que
les horizons, demeure* le souvenir de l'homme qui
l'anima.*

Le souvenir de Nez-de-Cuir survit dans la mémoire
10 des humbles comme un grand trouble historique. Par sa
jeunesse, par ses souffrances atroces et par son apparence
romanesque, Roger a tant frappé l'imagination populaire
que nulle histoire paysanne de force, de guerre ou d'a-
mour ne se passait de lui, de sa force vigoureuse et mu-
15 tilée.

Quant aux gentilshommes? . . .* le fantôme masqué
du comte de Tainchebraye les poursuivit encore, les pour-
suivra toujours . . . et pour cause!*

La Normandie tout entière s'en occupa, se pencha
20 sur* ce phénomène perpétuellement renaissant* et qui
gardait son mystère.

1. **Perche:** This hilly wooded area, famous for its
Percheron horses, is located in Normandy, between Alençon and Dreux.

167

Tainchebraye tomba en Champagne . . .[2] Son écuyer revint au soir, enragé et pleurant, pour retrouver le corps de son jeune maître (vingt ans!). Il examina les morts à coups de pied et le reconnut à sa ceinture.* Ah! bon Dieu! 25 la tête n'était que bouillie sanglante, et sur le corps déshabillé par le sabre, rien que du sang. L'écuyer mit son oreille sur la plaie* du cœur et l'entendit battre. Il alla chercher des gars de chez eux et demanda la permission d'enlever le pauvre corps. Leur angoisse et leur fidélité 30 touchèrent un major qui signa un permis d'évacuation. Mort ou non, on verrait plus tard. Ils s'en allèrent alors vers l'ouest. Grâce à l'or de la ceinture, Jeannet loua une voiture et des chevaux pour descendre le mourant* ou le cadavre, vers sa terre. 35

Ils achetèrent à Beauvais[3] un cercueil* qu'ils attachèrent au toit de la voiture. Si M. de Tainchebraye mourait en route, on le mettrait là-dedans et on mènerait le Comte, quand même, jusqu'à son pays natal.

Extraordinaire cortège de mutilés qui se lamentaient 40 au long des chemins, se succédaient sur le siège, s'asseyaient même sur le cercueil, mais laissaient le maître tout seul sur les coussins. De temps en temps, ils s'approchaient de la vitre* avec une angoisse qui les pâlissait encore: «Il vit toujours.» 45

Ils se trompèrent de chemin et se trouvèrent devant le château d'un voisin d'où sortit le marquis lui-même pour leur donner du vin. Quand le vieux marquis eut vu dans un tel état Tainchebraye, il éclata de sanglots.* «Il est mort!» cria-t-il. 50

— Non! répondit Roger. Et ce fut son premier mot.

Non! et par malheur il vivait, et il revivait et la douleur avec. Cela commença par des grondements,* des murmures; puis des plaintes. De grandes lamentations sortirent de la voiture, régulières, incessantes. La loque- 55 teuse escorte, dents serrées, dos tendus, se courbait*

bouillie sanglante
bloody pulp

la loqueteuse . . . dos tendus the ragged (men) of the escort, with their teeth clenched, their backs strained

2. **Champagne:** Located northeast of Paris, this region was the scene of the disastrous French campaign of 1814, which resulted in the abdication of Napoleon and his exile to Elba.
3. **Beauvais:** Located about 40 miles north of Paris, this city is famous for its magnificent Gothic cathedral.

sous le désespoir et la fatigue suprême. A un moment des cris furent si terribles qu'on s'arrêta. Quelqu'un dit tout haut: — Faut l'achever et nous avec!

60   Et l'on entendait Tainchebraye hurler:* — Oui! Ce fut sa seconde parole.

      Mais Jeannet, qui conduisait debout sur son siège, rétablit l'ordre: — On vous laissera à Nonancourt,[4] Notre Maître. J'en prends l'engagement* et le serment.*

4. **Nonancourt:** Normandy town situated on the Avre River, about 10 miles from Dreux.

au pas . . . fatigués at the (slow) pace of the tired horses

la mécanique était brisée the mechanism was broken

Il ne fallait . . . pente. They could not let the carriage gather speed on the slope.
haletants de souffrance gasping with pain

montèrent la garde kept watch

Le blessé ne se révolta plus. 65

Interminables! les longues côtes* au pas des chevaux fatigués; mais bien plus pénibles les descentes! Tous ces fantômes d'hommes s'accrochaient* à la voiture pour la retenir; la mécanique était brisée. Il ne fallait pas se laisser gagner par la pente . . . aller lentement! lentement! Alors, 70 derrière, rampait une queue* de mourants agrippés* les uns aux autres, haletants de souffrance et tirant quand même sur la voiture. Et cependant, quand ils virent le clocher de Nonancourt, ils trouvèrent de quoi crier de douleur: fallait qu'il mourût là, ce Maître qu'ils traînaient 75 depuis quatre-vingts lieues* en usant leur dernière force, leur dernier sang et leurs dernières pulsations.*

Dans l'auberge, Jeannet prit les plus belles chambres à coups de napoléons,* et les blessés montèrent la garde en attendant la mort. 80

VOCABULAIRE EXPLIQUE

Page 162

aubergiste *m.*: *celui qui tient une auberge (petit hôtel de campagne)*

3 l'Eure: *département formé d'une partie de la Normandie*

4 Rennes: *ancienne capitale de la Bretagne*

7 sol *m.*: *terre*

9 tumultueux *(fig.)*: *qui est en effervescence*

Page 163

16 ce récit: *cette histoire, cette narration*

17 brièvement: *en peu de mots*

29 son échec: *sa défaite, son manque de succès*

31 pouvoir *m.*: *le gouvernement*

34 livra bataille: *se battit*

38 affaiblie: *rendue faible*

39 reprendre ses forces: *retrouver la prospérité*

Page 164

44 le train du jour: *la tendance aujourd-hui*

46 imprécations *f.*: *souhaits de malheur contre quelqu'un*

47 épuisée: *extrêmement fatiguée*

50 collées: *placées, fixées*

55 las: *fatigué*

Page 165

63 ingrate: *qui n'a aucune gratitude*

67 serait en droit: *aurait raison, aurait le droit*

69 chute *f.*: *ruine*

73 vaincus: *battus*

74 fléaux *m.*: *grands malheurs*

83 envahi: *occupé*

87 orgueil *m.*: *vanité, estime excessive de soi-même*

Page 167

2 débâcle *f.*: *catastrophe*

3 borde: *occupe le côté de*

délimite: *détermine les limites (de)*

4 contrées *f.*: *pays, régions*

6 s'est maintenue . . . elle-même: *est restée dans le même état qu'auparavant*

7 demeure: *reste*

8 l'anima: *lui donna de la vie*

16 gentilshommes *m.*: *nom donné autrefois aux nobles*

18 pour cause: *pour de bonnes raisons*

20 se pencha sur *(fig.)*: *s'intéressa à*

phénomène . . . renaissant: *manifestation constamment renouvelée*

Page 168

25 ceinture *f.*: *bande de cuir ou d'autre matière qu'on porte autour du corps*

28 plaie *f.*: *endroit d'une blessure*

34 mourant *m.*: *homme qui est sur le point de mourir*

36 cercueil *m.*: *grande boîte où l'on renferme un mort*

44 vitre *f.*: *glace de la voiture*

49 il éclata de sanglots: *il pleura tout à coup et avec un grand bruit*

53 grondements *m.*: *bruits sourds et prolongés*

56 se courbait: *se baissait*

Page 169

60 hurler: *crier violemment*

64 l'engagement *m.*: *l'obligation*

serment *m.*: *promesse solennelle*

Page 170

66 côtes *f.*: *montées, chemins par où l'on monte*

68 s'accrochaient: *tenaient fermement*

71 rampait une queue: *une file avançait lentement*

agrippés: *attachés*

76 lieues *f.*: *ancienne mesure de distance (1 lieue = à peu près 4 kilomètres)*

77 pulsations *f.*: *battements de cœur*

79 à coups de napoléons: *à l'aide des pièces d'or où se trouvait l'effigie de Napoléon*

Emploi des temps

Le soldat blessé *vit* toujours. (*is still living* = present)
Le médecin a dit qu'il *vivait* toujours. (*was still living* = imparfait)

Il *guérira*. (*will get well* = futur)
Le médecin a dit qu'il *guérirait*. (*would get well* = conditionnel)

Il *a survécu* à la bataille. (*has survived* = passé composé)
On m'a dit qu'il *avait survécu* à la bataille. (*had survived* = plus-que-parfait)

Study the above examples, observing the change in the tense which accompanies the change from direct to indirect discourse.

Inversion

Vint la guérison.
Then came the recovery (healing).

Derrière la voiture rampait une queue de mourants.
Behind the carriage crawled a line of dying men.

The subject normally precedes the verb in a declarative sentence. When the subject is placed after the verb, it becomes more emphatic, because of its unusual position. This is a common phenomenon in literary style.

EXERCICES

I. Questionnaire

Pages 162–165

1. Quand cette histoire se passe-t-elle? 2. Dans quelle campagne Roger a-t-il été blessé? 3. Qu'est-ce que le jeune Bonaparte a réussi à faire après la Révolution? 4. Quand est-il devenu Empereur? 5. Qu'est-ce que la France avait vécu? 6. De quoi avait-elle besoin? 7. Qu'est-ce que l'Empereur avait fait de bien? de mal? 8. Selon Chateaubriand, pourquoi Napoléon a-t-il succombé?

Pages 167–169

9. Quel nom les humbles du Perche et de l'Ouche ont-ils donné à celui qui est devenu par la suite légendaire? 10. Dans quel état Jeannet a-t-il trouvé son maître sur le champ de bataille? 11. Qu'a fait l'écuyer pour savoir si son maître était vivant? 12. Pourquoi Jeannet a-t-il loué une voiture et des chevaux? 13. Qu'est-ce que Jeannet et ses compagnons ont attaché sur le toit de la voiture? Pourquoi? 14. Pourquoi l'auteur dit-il de Roger: «Par malheur il vivait»? 15. Comment savait-on que Roger vivait encore? 16. Quel serment Jeannet avait-il fait?

II. Etude de mots (emploi du dictionnaire)

Cherchez dans le lexique qui se trouve à la fin du livre la signification des mots en italique. Attention aux «faux-amis».

> Exemples: La montagne, cachée par la brume, n'est plus *visible*.
> Madame n'est pas *visible*.

Réponses: (1) *visible*; (2) *at home (to visitors)*

1. Les *assistants* de laboratoire s'en chargent.
   Les *assistants* n'aiment pas le spectacle; ils n'applaudissent pas.

2. Il y a plusieurs facultés: celle des *sciences* aussi bien que celle des lettres.
   Malgré toute sa *science,* il ne pouvait pas guérir le malade.

3. Il a survécu aux *hasards* de la guerre.
   Je l'ai rencontré tout à fait par *hasard*.

4. Les mineurs exercent un métier *rude*.
   L'hiver en montagne est *rude*.
   C'est un *rude* adversaire.

5. Je vous le promets; j'en prends l'*engagement*.
   Cet acteur a un *engagement* dans un théâtre à Paris.

III. Emploi des temps

Mettez *Il a dit que* devant les phrases suivantes et faites les changements nécessaires.

Exemples: Elle part.
   Il a dit qu'elle partait.

   Elle partira.
   Il a dit qu'elle partirait.

   Elle est partie.
   Il a dit qu'elle était partie.

Elle arrive. Elle arrivera. Elle est arrivée.
Elle reste. Elle restera. Elle est restée.
Elle descend. Elle descendra. Elle est descendue.
Elle guérit. Elle guérira. Elle a guéri.
Elle court. Elle courra. Elle a couru.

IV. Dialogue dirigé

Vous êtes un ami de Jeannet. Vous lui parlez de son maître, Roger de Tainchebraye et de sa blessure.

1. Demandez où le comte est tombé.
2. Demandez à Jeannet comment il a pu retrouver son maître parmi tant de corps.
3. Demandez en quel état le comte était.
4. Demandez à Jeannet ce qu'il a fait pour savoir si le comte vivait.
5. Demandez à Jeannet quelle décision il a prise.
6. Demandez à Jeannet qui les a accompagnés.
7. Demandez à Jeannet où il a pu trouver l'argent nécessaire.
8. Demandez ce que faisait le mutilé pendant ce voyage.
9. Demandez à Jeannet ce qu'il a fait en arrivant à Nonancourt.
10. Demandez à Jeannet ce qu'il a fait en attendant la mort de son maître.

Vous êtes Jeannet. Vous répondez aux questions que vous pose votre ami.

1. Dites qu'il est tombé en Champagne.
2. Dites que vous avez reconnu votre maître à sa ceinture.
3. Dites que la tête n'était que bouillie sanglante.
4. Dites que vous avez mis votre oreille sur son cœur et que vous l'avez entendu battre.
5. Dites que vous avez pris la décision de ramener votre maître dans sa terre.
6. Dites que c'étaient des blessés, des garçons de chez vous.
7. Dites qu'il y avait de l'or dans la ceinture du comte, et ajoutez qu'avec cet or vous avez loué une voiture et des chevaux.
8. Dites qu'il poussait des cris terribles, mais qu'il vivait.
9. Dites que vous avez loué la plus belle chambre de l'auberge pour y installer votre maître.
10. Dites que vous avez monté la garde en attendant sa mort.

II. LES JOURS SOMBRES

Vint la guérison.*

Bien sûr, grâce à la prodigieuse puissance vitale* de ce gars de vingt ans, mais aussi aux soins d'un médecin-major, lui-même en convalescence.

5 Mme de Tainchebraye, sa mère, accourut,* mais ne trouva qu'une blanche momie qui remuait à peine sous les bandelettes.* Le major refusa son aide, et la renvoya* avec les cinq hommes de l'escorte qui pouvaient encore aller et qui se fixèrent* à Tainchebraye.

10 Quel retentissement* eut en Normandie le martyre de Roger de Tainchebraye!

Il tenait à* tout ce que faisait la joie et l'orgueil de la province, et l'on parla depuis Valognes jusqu'à Rouen. Surtout que le jeune homme avait attiré l'attention géné-
15 rale par sa beauté et ses succès précoces. A dix-huit ans il était célèbre, le lion de sa province.

Les Tainchebraye étaient riches et leur héritier* pouvait entourer sa beauté de tout le luxe possible. Le pays n'avait presque pas souffert de la Révolution pour la
20 bonne raison que fort peu en émigrèrent. Donc aucune confiscation n'appauvrit les gentilshommes.[1] Alors quand d'autres mouraient de faim, les gens de l'Ouche se trou-

---

1. **aucune confiscation . . . gentilshommes:** no seizure of property impoverished the nobles. (During and immediately after the Revolution, the estates of those who fled to foreign countries were confiscated by the new government.)

vèrent étonnamment riches; les chevaux du Perche, les
bêtes maigres[2] de l'Ouche payaient bien; l'argent roula.*

25   Et cette fin de l'Empire fut une prodigieuse et inces-
sante fête, encore plus excitée par les victoires. Puis il
fallait se venger de la Révolution, oublier les temps difficiles, couvrir aux chants des violons les fusillades.

fusillades f. volley of
shots

Tout ce monde des châteaux était un peu parent. On
30 y trouvait une hospitalité et une générosité incomparables.
Ces gens-là augmentèrent la durée des galas pour jouir
plus de la vie, pour s'amuser mieux. Ils ne voulurent plus
dormir! Les visites commençaient à six heures du matin!

Tainchebraye ne quitta jamais ce groupement si
35 favorable où il fut parce qu'il avait été.

Hélas, quand on crut comprendre que ce demi-dieu
pourrait survivre,* mais infirme, on souhaita qu'il mourût
et que s'apaisât une agonie double.[3]

Tainchebraye fut «il» comme Louis XIV* «le Roi».
40 On se demanda de route en route, de voiture à voiture, de
château en château: — Comment va-t-il? Des nouvelles
chuchotées* filtraient . . . Mais qui sut exactement?

Seul le médecin connut les blessures des lances en-
nemies. Il comprit que son malade serait plus à plaindre
45 vivant que mort, mais le sens professionnel le fit agir
comme si le bonheur devait suivre la guérison. Seulement
il attendait avec impatience l'instant où la connaissance
reviendrait. Roger toucha son pansement,* ce matelas*
qu'il avait sur la figure et des yeux interrogea.

connaissance f. con-
sciousness

50   — Mon visage?

— En morceaux.

— Le corps? . . . guérira-t-il?

— Entièrement, je le crois.

— Pas infirme?

55   — Non. Six mois à te refaire de la viande et du sang et
tu remonteras à cheval. Je te dis «tu», fais-en autant; je
me bats pour toi depuis trois mois.

Tainchebraye ne remercia pas. Ils restèrent silencieux.
Enfin:

2. **les bêtes maigres:** This refers to the kind of
cattle for which the area was famous.
3. **qu'il mourût et que s'apaisât une agonie double:** Tainchebraye suffered dreadful pain from his
wounds and even the beginning of death throes.
Thus his friends hoped he would die to spare him
this intense suffering.

— Mais mon visage? Tu me donneras un miroir 60
quand tu referas le pansement.

— Non. C'est pas beau.

— Atroce?

— Tu vivras avec un masque comme d'autres avec un
tampon sur l'œil. 65

— Laisse-moi crever.*

— Trop tard! plus maintenant! Puisque je te garantis
que tu seras en pleine vigueur. Il y a de plus malheureux
que toi!

Tainchebraye ne répondait point. 70

Le médecin se pencha sur lui: — Il y a d'abord deux
millions de morts.

L'autre haussa les épaules.

— Il y a trois cent mille mutilés — et sans le sou* —
et qui pourriront au coin des routes comme de vieux 75
outils.*

— Pardon, murmura le blessé.

Un jour le malade demanda au médecin: — As-tu
prévenu* ma mère?

— Non. 80

— Pourquoi?

— Je n'étais pas sûr de te sauver, alors à quoi bon
lui faire cette peine de plus?*

— Bien. Samedi je le lui dirai moi-même.

— Attends. 85

— Pour quoi faire?

— Tu ne retrouveras pas ton nez, bien sûr, mais ça
s'arrangera mieux que tu ne le penses; tu repousses des
chairs comme un homard ses pinces.

— Je ne veux pas le lui cacher plus longtemps, re- 90
prit* Roger. Il me semble que je lui fais du tort, gravement.

Le médecin eut un geste vague où il entrait de la
soumission à la fatalité, à la sottise* humaine.

Mme de Tainchebraye venait voir son fils en effet tous
les samedis, en poste* à Nonancourt, depuis qu'il allait 95
mieux. Avant pour respecter la défense* du médecin,
elle avait établi des relais* et chaque jour recevait des
nouvelles fraîches. Elle devait savoir: certainement l'écuyer
de Roger l'avait renseignée* et tenait d'elle son mutisme;
mais Mme de Tainchebraye jouait bien son rôle. Jamais 100
elle n'interrogea le médecin.

---

tampon *m.* patch

en pleine vigueur in the pink of condition

pourriront will rot

Pour quoi faire? Why should I?

tu repousses . . . pinces you are growing flesh like a lobster its claws

tenait . . . mutisme had his stolid silence in common with her

---

180

Ce samedi-là, à son premier pas* dans la chambre, Mme de Tainchebraye sentit qu'il allait parler, et qu'elle devait bander tous les ressorts de son amour . . . un
105 samedi noirâtre* de janvier; ils étaient tous les trois. La chose redoutable* venait, se dressait sur elle.*

Son fils décrivit toutes les blessures avec une ironie courageuse. Elles guérissaient, elles guérissaient; bientôt il serait debout et marcherait.

110 — Mais oui, mais à coup sûr!* mon enfant, mon petit, disait-elle, un peu haletante malgré son courage, tâchant d'écarter, peut-être encore une fois, la confidence.

— Seulement, reprit Roger, tout ne guérira pas — il la vit pâlir — du courage, ma pauvre maman . . .
115 Sa main désigna le pansement qu'il soulevait pour sa nourriture et entre les ouvertures duquel brillaient ses yeux:

— Je n'ai plus de visage . . . Nez coupé! Nez coupé! . . . Et une rage le prenant malgré son vouloir,* il éclata en
120 imprécations. Il grondait:

— Deux trous, deux trous comme un mort.

Des larmes jaillirent chez Mme de Tainchebraye à entendre cette douleur, et aussi parce que, d'être ainsi proféré, le malheur devenait absolument définitif. Ce-
125 pendant elle secoua les épaules et trouva ce qui était nécessaire.

— Tu es vivant! et tu porteras un bandeau.* Il y a aussi des chirurgiens* qui cherchent et qui pourront réparer . . . on travaille beaucoup, n'est-ce pas Monsieur
130 Marchal?

— Bien sûr! répondit le médecin.

— Au milieu de tous ces mutilés, tu paraîtras un privilégié.

Roger répondit: — Oui, au sortir de* la guerre, mais
135 dans cinq ans?

Elle le gronda: — Tu es injuste! Va! combien voudraient prendre ta place et recouvrir leurs jambes et leurs yeux!

Mais il gardait la tête basse et sa mère entendit: — Je
140 suis horrible . . . un épouvantail . . . une gorgone! Il me refuse tout miroir pour ne pas me tuer, mais je me suis vu dans une vitre . . . Ah! . . . je me suis fait peur à moi-même!

Mme de Tainchebraye avait de la race.* Elle se tourna

elle devait . . . de son amour she had to call upon all the resources of her love

haletante breathless

il soulevait he raised

imprécations f. curses

Des larmes . . . Tainchebraye Mme de Tainchebraye wept

elle secoua les épaules she squared her shoulders (secouer to shake)

un épouvantail, une gorgone a scarecrow, a monster (gorgone a mythological creature of terrifying aspect)

vers le médecin, et avec une autorité qui le fit sourire 145
d'admiration, elle commanda :

— Monsieur Marchal, enlevez les pansements . . .

Le rétablissement* d'un pareil blessé connut de terribles vicissitudes.* La guérison ne fut réelle qu'après cette
retraite sans nom, avec les Cent-Jours. Au bout de six 150
mois, il avait dû complètement reprendre le lit. Cette
rechute* fut sans lutte ni regret, bien accueillie même, au
point d'en augmenter l'inquiétude de Marchal qui son-
geait : «A quoi bon tant d'efforts et tant de patience?»
Penché sur le lit du malade, cet homme désespéré qui 155
s'était pris de* tendresse pour son patient, pensa sérieusement à doubler la dose d'opium et à en prendre lui-
même pour «filer à l'anglaise»,* tous deux de cette
«chienne de vie.» Seulement la conscience médicale in-
tervenait et aussi le sentiment d'une mère si touchante. 160

Mme de Tainchebraye garda toujours son parfait
naturel* après la confrontation. Elle semblait absolument
habituée,* et quand bien plus tard les bandelettes furent
moins épaisses, que le profil de linge devint plat, jamais
elle ne se permit d'inquiète contemplation, de regards 165
apitoyés.* D'ailleurs son fils lui-même détournait le visage,
de sorte que leur conversation et ces visites où sa mère

faisait . . . paisiblement
played a game of chess
and knitted quietly

faisait la partie d'échecs, tricotait paisiblement, se passaient entre profils perdus.[4]

Profil perdu . . . elle prononça l'expression devant 170
Marchal qui eut l'air légèrement embarrassé pour émettre*
enfin :

— Il y a de ces termes-là, Madame, que vous et moi
. . . et les autres ferons mieux d'oublier.

— C'est vrai, répondit Mme de Tainchebraye et 175
puisqu'ils étaient seuls, elle se laissa aller à pleurer sans
contrainte ; et Marchal fut heureux de l'estimer moins.[5]

4. **entre profils perdus:** with averted faces. (*Profil
perdu* is an artist's term referring to a face three-
quarters concealed by the back of the head. Here
the mother has unwittingly used a cruel expression, since her son no longer has a profile.)
5. **Marchal fut heureux de l'estimer moins:**
The courage and self-control of Mme de Tainchebraye during her son's illness was greatly admired
by the doctor. When finally she broke down and
wept without constraint, the doctor was glad "to
esteem her less," because she then revealed the
human frailty which existed behind the façade.

VOCABULAIRE EXPLIQUE

Page 177
1 guérison *f.*: *cure et retour à la santé*
2 prodigieuse puissance vitale: *force phy-sique extraordinaire et surprenante*
5 accourut (*p.s.* accourir): *se précipita*
7 bandelettes *f.*: *morceaux de tissu qui entourent les plaies d'un blessé*
la renvoya: *la fit partir*
9 qui se fixèrent: *qui s'établirent*
10 retentissement *m.*: *répercussion*
12 il tenait à: *il était attaché par des senti-ments d'affection à*
17 héritier *m.*: *celui qui reçoit des biens par héritage*

Page 179
24 l'argent roula: *on était prospère*
37 survivre: *continuer à vivre, à exister*
39 Louis XIV (1638–1715): *dit «le Grand»; roi très puissant dont le règne dura 72 ans*
42 chuchotées: *prononcées à voix basse*
48 pansement *m.*: *bande antiseptique qui sert à couvrir une blessure*
matelas *m.* (fig.): *la couche très épaisse de pansements* (lit. "mattress")

Page 180
66 crever (*fam.*): *mourir*
74 sans le sou: *sans argent*
76 outils *m.*: *instruments de travail*
79 prévenu: *informé, averti*
83 à quoi . . . plus: *à quoi cela servira-t-il?*
91 reprit: *continua à parler*

93 sottise *f.*: *stupidité*
95 en poste: *par la voiture publique*
96 défense *f.*: *interdiction, prohibition*
97 relais *m.*: *chevaux frais pour remplacer les chevaux fatigués*
99 renseignée: *prévenue, avertie*

Page 181
102 à son premier pas: *dès qu'elle entra*
105 noirâtre: *qui tire sur le noir*
106 redoutable: *fort à craindre*
se dressait sur elle: *la menaçait*
110 à coup sûr: *assurément*
119 vouloir *m.*: *intention, volonté*
127 bandeau *m.*: *morceau de tissu qu'on met autour de la tête*
128 chirurgiens *m.*: *médecins qui opèrent*
134 au sortir de: *à la fin de*
144 avait de la race: *était noble, accoutumée à se contrôler*

Page 182
148 rétablissement *m.*: *retour à la santé*
149 vicissitudes *f.*: *changements*
152 rechute *f.*: *retour d'une maladie*
156 s'était pris de: *s'était mis à avoir*
158 «filer à l'anglaise»: *s'échapper* (ici: *mourir*)
162 son parfait naturel: *son tempérament normal*
163 habituée: *accoutumée*
166 apitoyés: *pleins de compassion, de pitié*
171 émettre: *exprimer, dire*

Adjectifs

une robe rouge, *a red dress*
une ville française, *a French city*
un champ carré, *a square field*

> Adjectives which serve as distinguishing marks (color, nationality, form) are usually placed after the noun.

un bon repas, *a good meal*
un long voyage, *a long trip*

> Some very commonly used adjectives (most of which have only one or two syllables) precede the noun.

une rue étroite	une étroite amitié
a narrow street	*a close friendship*
un homme grand	un grand homme
a tall man	*a great man*

> The meaning of an adjective may vary according to its position.

la prodigieuse fête, *the fabulous festivity*
un excellent repas, *a superlative meal*
les noirs sapins, *the black fir trees*

> An adjective which normally follows the noun acquires increased emphasis when placed before it. This change of position occurs especially in literary style.

EXERCICES

I. Questionnaire

Pages 177–179

1. Qu'est-ce qui a aidé à guérir Roger? 2. Qu'est-ce que Mme de Tainchebraye a vu quand elle est accourue pour voir son fils? 3. Pourquoi le jeune comte avait-il attiré l'attention générale? 4. Pourquoi le pays de Roger n'avait-il presque pas souffert de la Révolution? 5. Que faisaient les nobles pour se venger de la Révolution? 6. Décrivez l'hospitalité des nobles du Perche et de l'Ouche. 7. Qu'est-ce qu'on a souhaité quand on a compris que le jeune comte serait probablement infirme et défiguré? 8. Qui était le seul à connaître la gravité des blessures du jeune homme?

Pages 179–182

9. Qu'est-ce que le médecin a fort bien compris? 10. Pourquoi le médecin a-t-il refusé de donner un miroir à Roger? 11. Qu'est-ce que le médecin a dit à son malade pour lui redonner le désir de vivre? 12. Quelle a été la réaction de Mme de Tainchebraye, quand Roger lui a dit qu'il n'avait plus de visage? 13. Quel portrait Roger a-t-il fait de lui-même? 14. Comment savez-vous que Mme de Tainchebraye avait le courage qu'il lui fallait? 15. Quand est-ce que Mme de Tainchebraye s'est laissée aller à pleurer?

II. Etude de mots

Remplacez les mots en italique par les mots contraires que vous trouverez ci-dessous. Il y en a deux de trop.

la faiblesse	la raison	la laideur
l'accord	le consentement	le désespoir
la joie	la modestie	la tranquillité
le mépris	la pauvreté	le privilégié

1. *Le luxe* de cet appartement me surprend. 2. *L'orgueil* de cette jeune fille m'étonne. 3. Je ne m'attendais pas à son *refus*. 4. Nous ne pou-

185

vons pas comprendre *son inquiétude.* 5. Ton *estime* pour elle est difficile à comprendre. 6. Il a voulu cacher sa *peine.* 7. Il n'a manifesté
aucun *espoir.* 8. Ce château est d'une *beauté* extraordinaire. 9. Leur
lutte n'a pas duré longtemps. 10. Ils parlaient de *la puissance* de cet
homme.

III. Adjectifs

Traduisez les mots en italique. Faites attention à la place de l'adjectif.
(Voir page 184 et le lexique qui se trouve à la fin du livre.)

1. Elle n'achète que les meubles *anciens.*
   Je viens de voir mon *ancien* professeur de mathématiques.

2. Cet élève est *nul* en anglais.
   Il n'a *nul* désir de faire un travail sérieux.

3. C'est une couleur *sombre.*
   Il est tombé dans un *sombre* désespoir.

4. Pasteur était un *grand* homme.
   Mon père est de haute taille, c'est un homme *grand.*

5. Malgré sa grosse fortune, c'est un homme *simple.*
   Ce jeune homme n'a pas d'autorité, c'est un *simple* employé.

6. Cette histoire *triste* m'a fait pleurer.
   Il pleut tous les jours. Quel *triste* temps!

IV. Petit exposé oral

Faites le portrait de Roger de Tainchebraye:

attirer l'attention générale par sa beauté, son apparence romanesque;
avoir une prodigieuse puissance vitale; frapper l'imagination des gens
par sa jeunesse, par ses souffrances et par le mystère né des bruits qui
couraient sur ses blessures; tenir à tout ce qui faisait la joie et l'orgueil
de sa province

V. Rédaction

Ecrivez un petit paragraphe sur la vie que menaient les nobles de l'Ouche
et du Perche pendant les dernières années de l'Empire. Les questions
ci-dessous vous aideront à préparer votre devoir.

Quand un noble émigrait pendant la Révolution, qu'est-ce que l'Etat faisait de ses biens?

Pourquoi les nobles de l'Ouche et du Perche avaient-ils peu souffert pendant la Révolution?

Quelle était la source de la richesse de ces nobles?

Qu'est-ce que les nobles faisaient pour se venger de la Révolution?

Décrivez l'hospitalité des nobles du pays de Roger.

III. LA CONVALESCENCE

Comme les blessures ne cessaient de se rouvrir, Roger dit une fois à son médecin:

— Ça coule toujours; tu étanches, mais ça revient ailleurs. Est-ce que nous en verrons jamais la fin? Nous
5 sommes sans doute destinés à vivre ensemble jusqu'à la mort.

— Tu guériras complètement, répliqua Marchal. Seulement il faut tenir pour négligeable ce qu'on peut souffrir en marchant vers un but humble et orgueilleux;* alors on
10 commence de vivre.

Un jour lorsque Marchal entra chez son malade, il lui jeta un journal.

— Tiens, lis! lui dit-il. Lis le crayon rouge.* Ça te fera du bien.

15 La nomination de Tainchebraye dans l'ordre de la Légion d'honneur[1] s'y encadrait* de rouge.

— Moi aussi, dit le médecin, dans le même journal, j'ai le ruban.[2]

Ça coule toujours; tu étanches My wounds still suppurate (*generate pus*); you stanch (*stop the flow*)

1. **Légion d'honneur:** This order was established by Bonaparte in 1802 to recognize military and civil services to France. The *Légion d'honneur* is still one of the highest honors that France can bestow on an individual.
2. **ruban:** A red ribbon worn on the lapel (or on a dress) indicates that the wearer is a member of the *Légion d'honneur.*

Les deux hommes dînèrent mélancoliquement; ils rê- 20
vaient. Au dessert, Tainchebraye exprima, comme malgré
lui, son incertitude:*

— Il y a trois ans, hein! on en aurait crié des «Vive
l'Empereur.» Aujourd'hui, je ne pourrais pas . . .

— Ah! par exemple! Moi non plus . . . le salaud.*

La débâcle . . . salissait
The evil effects of the defeat at Waterloo spread
(**salir** to soil)

granges *f.* barns

La débâcle de Waterloo salissait jusqu'au pays de 25
l'Ouche; il y eut des soldats qui se sauvèrent aussi loin!
Débandés* et cachant leurs blessures sous des habits
volés, ils se réfugiaient dans les granges où beaucoup
mouraient. On ramassait de pauvres cadavres dans les

orage *m.* storm

prés,* comme de petits oiseaux après l'orage; ils étaient 30
affreux de maigreur* et leur expression demeurait ha-
garde: à quinze jours de marche, ils semblaient encore fuir

fuir les salves anglaises
to flee from the salvos
(fire) of English guns

les salves anglaises. Le peuple les enterra* comme des
martyrs, les pleura comme de malheureux enfants arrachés* à la vie par cet empereur qui était revenu tenter sa 35
chance* avec le sang des autres. Une haine violente con-
vulsa les campagnes.

Le temps s'écoula. Marchal continua à soigner son
malade qui guérissait, bien que lentement.

— Je crois vraiment que tu es maintenant guéri, dit 40
un matin Marchal. Mais il te faut vivre et ailleurs qu'ici,
oublier moi-même, aussi toi-même, mon pauvre bonhomme.*

— Comment m'oublier avec un visage pareil, demanda le jeune homme. 45

— Tu le feras avec l'aide d'un artiste que j'ai convoqué.*

Un petit vieillard arriva en effet le lendemain.
L'unique servante le fit entrer avec horreur tellement il

fardé made-up (painted)

était parfumé, fardé. Il lui avait tendu une carte rose où 50
était inscrite «Monsieur Luc, costumier des principaux
théâtres de la capitale.»

Marchal sourit d'un air content.

— Voici mon malade, dit-il; n'aie pas peur et donne-

fusains *m.* charcoal pen-
cils

moi tes fusains. 55

Le médecin souleva les pansements, inutiles au point
de vue médical, maintenant, mais qui dissimulait* la face
du blessé. Puis comparant, étudiant, il se traça sur la

190

figure, devant un miroir, des lignes sombres qui lui en-
60 touraient une grande partie du visage, mais le rendaient
assez singulier pour qu'à son apparition le vieil artiste en
faillit s'évanouir.*

Puis sept jours après, une mallette* arriva dont les
deux hommes furent très occupés.

65 Le samedi suivant, quand Mme de Tainchebraye
pénétra dans la chambre, son fils l'attendait auprès de la
fenêtre, net de tout pansement,* tel qu'elle en eut un
éclair de joie* et sourit, bien contente, sans dissimulation.
Elle le retrouvait; beaucoup mieux que même son plus
70 bel espoir ne lui faisait espérer. Il se dressait* athlétique,
quoique un peu maigre encore, et sa terrible blessure dis-
paraissait sous un loup* de cuir noir, à la vérité plus large   **à la vérité** as a matter of
que les masques ordinaires, surtout sur les côtés.   fact

Mme de Tainchebraye dit très haut sa joie. Son fils
75 eut un petit sourire, assez étrange d'ailleurs puisque réduit* aux lèvres seules, mais où luisaient ses belles dents
intactes.

La satisfaction de sa mère le rassurait-elle? Il regarda
Marchal qui lui aussi le contemplait non sans plaisir.

80 Elle brusqua* les choses: on amènerait du château la
meilleure voiture; mais le refus fut décisif, irrévocable.

— Vous voudrez bien envoyer Agramant et Jeannet!

Agramant était son jeune cheval, son plus beau
cheval, un fils de cette race énorme du Perche qui four-
85 nissait des chevaux d'armes et de chasse, incomparables
par leur feu* et leur force . . . Seulement . . . pas commodes!*

Mme de Tainchebraye poussa un cri:

— Il va te tuer!

90 — Ou me guérir, dit-il énigmatiquement à «sa manière nouvelle.»

Elle tourna vers le médecin des yeux implorants; mais
Marchal que tout cela agaçait, haussa ses épaules en regardant ailleurs.

95 — Agramant et Jeannet! Nous reviendrons au petit
pas.*

— Est-il déjà sorti, monsieur Marchal?

— Oui, dans le jardin.

— Mais sur la route! avec un cheval pareil!

191

100   Roger eut un mouvement d'impatience et sa mère vit rougir son front.

     — C'est bien, c'est entendu, dit-elle très vite.

     Le fatalisme inhérent aux époques trop dures la domina. Puis il était le chef de la maison ...

105   Enfin Agramant arriva avec Jeannet et deux serviteurs; toute une cavalerie magnifique: les hommes en livrée vert bouteille, boutons d'argent.

     L'immense Agramant, l'illustre Agramant était un alezan doré,* brillant comme de la soie et n'avait, lui,
110 qu'une selle* anglaise sur une peau de léopard. Toute la nuit, Jeannet l'avait promené pour le fatiguer; vainement, car le splendide bandit dansait quand même et s'énervait. Trop de monde aussi dans cette petite rue où les gens suivaient la cavalcade.

115   De sa fenêtre, Roger vit des gens qui l'attendaient par curiosité. Il ne les avait prévus et fut contrarié;* puis haussant les épaules, et avant tout, ne voulant pas faire attendre son cheval, il descendit en courant.

     La porte s'ouvrit et enfin! le mystérieux blessé apparut!
120 parut! La foule y colla les yeux:* malgré son loup noir qui lui tranchait* le visage, ils ne remarquèrent rien de spécialement cruel. Ils ne le virent qu'un instant, mais tous notèrent: son habit brun clair avec des boutons dorés, son fin gilet, ses bottes* de route en daim gris qui avaient
125 des talons rouges, selon l'habitude des gentilshommes de l'Ouche de cette époque.

en daim of suede

     Lui, des trois marches où, un instant, il s'était arrêté, il regardait farouchement* la foule, ces curieux aux traits intacts, ces nez nets* de gens heureux. Pendant ce temps-
130 là, Jeannet avait de la peine à contrôler Agramant.

     Alors Roger sauta. Il demanda à sa chair torturée un de ces efforts de jadis que ses muscles avaient peut-être oublié. Avec une sorte de cri de gorge où il y avait de l'angoisse, il bondit en voltige,* tandis que Jeannet, re-
135 trouvant le geste exact, levait les rênes, doigts séparés, pour que son maître les eût immédiatement en place et ... hop! Agramant était en l'air, les sabots à la hauteur du premier étage.

rênes f. reins

sabots hooves (of a horse)

     La foule joyeuse regarda le grand cheval qui ruait*
140 cette fois par jeu, jeu de son maître et de lui; Roger les yeux luisants l'excitait, le calmait — en avant, en arrière;

puis le grand cheval dressant et abaissant* les oreilles, se mit comme il fallait et avança légèrement de côté.

Une fillette* enthousiaste cria: — Bravo! monsieur de Tainchebraye.   145

Plus loin une jeune fleuriste le regardait. Comme il allait passer, elle saisit une botte de roses* rouges qu'elle comptait bien vendre à bon prix, mais en deux pas vifs, elle arrivait jusqu'au cavalier.

— Tiens! dit-elle, prends-les et avec mon cœur. 150 Prends-les, Beau Masque!

recul *m.* backward movement

Il eut un arrêt brusque avec une sorte de recul qui fit bondir en avant les écuyers. Mais déjà debout sur ses étriers, le bras gauche autour des fleurs, Roger, brandissant sa toque de chasse dans l'air, cria: — Vive le Roi! 155

étriers *m.* stirrups

toque de chasse hunting cap

Une expression frénétique* lui maintint un instant la bouche ouverte . . . Il se courba vers Marchal qui attendait à sa porte:

— Marchal! il hurlait — Marchal! merci! merci! merci! je t'aime!   160

il piqua des deux he spurred his horse (**deux** *refers to the two spurs*) **un baiser bruyant** a resounding kiss

Puis il piqua des deux, tandis qu'Agramant partait en bombe. Avec un baiser bruyant vers la jeune fleuriste, Roger lui jetait sa toque:

— Paie-toi, ma belle! et c'est pas cher!

Il y avait trois mille francs dedans!   165

VOCABULAIRE EXPLIQUE

Page 189

9   orgueilleux: *vaniteux, arrogant*

13 le crayon rouge: *ce qui est marqué au crayon rouge*

16 encadrait: *entourait*

Page 190

21 incertitude *f.*: *état d'une personne qui est incertaine*

24 salaud *m.* (fam.): *personne détestable, répugnante*

27 débandés: *dispersés*

30 prés *m.*: *champs dans lesquels pousse de l'herbe pour les vaches*

31 ils étaient . . . maigreur: *ils étaient si maigres qu'ils faisaient peur*

33 les enterra: *les mit dans la terre après leur mort*

35 arrachés: *enlevés de force*

36 tenter sa chance: *essayer quelque chose sans être certain de réussir*

43 bonhomme *m.*: *un homme pour qui on a de l'affection*

47 convoqué: *demandé de venir*

57 dissimulait: *cachait*

Page 191

62 en faillit s'évanouir: *en perdit presque connaissance*

63 mallette *f.*: *petite valise rigide*

67 net de tout pansement: *ne portant plus aucun pansement*

68 un éclair de joie: *un bref instant de gaieté*

70 il se dressait: *il était debout*

72 un loup: *un demi-masque*

76 réduit: *limité*

80 elle brusqua: *elle précipita*

86 leur feu: *leur vivacité de tempérament*

87 pas commodes: *difficiles à contrôler*

96 au petit pas: *lentement*

Page 193

109 un alezan doré: *un cheval dont la robe est brun rougeâtre*

110 une selle: *une sorte de siège que l'on met sur le dos d'un cheval*

116 contrarié: *fâché*

120 colla les yeux: *regarda attentivement*

121 tranchait: *coupait*

124 bottes *f.*: *chaussures qui enferment les pieds et les jambes*

128 farouchement: *avec une expression de défi*

129 nets: *entiers*

134 il bondit en voltige: *il s'élança sur son cheval en exécutant un saut acrobatique*

139 ruait: *lançait vivement en l'air les pattes de derrière*

Page 194

142 dressant et abaissant: *levant et couchant*

144 une fillette: *une petite fille*

147 une botte de roses: *un gros bouquet de roses*

156 frénétique: *violente, passionnée*

Recul du subjonctif

Il faut que tu vives ailleurs. Il te faut vivre ailleurs.
You must live elsewhere.

Elle permet qu'il fasse du ski. Elle lui permet de faire du ski.
She permits him to ski.

> Observe that in the second sentence in the above examples, the subordinate clause has been replaced by an infinitive. This flexibility is possible with certain verbs which express the idea of ordering, commanding, permitting, forbidding, etc.

ne . . . pas

Les blessures ne cessaient de se rouvrir.
The wounds did not stop opening.

> With the verbs *cesser, oser, pouvoir, savoir,* the *pas* may be used or left out. In literary style, the *pas* is frequently omitted with these verbs.

> Note the following:

C'est pas cher. *It isn't expensive.*
C'est pas mon idée. *It isn't my idea.*

> In familiar style, the *ne* is sometimes omitted in conversation.

EXERCICES

I. Questionnaire

Pages 189–191

1. Qu'est-ce que Marchal avait encadré de rouge? 2. Quelle était l'attitude des deux hommes à propos de l'honneur qui leur avait été conféré? 3. Comment savez-vous qu'ils n'admiraient plus Napoléon? 4. Que faisaient les soldats qui s'étaient sauvés de la bataille de Waterloo? 5. Pourquoi Marchal avait-il fait venir le costumier? 6. Qu'a fait le médecin pour montrer au costumier ce qu'il avait à faire? 7. Qu'est-ce que Mme de Tainchebraye a proposé à son fils le samedi suivant? 8. Pourquoi a-t-elle eu peur quand son fils a demandé qu'on lui envoie son cheval Agramant?

Pages 193–194

9. Qui était avec Jeannet quand il a amené Agramant? 10. Pourquoi Roger a-t-il été contrarié? 11. Qu'est-ce que Roger a dû demander à sa chair torturée? 12. Que faisait Roger pour donner un spectacle à la foule qui l'attendait? 13. Qu'a fait une jeune fleuriste qui regardait le cavalier? 14. Quel nom a-t-elle donné à Roger? 15. Qu'a fait Roger pour remercier la fleuriste? 16. Qu'est-ce que la fleuriste a trouvé dans la toque que Roger lui avait jetée?

II. Etude de mots (emploi du dictionnaire)

Traduisez les mots en italique. Consultez le lexique qui est à la fin du livre.

> Exemple: Le cheval avançait d'un *pas* lent.
> Est-il revenu? — *Pas* encore.

Réponses: *(1) step; (2) not*

1. Au secours! La maison est *en feu.*
   Il faut faire cuire la soupe *à feu doux.*
   Il était très éloquent, il parlait avec *feu.*
   Arrêtez la voiture; il y a *un feu rouge* au carrefour.
   Ce cheval est incomparable par son *feu.*
   Ils ont entendu *un coup de feu.*

2. Il y a une différence très *nette* entre ces deux opinions.
   Cet étudiant a des idées *nettes.*
   Il n'a rien à se reprocher, il a la conscience *nette.*
   Ce linge est douteux, il n'est pas *net.*
   La voiture *s'est arrêtée net* devant le feu rouge.

3. Le cheval a *dressé,* puis a couché les oreilles.
   La ville a fait *dresser* une statue en l'honneur de cet écrivain.
   L'enfant *s'est dressé* pour montrer qu'il était grand.
   Cet homme *dresse* les chiens et les chevaux pour le cirque.

4. Il a voulu *tenter sa chance.*
   Je suis *tenté* de vous croire.
   Cette idée me *tente.*
   Il ne *tente* jamais d'arriver à l'heure.

III. Emploi de l'infinitif

Remplacez la proposition subordonnée par un infinitif.

Exemple : Il défend qu'ils sortent.
          Il leur défend de sortir.

1. Il permet qu'ils partent en vacances.   2. Je conseille qu'il s'en aille.
3. Nous demandons qu'elle se dépêche.   4. Elle défend qu'ils courent.
5. Il commande qu'ils se mettent en rang.   6. Il ordonne qu'elle se taise.
7. J'interdis qu'il fume.   8. Je demande que vous sortiez.

IV. Petit exposé oral

Racontez en style de conversation le départ de Roger après sa guérison :

apparaître à la porte
voir son cheval qui portait une peau de léopard sous une selle anglaise
être contrarié en voyant la foule qui l'attendait
bondir en voltige, malgré sa chair torturée
prendre les rênes que Jeannet lui tendait
contrôler le cheval qui était en l'air, les sabots à la hauteur du premier
   étage
faire danser son cheval, l'exciter, le calmer pour donner un spectacle aux
   passants
se baisser pour prendre les roses que lui offrait la jeune fleuriste
lui jeter sa toque en lui envoyant un baiser

V. Rédaction

Racontez en style de narration le départ de Roger après sa guérison.

Roger marchait en avant du cortège. Il allait nu-tête* sur
son cheval d'or, dans ses habits luisants, avec sa haute
prestance* et son masque! — il était terrible et charmant:
mi-Saint Georges[1] et mi-démon.

5   Les trois hommes, Jeannet au milieu, suivaient à dix
pas et tenaient toute la route, leurs carabines* chargées.
Les brigands y regarderaient à deux fois![2]

Tainchebraye qui avait pris le trot, semblait ne pas
céder* à la fatigue. Cependant sa mère avait recommandé
10 de faire halte de temps en temps.

Après quelques heures de marche, Roger et ses
hommes s'arrêtèrent à une petite auberge où ils burent du
vin et se reposèrent. La jeune fille qui les servait appela
Roger par son nom: Monsieur de Tainchebraye.

15   — Comment? demanda Roger, tu me connais? et moi
pas! Oh! je te demande pardon.

— Vous me connaissiez, mais j'ai changé depuis. M.
de Tainchebraye ne se souvient plus du père Tricot, de la
Suzanne sa nièce et de la fillette de la maison? et elle se
20 désigna avec une révérence.

— Tu es Madeleine, dit Roger en éclatant de rire,

elle se désigna avec une révérence she drew attention to herself with a curtsey

1. **Saint Georges:** The legend of Saint George,
who slew the dragon and thus conquered the
powers of darkness, can be traced back to the
end of the sixth century.
2. **les brigands regarderaient à deux fois:** the
highwaymen would think twice (before attacking). The roads were dangerous because of the
chaotic conditions following the battle of Waterloo. Besides the highwaymen, there were desperate soldiers fleeing capture. Needing civilian
clothing, food, and shelter, they set upon the
unwary traveler.

Madeleine, le petit chat maigre! Je te retrouve à cette heure.

En parlant à Madeleine, toute la vie ancienne reve- 25
nait, gaie et gentille, une vie de plaisir, de joie et de confiance où juste un peu de mélancolie rendait le bonheur
plus sensible.

— Allons, les hommes! aux chevaux! Madeleine,
adieu! fit Tainchebraye.

Avant de monter à cheval, il lui prit la main et dans 30
la sienne un peu la retint. Qu'attendait-il? Oserait-il?
Pouvait-il pencher son masque?* Elle le regarda avec un
petit sourire; le regarda encore . . . Les serviteurs attendaient: — Vas-y donc, Notre Maître, pensaient-ils tous les
trois. Tainchebraye se baissait . . . Madeleine se haussa* 35
sur les pointes et ses talons quittèrent leurs sabots.*

Roger la baisa sur la joue droite, et dissimulant son
émotion, dit à la manière de l'Ouche: — Pour la mère . . .
la baisa sur la joue gauche: — Pour le père . . . il s'arrêta.

— Et pour la fille donc! répliqua tendrement Made- 40
leine qui rendit les baisers par un seul comme il fallait,
où il fallait.

Le lendemain quand il arriva enfin à Tainchebraye,
Roger dut se faire descendre de cheval par ses hommes.
Un peu fatigué, mais debout, il regarda les arbres avec 45
amour, et les bâtiments et les lointains . . .*

Il n'y avait personne en vue mais il sentit une agitation
cachée; il comprit que tous ses gens attendaient avec une
grande impatience pour le voir. Le Maître baisa tendrement la main de sa mère, à la fois* heureuse et inquiète; 50
puis avant d'entrer, demanda un fauteuil; il devait être
bien las! Du haut des marches, il ordonna à forte voix,
voix de commandement:

— Allons! vous tous et toutes! des écuries et des
cuisines, des vaches et des chevaux, arrivez qu'on voie 55
vos visages et vous le mien et vite!

Tordant les tabliers, se grattant la tête, ils sortirent de
leurs caches* et défilèrent,* hommes, femmes, filles. A
tous il donna la main. Il savait tous les noms des enfants.
Le patriarche de vingt ans faisait le compte exact de sa 60
tribu de quarante âmes . . . Chacune eut son mot, sa
caresse, son regard.

Vas-y donc Go ahead!

Allons! Vous tous et toutes . . . des chevaux Come! All of you who work in the stables, in the kitchens, with the cows, with the horses
Tordant . . . tête Twisting their aprons, scratching their heads

âmes f. souls

— Bon! fit-il enfin, qu'on porte leur manger aux animaux et qu'on le double pour la fête! Après, qu'on se
65 mette en dimanche . . .* Que tout le monde vienne danser à Tainchebraye jusqu'à l'aube.* Qu'on pense aux musiciens. On dansera ici toute la nuit.

leur manger *m.* their feed

— Mon enfant te revoilà donc . . . Ah! notre vie va changer . . .
70 — Mais non, ma mère, dit Roger, fixant sur elle ses yeux tendres et attentifs, mais non, notre vie va reprendre.

Tainchebraye était donc de retour! La curiosité des châteaux fut sans limites. Serait-il l'épouvantail des enfants, la terreur des jeunes femmes? Faudrait-il considérer
75 les visites à la mère comme une épreuve* et éviter la maison?

Les bruits couraient que Roger s'était fait faire un nez. Des hommes se moquèrent de lui; une dame leur répliqua: — Il sera toujours Roger de Tainchebraye, le
80 seul homme du pays.

— Vous avoir pour défenseur, quelle chance! s'exclama un des nobles.

— Bientôt vous pourrez le contempler, reprit la dame. Voici ce que j'ai reçu hier de Simone de Tainche-
85 braye. Une grande fête aura lieu pour la Saint-Louis,[3] et elle présentera son blessé à la province.

Il y eut un silence, puis un des messieurs dit:

— Simone est une maîtresse femme.* Nous serons chez lui la première fois que nous le verrons et cela cal-
90 mera pendant quelques heures les méchantes langues! Puis la surprise des autres lui est désagréable, à ce pauvre gars; alors il les aura d'un coup,* nos trois cents surprises, et n'y pensera plus, après.

— Si j'ai bien jugé le jeune homme, dit la dame qui
95 était déjà venue à la défense de Roger, il se pourrait* que la surprise ne fût pas seulement de la commisération . . .

— Enfin quoi? Que savez-vous?

Elle eut un geste d'indifférence et de doute:

3. **la Saint-Louis:** At the time of our story, August 25 was an important holiday in the celebration of Louis IX (1214–1270), known as Saint Louis because of his piety and good works.

— Rien de plus que les autres, que vous; mais je me méfie* quand on a pitié d'un masque de vingt ans, un 100 masque que portent pareilles épaules! . . . Prenez garde à vos filles, mes bons amis.

Vint la fête de la Saint-Louis.

Tout le «pays» donc grimpait vers Tainchebraye; au carrefour quand il fallait quitter la route royale, une 105 queue* interminable de voitures attendait dans les deux sens . . . * Pas un paysan qui ne fût sur la route, prêt à aider: ils savaient qu'eux aussi auraient leur fête. Usage qui dura longtemps: on donnait aux pauvres exactement la somme dépensée en réceptions . . . 110

Normalement Roger aurait dû être à la porte pour accueillir les invités, mais le rôle fut tenu par un de ses cousins. L'on comprit qu'il voulait arriver au milieu de la fête, se jeter d'un coup à la figure des gens. Et on l'excusa immédiatement. Seulement tous subissaient une con- 115 trainte difficile à dominer. A la moindre augmentation du bruit, les têtes se tournaient malgré elles, s'interrogeaient.

L'énervement* allait-il donc atteindre ces gens si peu nerveux?

Quand les ducs furent installés, on trouva que cela 120 durait trop. La fête Tainchebraye serait manquée!* Il y eut de l'humeur . . .* Oui ou non? enfin . . . qu'on sache . . . Mais . . .

Mais s'entendait une sorte de frisson léger qui courut; les parleurs s'arrêtèrent net et les vieux qui jouaient aux 125 cartes, se levèrent.

La porte du petit salon s'était ouverte et encadrait une haute carrure claire. Roger devait parler à quelqu'un derrière lui, tournait le dos.

Ces personnages étaient de la plus sûre éducation 130 dressés à la politesse la plus subtile; ils avaient peut-être sur eux-mêmes une maîtrise courtoise[4] comme jamais n'en connut le monde. Plus encore: ils venaient pour ce choc, arrivaient prémunis* contre son bouleversement;* cepen-

se jeter . . . gens (fig.) to make a sudden, dramatic entrance
tous . . . contrainte all were suffering a feeling of constraint

frisson . . . courut slight shudder which spread

encadrait . . . claire framed a well set-up figure of a young man in light-colored attire (Here the emphasis is on carrure [breadth of shoulders] since Roger's back was turned so that his face was not visible.)

4. **une maîtrise courtoise:** self-control in social relationships. (People of this class had been trained not to express surprise, anger, distaste, etc. in a difficult situation.)

204

135 dant il y en eut qui s'exclamèrent, et deux — d'ailleurs
plus tard critiqués — qui grimpèrent sur les chaises. Puis
un silence . . . qui aurait pu être terrible.

On entendit alors une montée de rire.

— Mais n'ayez pas peur . . . n'ayez donc pas peur,
140 criait Tainchebraye, qui apparut, dans la lumière de cinq
fenêtres, tout droit, svelte,* éblouissant* de diamants et
d'étoffes claires. Il brandissait sa fière tête, avec, sur sa
blessure, un masque de velours blanc neigeux.*

L'accueil fut triomphal! immédiat! Tout ce beau
145 monde éclata en applaudissements unanimes, frénétiques;
l'acclama.

On courut vers lui, ses jeunes amis, ses parents . . .
Cependant, toujours maître de lui, il écartait toutes ces
mains tendues, semblant ne reconnaître personne avant
150 d'avoir, selon l'usage, salué les duchesses; il avançait
doucement, nonchalamment. Le duc de Laval-Montmo-
rency, se portant en avant, le prit aux épaules et voulut le
baiser sur les joues. Or, il y eut une hésitation, le masque
était trop large; le duc, maladroit,* frappa le profil qui
155 sonna creux — et Laval s'en recula* d'horreur.

— Mais mon nez est solide, Monsieur le Duc, et d'ailleurs, j'en ai déjà trois autres! — et de rire encore de
toutes ses jolies dents.

Le duc le baisa au front tandis qu'autour la joie, la
160 détente* atteignaient un peu de folie. Les duchesses se
levèrent, elles aussi, et le baisèrent sur le front . . . et de
proche en proche tout le monde l'embrassa, vieux, jeunes,
vieilles dames, jeunes femmes. Tout le monde sauf les
jeunes filles car . . . pour les jeunes filles, ce fut lui.

165 Il portait un habit de velours gris extrêmement clair
avec deux rangs de boutons qui étaient entourés de diamants. Gilet en faille blanche brodée, et culotte fine
comme ses bas de soie. Souliers vernis avec boucles de
diamants et boucles de culotte aussi en bijoux.

170 Sa tête haut perchée sortait d'un flot d'Alençon;[5] les
seules notes noires étaient ses cheveux et ses yeux som-

une montée de rire a ripple of laughter

beau monde smart set, fashionable society

avançait doucement, non-chalamment sauntered slowly, unconcernedly

sonna creux sounded hollow

et de rire = et il rit (The infinitive of narration is used to give more force to the action.)

de proche en proche step by step, by degrees

Gilet . . . brodée Waist-coat of embroidered heavy white silk
Souliers . . . bijoux Patent leather shoes with diamond buckles and jeweled buckles also on the knee breeches

5. **un flot d'Alençon:** a cascade of Alençon lace.
(The city of Alençon in Normandy is famous for
its lace-making.)

saignait (*fig.*) was red
(**saigner** to bleed)

bres; la seule cruauté, ce ruban de la Légion d'honneur qui saignait à sa boutonnière.

Tainchebraye s'inclinait, se relevait . . . De le voir ainsi rétabli, une sorte de confiance, d'optimisme les pre- 175 nait tous. Il était un emblème de leur vie, le signe de leur force profonde, à ces Normands, leur puissance de renouvellement.* Eux aussi sortiraient victorieux et magnifique de tant de deuils* et de tant de souffrances . . . Tandis que sa mère osait dire aux félicitations que cette blessure 180 avait été bien exagérée, . . . il ouvrit le bal, commençait de les entraîner dans son mouvement personnel, de les étourdir,* de les griser,* au cœur de cette ronde qu'il fit durer longtemps.⁶

6. **cette ronde . . . longtemps:** The *ronde* is a round dance. Here the word *ronde* is used in both the literal and the figurative sense. This dance began a round of social activities which lasted a long time.

VOCABULAIRE EXPLIQUE

Page 201
1 nu-tête: *sans chapeau, la tête découverte*
3 haute prestance: *aspect imposant*
6 carabines *f.*: *fusils légers*
9 céder: *succomber*

Page 202
32 pencher son masque: *incliner la tête*
35 se haussa: *s'éleva, se dressa*
36 sabots *m.*: *chaussures de bois*
46 les lointains: *les paysages les plus éloignés*
50 à la fois: *en même temps*
58 caches *f.*: *endroits secrets*
defilèrent: *arrivèrent les uns après les autres*

Page 203
65 qu'on se mette en dimanche: *qu'on s'habille de ses meilleurs vêtements*
66 aube *f.*: *première lumière du jour*
75 une épreuve: *une obligation pénible*
88 une maîtresse femme: *une femme énergique qui sait prendre ses résponsabilités*
92 d'un coup: *en une seule fois*
95 il se pourrait: *il serait possible*

Page 204
100 je me méfie: *je suis en garde*

106 queue *f.*: *file de véhicules qui attendent leur tour*
107 sens *m.*: *directions*
118 énervement *m.*: *agitation, nervosité*
121 serait manquée: *ne serait pas réussie*
122 de l'humeur: *de la colère, de l'irritation*
134 prémunis: *mis en garde*
bouleversement *m.*: *changement inquiétant*

Page 205
141 svelte: *mince et élégant*
éblouissant: *si brillant qu'il trouble la vue*
143 blanc neigeux: *blanc comme la neige*
154 maladroit: *gauche*
155 s'en recula: *se porta en arrière*
160 détente *f.*: *diminution de la tension*

Page 206
178 leur puissance de renouvellement: *la possibilité qu'ils avaient de recommencer*
179 deuils *m.*: *afflictions qu'on éprouve à la mort de celui qu'on aime*
183 les étourdir: *leur tourner la tête*
les griser: *les mettre dans un état d'excitation*

Pronoms possessifs

Venez que je voie vos visages et vous *le mien.*
Come so that I may see your faces and you mine.

J'aime mieux cette maison que *la leur.*
I prefer this house to theirs.

> The possessive pronouns vary in number and gender and have different forms depending on whether there is one possessor or more than one. See Appendix, page 277.

A qui est cette voiture? C'est *la mienne.* (Elle est *à moi.*)
Whose car is this? It is mine.

> After the verb *être,* the possessive pronoun is frequently replaced by *à moi, à toi, à lui, à elle,* etc.

> Note the special meaning of the possessive pronoun in the following example:

Vous serez des nôtres.
You will be one of us.

EXERCICES

I. Questionnaire

Pages 201–203

1. Pourquoi les trois hommes tenaient-ils leurs carabines chargées?
2. Où Roger et ses hommes se sont-ils arrêtés? 3. Pourquoi Roger était-il content de retrouver la petite Madeleine? 4. En la quittant, comment Roger l'a-t-il embrassée? 5. Qu'est-ce que Roger a senti en arrivant à Tainchebraye? 6. Qu'a-t-il commandé d'abord? 7. Combien de gens y avait-il dans son entourage? 8. Quels ordres le jeune comte a-t-il donnés après avoir salué ses gens?

Pages 203–206

9. Quand Mme de Tainchebraye devait-elle présenter son blessé à la province? 10. Qu'est-ce que cette présentation calmerait? 11. Pourquoi Roger n'était-il pas à la porte pour accueillir ses invités? 12. Quand Roger a fait son entrée dramatique, quel aspect avait-il? 13. En le voyant, qu'ont fait ses invités? 14. Qu'est-ce que Roger a dit au duc de Laval pour le mettre à son aise? 15. Pourquoi ces Normands se sont-ils sentis plus confiants, plus optimistes en voyant le jeune comte?

II. Etude de mots (définitions et explications)

Complétez les phrases suivantes. (Voir le texte et le Vocabulaire expliqué, page 207.)

1. Pour eux, cette visite était une obligation pénible, c'est-à-dire une . . .

2. Elle portait des chaussures de bois, c'est-à-dire des . . .

3. Méfiez-vous! — Ne vous inquiétez pas, je suis . . .

4. Ce pauvre enfant est très gauche, très . . .

5. Il se promenait sans chapeau, il allait . . .

6. La fête serait manquée. — Oui, elle ne serait pas . . . , si Roger n'y assistait pas.

7. Il était à la porte pour les recevoir; il tenait à les . . . lui-même.

8. On appelle la première lumière du jour l' . . .

9. Une longue file de voitures attendait; cette . . . s'étendait jusqu'à l'église.

10. La tension a diminué; cette . . . a fait du bien à tout le monde.

11. Comme il est souvent en colère, sa mauvaise . . . nous gêne.

12. Celui qui danse est un danseur; celui qui parle est un . . .

III. Pronoms possessifs

Complétez les phrases suivantes en employant un pronom possessif.

Exemple: Vous avez vos idées et j'ai (mine).

Réponse: les miennes

1. Il parle de son travail; nous parlons (of ours).
2. Elle est partie avec ses frères; vous êtes partis avec (yours).
3. Tu t'inquiètes de tes difficultés; je ne m'inquiète pas (about mine).
4. Elle a son opinion, tu as (yours) et il a (his).
5. Ses amis et (theirs) sont arrivés en même temps.
6. Il a parlé à son professeur et nous avons parlé (to ours).
7. J'ai mes habitudes et ils ont (theirs).
8. Tes parents et (mine) sont en vacances.

IV. Petit exposé oral

Parlez de l'arrivée de Roger chez lui:

arriver à Tainchebraye après un voyage fatigant; se faire descendre de cheval par ses hommes; regarder avec amour le château et le paysage; ne voir personne sauf Mme de Tainchebraye, mais sentir une agitation cachée; saluer sa mère; demander un fauteuil; commander à haute voix que ses gens se montrent; donner la main à tous et leur adresser la parole; demander qu'on se mette en dimanche, qu'on fasse venir les musiciens; dire qu'on danserait toute la nuit

V. Rédaction

Racontez en style de narration la présentation de Roger à la province:

l'arrivée des invités au château
leur accueil par un cousin de Roger

leur curiosité

les bruits que les méchantes langues avaient fait courir

l'énervement des invités, leur humeur parce que le jeune comte ne se montrait pas

la détente causée par le parfait naturel de Roger quand il arriva enfin

les applaudissements qui éclatèrent

l'optimisme que sentirent ces Normands en voyant la beauté, la prestance et la prodigieuse puissance vitale du jeune homme

LE NAÏF

PERSONNAGES

Paul Robignac,	*jeune professeur de littérature*
Brigitte,	*enfant gâtée* des Barunet*
M. Barunet,	*pharmacien*
Mme Barunet,	*sa femme*
Patrice,	*jeune acteur de peu de talent*
Miraucourt,	*metteur en scène**
Véral,	*photographe*
Roudeneige,	*ami de Paul*

PAUL GUTH Descendu de plusieurs générations de paysans, cet auteur est né en 1910 à Ossun. Il fait ses études à Villeneuve-sur-Lot et à Paris. Puis il enseigne le latin, le grec et le français au lycée. A la fin de la Seconde Guerre mondiale, il quitte l'enseignement pour le 5
journalisme et la littérature.

Dans la série du Naïf* (le Naïf aux quarante enfants, le Naïf sous les drapeaux, le Naïf amoureux, etc.), Paul Guth crée un personnage considéré par les critiques comme un des grands types de la littérature française du 10
vingtième siècle. Ces romans qui lui ont valu* de nombreux prix, sont pleins de gaieté, d'humour, de moquerie. L'ironie ne blesse pas; elle est sans aigreur* et c'est ce qui fait le charme irrésistible du héros, cet infortuné* qui nous séduit* et qui nous fait oublier nos propres soucis. 15

les compromissions f.
compromises

Le personnage principal de ce récit est un «Naïf», homme honnête et un peu crédule, qui n'admet pas les compromissions de la société. Il s'appelle Paul Robignac. Né dans le sud-ouest de la France, il y retourne pour passer les grandes vacances. Il est en visite chez sa tante et 20
son oncle, qui tiennent une épicerie* dans la petite ville d'Ossun dans les Hautes-Pyrénées.[1] C'est pendant cet été que Paul tombe amoureux de Brigitte, enfant unique du pharmacien, M. Barunet. Malheureusement, il y a d'autres

1. **Hautes-Pyrénées:** The department of the Hautes-Pyrénées, on the Spanish frontier, is a mountainous area suited to the raising of cattle.

25 jeunes gens qui font la cour* à la jeune fille, parmi lesquels Patrice. Paul veut se faire aimer de Brigitte. S'il n'y
réussit pas, il veillera à ce que son rival n'ait pas de succès.

    Brigitte adore le théâtre et veut devenir comédienne.*
Charmante et belle, elle accepte comme son dû les hom-
30 mages de tous les hommes qui l'admirent. Ses parents
sont très indulgents pour elle et approuvent tout ce qu'elle
fait.

    Patrice, qui fait partie d'une troupe théâtrale assez
médiocre, semble aux yeux de Brigitte le plus beau, le plus
35 doué,* le plus distingué de tous les jeunes gens qu'elle
connaît. Son métier de comédien lui donne aussi un très
grand prestige. Quand le metteur en scène demande à
Brigitte de jouer un rôle, elle est au paradis. Paul trouve
injuste d'avoir comme rival Patrice, qui non seulement a
40 un métier séduisant,* mais possède aussi une voiture. Le
jeune professeur, si intelligent qu'il soit, n'a qu'une bicyclette.

    Au début de cette histoire, la troupe de Patrice répé-
tait la comédie On ne badine pas avec l'amour² d'Alfred
45 de Musset.

    Pour commencer sa guerre contre Patrice, Paul assista
à une répétition qu'il interrompit sans cesse. Finalement
Patrice refusa de jouer tant que* son rival resterait dans la
salle. Celui-ci fut expulsé. Brigitte, furieuse, le traita avec
50 dureté,* tandis qu'elle manifestait la plus grande tendresse
à Patrice.

    Après cet incident, la troupe loua des voitures et
quitta la ville pour chercher un local* à la campagne. Brigitte était avec Patrice dans sa voiture, la dernière de la
55 file.

    Paul avait réussi à chasser la troupe. Ayant pris la
résolution de la suivre pour guetter* son rival, notre héros
se munit de provisions (sandwichs, fruits, vin) et partit
sur sa bicyclette.

il veillera à ce que he will see to it that

répétait was rehearsing

répétition f. rehearsal

2. **«On ne badine pas avec l'amour»:** "One does
not trifle with love." This charming comedy by
the poet and dramatist Alfred de Musset is one
of the classics of the French theater.

C'est Paul qui fait le récit:

D'un sommet, j'aperçus, à une grande distance, la voiture de Patrice, arrêtée sous un arbre. Je m'attendais à voir Patrice repartir, ou au moins, s'il ne repartait pas,
5 sortir de sa voiture. Le reste de la caravane avait disparu ... Si lui et Brigitte étaient restés dans la voiture arrêtée, comme ils avaient, dans cette immobilité, le temps de balayer du regard toute la route, ils risquaient de me découvrir.
10   Je rampai dans le fossé en portant ma bicyclette sur mon dos. Arrivé près de la voiture, je vis qu'il n'y avait personne dedans. Personne non plus devant, en train d'examiner le moteur. La voiture devait être en panne.* Patrice et Brigitte, qui ne se quittaient décidément jamais,
15 étaient sans doute allés chercher du secours. Je connaissais le pays à plusieurs kilomètres à la ronde.* Avant Lacaussade il n'y avait que des fermes isolées. Lacaussade même était un si petit bourg* qu'il n'avait pas de garage.
    Un soleil implacable brillait jusqu'au fond de l'horizon.
20 Brigitte détestait le soleil. Elle n'appartenait pas à cette catégorie de filles qui se dorent comme des vieux pots. Malgré son aspect si moderne, elle avait la carnation de ses aïeules,* du temps où les femmes «bien» demeuraient* blanches et fraîches dans l'ombre de leur salon,
25 qu'elles prolongeaient, dehors, par le dôme de leur ombrelle.* Or Brigitte avait suivi son Patrice sur cette route dévorée de soleil,* où jusqu'à l'infini aucun arbre ne la protégeait. Elle l'admirait quand il massacrait *Badine.* Elle devait l'admirer en ce moment même, où elle aurait
30 dû souffrir de cette panne dont il était sûrement responsable. Sans doute avait-il oublié de mettre de l'essence ou de l'eau dans les réservoirs. D'ailleurs si la panne était due à toute autre cause, c'était toujours de sa faute: un automobiliste prudent fait reviser sa voiture.

balayer du regard to sweep with a glance
ils . . . découvrir they were likely to discover me
Je rampai dans le fossé I crawled into the ditch

qui se dorent . . . pots who turn as bronze as old (copper) cooking pots

jusqu'à l'infini as far as the eye could see

réservoirs *m.* gasoline tank and radiator
fait reviser sa voiture has his car checked

tolérer . . . de son volant permit the woman he loved to risk causing him to lose control of the car (**volant** steering wheel)

Mes yeux ne quittaient plus l'auto. Qu'ils devaient 35 être heureux quand ils roulaient là-dedans! De loin, en les suivant, j'avais vu Brigitte poser sa tête sur l'épaule de Patrice. Attitude enivrante,* mais contraire au code de la route.* Comment un automobiliste conscient de ses devoirs pouvait-il tolérer que la femme qu'il aimait risquât 40 de lui faire perdre la maîtrise de son volant?

Ou bien Patrice aimait Brigitte et sa tête sur son épaule le troublait. Par conséquent elle pouvait le précipiter dans un accident, qu'il aurait dû avoir à cœur* de lui éviter. Ou bien cette attitude ne le troublait pas. Il 45 n'aimait donc pas Brigitte. Dans ce cas, il n'aurait pas dû tolérer cette pose lascive.*

Cette idée me donna de nouvelles raisons de haïr* Patrice et par une extension de ma pensée, elle me fit haïr son auto. 50

J'appartenais à la race périmée* des cyclistes. Mais jusqu'alors je n'éprouvais pour les autos aucune jalousie. Je plaignais leurs conducteurs* qui ne sentaient pas les charmes de la lenteur.*

Il lui apparaissait . . . vitesse He (Patrice) increased in stature in her eyes because he could travel at high speed.

Or, pour la première fois de ma vie, je comprenais 55 que l'auto était mon ennemie. C'était elle que Brigitte aimait en Patrice. Il lui apparaissait multiplié par sa vitesse.

Du fond de mon fossé, je regardais la voiture avec fureur. J'étais bien naïf de ne m'attaquer qu'à son conducteur. Quand Brigitte serrait Patrice dans ses bras, elle 60 étreignait* en même temps un moteur. Dans les veines de son amant* coulait de l'essence. Ses lèvres avaient un goût de carburateur.

A force de regarder la voiture, je lui trouvais la même stupidité qu'à son propriétaire . . . Mes yeux se 65 fixèrent sur les pneus. Jusqu'alors, entre les pneus d'une auto et ceux de ma bicyclette, je n'avais vu qu'une différence de dimensions. Maintenant je comprenais qu'il y avait une différence de nature.

pneus *m.* tires

Les pneus de Patrice n'étaient pas gonflés d'air,* mais 70 d'orgueil. Je les regardai longtemps . . . Je devais faire quelque chose . . . Je regardai tendrement, dans l'herbe du fossé, mes pneus à moi. Ils étaient gonflés, eux, humblement de l'air des oiseaux et des fleurs.

Je me glissai I crept

Je me glissai hors du fossé. Je rampai* jusqu'aux 75 pneus arrière de Patrice. De près, ils étaient encore plus répugnants. Je les touchai avec dégoût.

Je devais accomplir mon œuvre de justice . . . Je
dévissai le capuchon et appuyai sur la valve du pneu
80 arrière droit. L'air s'en échappa* avec un soupir de
soulagement qui prouvait combien on l'avait opprimé.*
Je fis de même pour le pneu arrière gauche. L'air s'enfuit
avec un chant de délivrance. Je réitérai* pour les deux
pneus avant, d'où l'air s'envola avec allégresse. Mainte-
85 nant les quatre pneus étaient à plat.

Je dévissai . . . appuyai
I unscrewed the cap and
pressed
un soupir a sigh

s'envola avec allégresse
flew happily away

ON NE BADINE PAS

AVEC L'AMOUR

ACTE PREMIER.

SCÈNE PREMIÈRE.

Une place devant le château.

LE CHŒUR, *puis* MAÎTRE BLAZIUS.

LE CHŒUR.

Doucement bercé sur sa mule fringante, messer Blazius s'avance dans les bluets fleuris, vêtu de neuf, l'écritoire au côté. Comme un poupon sur l'oreiller, il se ballotte sur son ventre rebondi, et, les yeux à demi fermés, il marmotte un *Pater noster* dans son triple menton. Salut, maître Bla-

VOCABULAIRE EXPLIQUE

Page 214

gâtée: *traitée avec trop d'indulgence*

metteur en scène *m.: celui qui dirige la représentation d'une pièce*

7 Naïf *m.: personne naturelle, sans artifice, et qui se laisse facilement tromper par les autres*

11 qui lui ont valu: *qui ont eu pour conséquence*

13 aigreur *f.: animosité, amertume*

14 infortuné *m.: malheureux*

15 séduit: *charme, fascine*

21 épicerie *f.: magasin où l'on vend du café, du thé, du sucre, etc.*

Page 215

25 qui font la cour: *qui manifestent leur admiration*

28 comédienne *f.: actrice (comédien m.: acteur)*

35 doué: *qui a du talent*

40 séduisant: *qui plaît, qui charme*

48 tant que: *aussi longtemps que*

50 avec dureté: *avec sévérité*

53 local *m.: lieu, endroit*

57 guetter: *surveiller avec une intention hostile*

Page 217

13 être en panne: *ne pas fonctionner, ne pas marcher*

16 à la ronde: *aux environs*

18 bourg *m.: gros village ou petite ville*

23 la carnation de ses aïeules: *le teint de ses ancêtres*

24 les femmes «bien» demeuraient: *les femmes distinguées restaient*

26 ombrelle *f.: petit parasol*

27 dévorée de soleil: *exposée à l'extrême chaleur du soleil*

28 il massacrait *Badine: il jouait très mal la pièce de Musset*

Page 218

38 enivrante: *qui monte à la tête*

39 code de la route *m.: règlements relatifs à la circulation*

44 avoir à cœur: *considérer comme très important*

47 lascive: *sensuelle*

48 haïr: *détester*

51 périmée: *démodée, ancienne*

53 conducteurs *m.: ceux qui conduisent*

54 lenteur *f.: contraire de vitesse*

61 elle étreignait: *elle serrait fortement*

62 amant *m.: personne qui aime et qui est aimée*

70 gonflés d'air: *pleins d'air*

75 je rampai: *je me traînai sur le sol*

Page 219

80 s'en échappa: *sortit brusquement (du pneu)*

81 opprimé: *oppressé (contraire de libre)*

83 je réitérai: *je répétai*

Concordance des temps à l'indicatif

Je suis sûr qu'il les *voit* chaque jour. (*sees*)
J'étais sûr qu'il les *voyait* chaque jour. (*used to see*)

Je suis sûr qu'il les *a vus*. (*has seen*)
J'étais sûr qu'il les *avait vus*. (*had seen*)

Je suis sûr qu'il les *verra*. (*will see*)
J'étais sûr qu'il les *verrait*. (*would see*)

Je suis sûr qu'il les *aura vus* avant son départ. (*will have seen*)
J'étais sûr qu'il les *aurait vus* avant son départ. (*would have seen*)

Study the examples given above. Observe the tense transformations which occur when changing from present to past time.

EXERCICES

I. Questionnaire

Pages 214–215

1. Où Paul passait-il ses vacances?   2. De qui est-il tombé amoureux?
3. Quels avantages son rival avait-il?   4. Quelle pièce la troupe de
Patrice répétait-elle?   5. Pourquoi Paul a-t-il interrompu la répétition?
6. Quelle était l'attitude de Brigitte envers Patrice? envers Paul?
7. Qu'est-ce que la troupe a fait quand Patrice a refusé de jouer?
8. Avec qui Brigitte est-elle partie?   9. Quand Paul est parti sur sa
bicyclette, qu'est-ce qu'il comptait faire?

Pages 217–219

10. Où était la voiture de Patrice quand Paul l'a vue?   11. Qu'a fait Paul
pour ne pas être vu?   12. En s'approchant de la voiture, qu'est-ce que
Paul a remarqué?   13. Pourquoi Paul détestait-il cette voiture?   14. Sur
quoi ses yeux se sont-ils fixés?   15. Alors quelle idée a-t-il eue?   16. Pour
dégonfler un pneu, que faut-il faire?

II. Etude de mots (sens propre, sens figuré)

Traduisez les mots en italique. Consultez le lexique à la fin du livre.

 Exemples: Rien ne *trouble* le ciel bleu.
  Rien ne *trouble* cet homme.

Réponses: (1) *obscures;* (2) *worries*

1. Le ski est un sport *enivrant.*
 Attention! Ce vin est *enivrant.*

2. Les élèves *ont massacré* le texte en le traduisant.
 Les soldats du roi Hérode *ont massacré* des centaines d'enfants.

3. A l'horizon nous avons vu le *dôme* grandiose des Invalides.
 Ils se sont promenés sous le *dôme* vert des arbres.

4. Le chien *dévore* son repas.
   Ce travail *dévore* mon temps.

5. Au week-end, les dangers sont *multipliés* sur la route.
   L'enfant a *multiplié* 3 par 3 pour avoir 9.

III. Emploi des temps

Ecrivez les phrases suivantes au passé.

> Exemple: Il sait qu'elle est à la maison.
> Il savait qu'elle était à la maison.

1. Nous savons qu'il guette son rival. 2. Il est certain qu'il a déjà commencé la guerre contre son rival. 3. Elle est sûre que son fils arrivera avant minuit. 4. J'affirme qu'ils ont roulé trop vite et que c'est là la cause de cet accident. 5. Il est probable qu'il leur en parlera. 6. Je pense qu'elle s'est décidée à partir. 7. Je suis sûr qu'il aura dégonflé les pneus avant leur retour. 8. Je sais qu'il éprouve de la jalousie pour Patrice. 9. J'espère qu'il fera reviser sa voiture avant de partir. 10. Nous pensons qu'il leur aura porté du secours avant le coucher du soleil.

IV. Petit exposé oral

Racontez en style de conversation et au passé ce que vous savez de Brigitte:

jeune fille charmante et belle; enfant unique très gâtée par ses parents; accepter comme son dû les hommages de tous les jeunes gens; être attirée vers Patrice qui fait partie d'une troupe théâtrale; le trouver le plus beau de tous les jeunes gens qu'elle connaît; manifester la plus grande tendresse envers Patrice; traiter Paul avec dureté

V. Rédaction

Ecrivez au passé en style de narration le morceau suivant:

Paul aime Brigitte, mais celle-ci est très éprise de Patrice. Un jour celui-ci sort en voiture avec la jeune fille. Alors Paul se décide à les suivre.

Pour préparer cette excursion, il se munit de provisions et part sur sa bicyclette. Il n'a pas grand espoir de rattraper son rival, mais il veut tenter sa chance.

Après une demi-heure de marche, il aperçoit la voiture. Elle a un air abandonné et en effet, il n'y a personne. L'auto est sans doute en panne. Le propriétaire, accompagné par la jeune fille, est probablement parti pour chercher du secours.

Paul pense que Brigitte aime Patrice, parce qu'il possède une voiture. Tout en réfléchissant sur les injustices de la vie, Paul regarde les pneus de son rival. Quel heureux hasard de se trouver seul devant ce véhicule! Soudain notre héros prend une décision. Il dégonflera les pneus avant le retour de Patrice.

Satisfait de mon œuvre, j'allai me cacher, avec ma bicyclette, dans un champ un peu éloigné, derrière une meule
de foin et j'attendis.

Pour tuer le temps je mangeai mon premier sandwich.
5 Sa viande arrosée de vin* des coteaux d'O . . . , me parut
exquise. Puis je pelai une pêche que je savourai.

Au bout d'une demi-heure je vis paraître deux sil-
houettes à l'horizon. Je crus distinguer un homme et une
femme. Ensuite je pus discerner qu'ils étaient jeunes.
10 Enfin je reconnus Patrice et Brigitte. Ils se traînaient.*
Patrice semblait plus épuisé que Brigitte. En lui donnant
le bras elle paraissait le soutenir.

Ils n'avaient l'air de porter aucun outil. Donc ils
n'avaient pu trouver aucun secours dans les fermes où ils
15 avaient frappé. Même si je n'avais pas dégonflé leurs
pneus, ils seraient restés en panne. Ma justice n'avait
donc pas été trop dure.

Patrice et Brigitte parvinrent à la voiture. Ils en firent
le tour. Je les vis baisser la tête avec accablement,* puis
20 rester immobiles. Brigitte enserra de son bras le cou de
Patrice et couvrit son visage et ses lèvres de baisers. Même
au sein du* malheur qu'il avait causé, non seulement elle
ne l'accusait pas, mais elle le consolait! Et moi, le justicier,*
derrière ma meule, je n'avais pour consolation que de
25 manger ma pêche!

Ils s'assirent au bord du fossé où j'étais couché tout
à l'heure. Patrice mit son front dans ses mains et Brigitte
posa tendrement sa tête sur son épaule. Que devais-je
faire? Je jouissais de loin de leur peine. Mais c'était encore
30 insuffisant. D'autant plus que cette épreuve donnait à
Patrice une occasion supplémentaire de vérifier combien
il était aimé.

une meule de foin a haystack

coteaux *m.* vineyards
pelai peeled

enserra . . . cou put her arms around the neck

D'autant plus que All the more so since

227

me devrait son salut
would owe me his safety
**pour déjouer tout soup-
çon** to turn aside all
suspicion

Je devais maintenant assister à leurs souffrances, et
même, comble de délices,* après les avoir punis, me présenter à eux en sauveur. Ainsi j'humilierais Patrice, qui me 35
devrait son salut.

Mais, pour déjouer tout soupçon, je ne devais pas
avoir l'air de venir d'O . . . Ils auraient pu croire que je
les suivais. Je devais feindre d'arriver en sens inverse,* de
Lacaussade. 40

Je me mis en mouvement en me cachant, de meule
en meule. Je parcourus ainsi un vaste demi-cercle, en portant ma bicyclette sur mes épaules. Je parvins enfin à la
route. Là je remontai sur ma machine et je roulai dans la
direction de la voiture. Patrice et Brigitte ne m'avaient pas 45
vu. Ils étaient accablés.*

J'arrivai si doucement près d'eux qu'ils ne levèrent
même pas la tête. Je mis pied à terre et m'écriai: — Ah!
ça par exemple! quelle surprise!

Brigitte fut la première à me regarder. Avec un tel 50
mépris que j'en fus accablé. Patrice, à son tour, me vit.
Ses yeux reflétaient une apathie plus profonde que sa
colère.

Le silence me désarçonne.* Il est riche de tant de
choses! Si Patrice et Brigitte se taisaient, ils reprenaient 55
le dessus.

ils reprenaient le dessus
(it was because) they
were recovering their
strength and their cour-
age

— Qu'est-ce qui se passe? dis-je en feignant la sympathie.*

Ils ne répondirent pas.

— Vous êtes en panne? 60

Je fis le tour de la voiture. J'éprouvai un plaisir subtil
à sentir ma bicyclette tendrement gonflée rouler à mes
côtés, dans la liberté de sa force, tandis que la voiture de
Patrice semblait s'enfoncer* dans la terre sous le poids de
la plus déshonorante inertie. 65

— Oh! oh! dis-je, il y a quelque chose qui ne va pas
aux pneus?

— Oui, en effet, il y a quelque chose qui ne va pas!
s'écria amèrement Patrice. Et ça doit sûrement vous faire
plaisir. 70

— Je vous assure que non! dis-je, comme si j'étais
victime d'une injustice. Nous avons eu quelques différends* à propos de Badine. Mais je vous jure qu'ils ne
dépassent pas les frontières du théâtre. Et je suis aussi
navré que vous de ce qui vous arrive. 75

— Ne fais pas l'hypocrite, dit Brigitte. Tu dois jubiler.*
Nous allions répéter dans une grange à Lacaussade. Tu
nous as rendu la vie impossible à O . . . ! Nous avions
toujours peur de te voir arriver. Tu es si goujat* qu'aucune
80 serrure ne te résisterait. Même si nous avions répété
chez mes parents, tu aurais forcé notre porte. Devant une
telle muflerie, il n'y a qu'un recours: la fuite!

— Tu es injuste, Brigitte, dis-je d'un ton pénétré.*
Tu le comprendras plus tard.

85 J'étais fier de cette formule que j'avais essayée avec
succès dans d'autres circonstances. Elle en appelait mysté-
rieusement à l'avenir des erreurs du présent.

— La chaleur a peut-être fait éclater vos pneus, dis-je.
Quand il fait si chaud, je crois qu'il ne faut pas rouler
90 trop vite.

grange barn

serrure lock

muflerie rotten trick

229

— Nous ne roulions pas trop vite. Nous étions arrêtés, dit Patrice.

— Alors c'est parce que vous êtes restés trop longtemps au soleil.

— Par force!* dit Patrice. Nous étions en panne 95 d'essence. Nous sommes allés en chercher aux premières maisons. Nous n'en avons pas trouvé. Quand nous sommes revenus, les pneus étaient à plat.

— Vous n'avez rien pour les gonfler?

— Rien! dit piteusement Patrice. D'ailleurs, s'ils ont 100 éclaté, une pompe même ne suffirait pas. Il faudra les réparer, ou mettre des roues de secours.

roues de secours f. spare wheels (tires)

— Vous n'avez pas de roues de secours? dis-je naïvement.

tu ... vélo you have not advanced beyond the bicycle stage

— On voit bien que tu en es resté au vélo, dit cruelle- 105 ment Brigitte. Sinon* tu saurais que pour une voiture on a une roue de secours, mais pas quatre!

moue ... écolière sulky pout of a school girl

Elle haussa les épaules. Même ainsi elle était adorable. Elle avait une moue boudeuse d'écolière à qui les garçons tirent les cheveux à la sortie de la classe. J'aurais voulu 110 lui donner souvent l'occasion de hausser ainsi les épaules, plutôt que de la sentir murée* dans l'indifférence.

— Mais, dis-je brusquement, pourquoi les autres ne sont-ils pas venus vous chercher?

Brigitte rougit, hésita un instant. 115

— Nous ne répétions qu'en fin de séance.* Nous leur avions dit de commencer sans nous. La répétition des scènes où nous n'étions pas a dû durer plus longtemps.

— Vous ne savez pas ce que je vais faire? dis-je.

— Encore quelque vacherie,* dit Patrice. 120

— Non, Patrice, je vais vous rendre un service. Pour le moment il se trouve que c'est vous qui êtes immobilisés et moi qui peux me déplacer. Une autre fois ce sera peut-être moi, à bicyclette, qui aurai crevé* et vous, en voiture, qui me rencontrerez. Que feriez-vous alors? 125 Vous m'aideriez, j'espère.

en avançant ... rancune with an expression of extreme resentment
rendre ... mal to return good for evil

— Ce n'est pas sûr, dit Brigitte, en avançant un front chargé de rancune. Après tout ce que tu nous as fait!

— Eh bien, moi, je vais rendre le bien pour le mal, dis-je magnanime.* Je mets ma bicyclette à votre disposi- 130 tion pour aller chercher du secours.

— Je n'en veux pas de votre bicyclette, dit Patrice. Si je montais dessus, je me casserais la figure.* Et vous

profiteriez de mon absence pour dire des horreurs sur
135 moi à Brigitte.

— Alors que Brigitte prenne ma bicyclette! Aujour-
d'hui elle est en pantalon. Elle pédalera très bien.

que Brigitte prenne
let Brigitte take

— Je ne veux même pas avoir de contact avec ta
ferraille, dit Brigitte.

ferraille *f.* pile of junk
(*lit.* scrap iron)

140 — Eh bien, j'irai moi-même, dis-je sublime. Je vais
vous chercher de l'essence. Mais pour les pneus, que
dois-je faire? Avant de partir, il faut bien que je sache
s'ils ont crevé, s'ils ont éclaté, ou s'ils se sont simplement
dégonflés.

145 — Comment voulez-vous que nous le sachions? dit
Patrice.

Comment . . . sachions?
How do you expect us to
know?

— En regardant, peut-être . . .

— Nous avons bien deux petites pinces pour enlever
l'enveloppe. Mais il faudrait regarder aux quatre pneus.
150 Quel travail!

pinces *f. pl.* pliers
enveloppe *f.* casing

— Voulez-vous que j'aille vous chercher du secours,
oui ou non?

— On pourrait peut-être regarder, dit timidement
Brigitte. Pour une fois il a l'air sincère.

155 C'était ce que je voulais.

Soufflant et transpirant, ils se mirent au travail avec
leurs petites pinces.

Soufflant et transpirant
Puffing and sweating

— Excusez-moi, leur dis-je, si je ne vous aide pas.
Je suis si ignorant en tout ce qui touche la voiture!

160 Et je m'assis commodément* dans l'herbe.

— Je ne vois ni clous, ni épines, ni déchirures, dit
Patrice en promenant sa main sur le premier pneu.

ni clous . . . déchirures
neither nails, thorns, nor
cuts

Il fit la même remarque pour les trois autres. Chaque
fois Brigitte, qui aurait pu tirer cette conclusion d'elle-
165 même, semblait boire les paroles d'un oracle.

Après avoir démonté les quatre pneus, ils durent les
remonter. A la lassitude et à l'automatisme de leurs gestes
je voyais qu'ils vivaient un cauchemar.*

A la lassitude . . . gestes
By the weariness and the
mechanical quality of
their movements

Mais j'étais forcé d'admirer la tendresse dont Brigitte
170 entourait Patrice. Elle lui tendait* les pinces avec une
soumission ravissante.* Elle l'assistait dans le remontage
des enveloppes avec la grâce d'une prêtresse* qui servait
son dieu.

Patrice avait oublié de remplir le réservoir d'essence,
175 ce qui le condamnait à l'immobilité. Mais il avait pris son
cric et ses pinces qui lui avaient permis de démonter ses

cric *m.* jack (*for a car*)

231

Par contre On the other hand

s'irradiait radiated

longueur voluptueuse sensuous languor

pneus. Par contre il n'avait naturellement pas de pompe et ne pouvait pas les gonfler.

— Maintenant, m'écriai-je, quand ils eurent fini, je vais chercher de l'essence et une pompe! 180

Je mis dans cette exclamation une tendresse protectrice, comme celle d'un papa gâteau.* Ils étaient si fatigués qu'ils n'eurent pas la force de réagir. Leur épuisement les portait au-delà de* la gratitude ou de la haine.

Mais, tandis que j'enfourchais* ma bicyclette de 185 sauveur, j'eus la douleur de voir que, du fond de sa lassitude même, un tel amour s'irradiait de Brigitte qu'elle changeait son accablement en une langueur voluptueuse, qui était un nouvel hommage à Patrice.

VOCABULAIRE EXPLIQUE

Page 227
  5 arrosé de vin: *accompagné de vin*
 10 se traînaient: *marchaient difficilement*
 19 accablement *m.*: *extrême découragement*
 22 au sein du: *au milieu du*
 23 justicier *m.*: *personne qui fait justice, qui punit*

Page 228
 34 comble de délices: *au plus haut degré*
 39 en sens inverse: *de la direction opposée*
 46 accablés: *très découragés et très fatigués*
 54 désarçonne: *trouble, déconcerte, confond*
 58 feignant la sympathie: *faisant semblant d'être sympathique*
 64 s'enfoncer: *pénétrer profondément*
 73 différends *m.*: *disputes*

Page 229
 76 jubiler: *éprouver beaucoup de joie*
 79 goujat *m.*: *homme grossier, impoli*
 83 pénétré: *plein de conviction*

Page 230
 95 Par force: *Par nécessité!*

106 sinon: *autrement*
112 murée: *fermée comme par un mur*
116 en fin de séance: *dans la dernière partie de la répétition*
120 quelque vacherie (*fam.*): *quelque chose de désagréable, de méchant*
124 crevé: *éclaté*
130 magnanime: *généreux*
133 je me casserais la figure (*fam.*): *je tomberais et je me ferais mal*

Page 231
160 commodément: *confortablement*
168 cauchemar *m.*: *rêve très pénible*
170 tendait: *offrait*
171 soumission ravissante: *docilité charmante*
172 prêtresse *f.*: *femme attachée au service religieux d'un dieu*

Page 232
182 papa gâteau (*fam.*): *père qui gâte ses enfants*
184 leur épuisement . . . au-delà de: *leur fatigue extrême les poussait plus loin que*
185 j'enfourchais: *je montais sur*

Accord du verbe avec le sujet

C'est vous qui êtes immobilisés et moi qui *peux* me déplacer.
It is you who are immobilized and I who can move about.

> Remember that *vous* is the real subject of *êtes,* and *moi* the real subject of *peux* in the above example.

«Quand» avec le futur

Quand Patrice arrivera, Paul aura dégonflé les pneus.
When Patrice arrives, Paul will have let the air out of the tires.

> After *quand, lorsque, dès que, aussitôt que* use the future tense when futurity is implied.

> Compare with:

Quand il est à Paris, il descend toujours chez sa sœur.
When he is in Paris, he always stays with his sister.

EXERCICES

I. Questionnaire

Pages 227–229

1. Où Paul s'est-il caché?   2. Quand Patrice et Brigitte sont enfin arrivés, comment semblaient-ils?   3. Comment savez-vous qu'ils n'avaient pas trouvé de secours?   4. De quoi Paul jouissait-il?   5. Pourquoi Paul voulait-il se présenter en sauveur?   6. Pourquoi Paul ne devait-il pas avoir l'air de venir d'O . . .   7. Qu'a-t-il fait pour éviter tout soupçon?   8. Qu'est-ce que Paul feignait en arrivant à la voiture de son rival?   9. Comment a-t-il joué son rôle d'hypocrite?

Pages 231–232

10. Quelles observations Patrice a-t-il faites à propos des pneus?   11. Quelle était l'attitude de Brigitte envers Paul? envers Patrice?   12. Qu'est-ce que Paul a offert de mettre à la disposition de Patrice?   13. Expliquez pourquoi la voiture était en panne.   14. Avant son départ, qu'est-ce que Paul a conseillé à son rival?   15. Pourquoi Patrice et Brigitte vivaient-ils un cauchemar?   16. Décrivez leur état physique et moral au moment où Paul est parti.

II. Etude de mots (expressions équivalentes)

Remplacez les mots en italique par les expressions équivalentes qui suivent. Dans cette liste il y en a un de trop.

se taisait	arriva	accablé
se traînait	éprouva	épuisé
s'enfonçait	traversa	éclaté

1. Elle *gardait le silence*.   2. Il fût *extrêmement découragé*.   3. Le pneu a *crevé*.   4. Il *avançait avec peine* vers la voiture.   5. Elle *parvint* enfin à sa destination.   6. J'étais *à bout de forces*.   7. Elle *parcourut* toute la ville.   8. Il *sentit* un plaisir subtil.

III. Accord du verbe avec son sujet

Complétez les phrases suivantes en employant le présent de l'indicatif du verbe entre parenthèses. Attention à la personne du verbe!

1. C'est moi qui (avoir) l'air triste et toi qui (jouir) de mon silence.
2. C'est vous qui (aller) chercher du secours et moi qui (être) immobilisé.
3. C'est nous qui (prendre) la voiture et vous qui (partir) à bicyclette.
4. C'est nous qui (être) en panne et vous qui (devoir) chercher de l'essence.

IV. Emploi des temps

Complétez les phrases suivantes en employant ou le présent ou le futur selon le cas.

Exemples: Quand je (être) en vacances, j'aurai le temps de lire.
Quand je (être) fatigué, je me repose.

Réponses: (1) *serai*; (2) *suis*

1. Lorsqu'il (revenir), il nous apportera ces livres.
2. Dès qu'elle (arriver) à Paris, elle nous téléphonera.
3. Quand il (voir) M. Barunet, il lui parlera de sa fille.
4. Aussitôt qu'il (dégonfler) les pneus, il se cachera dans le fossé.
5. Quand ils (se plaindre), personne ne les écoute.
6. Dès qu'elle (terminer) ses devoirs, elle se couche.

V. Petit exposé oral

Vous êtes Brigitte. Dites pourquoi vous êtes en colère contre Paul.
Vous êtes Paul. Dites pourquoi vous détestez Patrice.

VI. Rédaction

Ecrivez un résumé des événements principaux de ce chapitre.

Actions à *noter (passé simple)*

Paul . . . (se cacher derrière une meule; voir paraître Brigitte et Patrice; parcourir un demi-cercle; arriver à la voiture; conseiller à son rival de vérifier les pneus; offrir d'aller chercher du secours)

Patrice et Brigitte . . . (parvenir à la voiture; s'asseoir au bord du fossé; voir les pneus dégonflés; se mettre au travail; démonter les pneus; devoir les remonter)

Elements déscriptifs à noter (imparfait)

Paul . . . (jouir de la peine de Patrice; vouloir l'humilier; feindre la sympathie; faire l'hypocrite; être découragé de voir l'affection de Brigitte pour Patrice)

Patrice et Brigitte . . . (se traîner, sembler désespérés; être accablés par le travail et le soleil; Brigitte: être furieuse contre Paul; Patrice: manifester une apathie plus profonde que la colère)

La voiture . . . (être en panne d'essence; avoir les pneus à plat; être sans pompe, sans roues de secours)

III. LE PHARMACIEN

Je repris doucement le chemin d'O . . . Je voulais bien
jouer au sauveur, mais sans trop me fatiguer le cœur.
D'autre part un sauveur a d'autant plus de prix qu'il s'est
fait plus longtemps attendre.

5   Le soleil allait bientôt se coucher quand j'arrivai sur la
colline* qui domine la ville. Je la découvrais en bas, dans
la vallée, avec sa tour, ses toits de tuiles des vieux quar-
tiers, dorés comme du miel, et les couleurs empourprées*
des maisons neuves. La rumeur des klaxons des autos qui
10 la traversaient pour mener les estivants* de Paris aux plages
de la Méditerranée et en Espagne montait jusqu'à moi
dans le brasillement du soir. J'aurais été si heureux là, si
Brigitte m'avait aimé.

      Je descendis lentement la côte au bas de laquelle la
15 ville m'attendait dans un poudroiement d'or. Au garage
Melpic j'allai chercher un bidon* d'essence que j'attachai
sur mon porte-bagages et une pompe que je fixai autour
de mon buste en bandoulière.*

      Avant de rejoindre Patrice et Brigitte, j'eus une pensée
20 délicate. Je songeai à l'inquiétude qu'auraient bientôt les
parents de Brigitte. Je versai sur eux,* malgré leur haute
condition, une part de mon amour pour leur fille.

      J'entrai dans la pharmacie avec ma pompe. J'aurais pu
la laisser sur ma bicyclette, mais je tenais à me présenter
25 à cet auguste pharmacien avec l'instrument de mon intervention.

      — Que se passe-t-il? demanda M. Barunet en me
voyant.

      Cette simple question me troubla.

30   — Ne vous inquiétez pas, monsieur, lui dis-je, il n'est
rien arrivé à Brigitte.

      M. Barunet pâlit. J'aurais dû savoir que lorsqu'on dit
à quelqu'un, d'un certain ton, qu'il n'est rien arrivé à un

un sauveur . . . attendre
a savior is all the more
prized if he delays his
arrival

tuiles *f.* tiles
dorés comme du miel
as golden as honey

brasillement glow

poudroiement d'or *m.*
golden haze

porte-bagages *m.* luggage carrier

délicatesse f. tactfulness

être cher, on veut lui annoncer ainsi, avec délicatesse, sa mort.   35

La timidité m'avait fait commettre cette erreur.

J'expliquai à M. Barunet la panne dont sa fille avait été la victime. Je décrivis avec émotion l'endroit écarté* où elle se trouvait. J'en fis un tableau si effrayant que M. Barunet murmura: — Je n'aurais jamais cru qu'il y avait   40 des endroits aussi sauvages dans le département.

Je mis en valeur* mon rôle de sauveur. Je m'arrangeai pour qu'il ne semblât pas se borner à l'apport* d'une pompe et d'un bidon. J'avais réconforté les deux accidentés.* Je les avais aidé à démonter les roues, alors qu'ils   45 étaient prostrés.

M. Barunet semblait découvrir avec étonnement de hautes vertus dans une si basse extraction.* Mais un li-

de bon aloi genuine

béralisme de bon aloi le poussait à reconnaître le mérite partout où il se trouvait.   50

— C'est très gentil ce que vous faites là, dit-il. Mais c'est à moi maintenant de vous relayer.* Je vais prendre ma voiture et aller les dépanner.*

Ne vous dérangez pas. Don't inconvenience yourself.

— N'en faites rien! lui dis-je. Ne vous dérangez pas.

Je lui expliquai que je mettais mon point d'honneur   55 à achever ce que j'avais commencé.

Avec un sourire d'indulgence paternelle, il m'interrogea sur mes études, sur ma situation. Je lui dis combien je gagnais, sans savoir exactement comment il me l'avait demandé.   60

ses jeux de physionomie the animated expression on his face

Peu à peu, d'après ses jeux de physionomie et ses intonations, je le vis m'élever à des degrés successifs de prestige. Je fus confus, ce que je ne parvins pas à dissimuler.

Dans le Midi en général, et à O . . . en particulier, on   65 pratique la cordialité du dehors. Presque toute la vie se passe dans la rue. On a l'air d'y parler à cœur ouvert. On y offre à tout venant* un visage riant. Mais un interdit in-

un interdit . . . seuil a strict injunction protects against the invasion of the home

vincible défend le seuil. Avant de le franchir* il faut passer une espèce d'examen tacite,* qui dure de longues années,   70 parfois, toute la vie. L'amitié y joue son rôle, mais aussi une foule d'autres éléments: revenus, train de vie et cette

revenus . . . subtile income, style of living, and that subtle rating

cote subtile selon laquelle on classe les habitants d'une petite ville en catégories qui peuvent, ou ne peuvent pas, se fréquenter.*   75

Une fois que l'on a franchi le seuil, l'intimité comporte encore un nombre infini de nuances. On peut n'être admis que jusqu'au salon, pour y causer sans absorber la moindre substance solide ou liquide. L'accueil se borne
80 au: «Mais asseyez-vous donc, je vous en prie», qui peut se manifester* suivant le rang, par l'offre d'une chaise ou d'un fauteuil. Si on entre plus avant dans la confiance, on peut être invité à prendre le thé. Un gâteau sec et une tasse de ce breuvage fade,* que l'on n'aime pas à O . . . et qu'on
85 y prépare mal, prouvent, par leur absence de toute saveur, leur sens purement symbolique.

Enfin, au sommet des honneurs, rayonne d'un éclat l'invitation à dîner. On pénètre dans la salle à manger, le saint des saints de la bourgeoisie d'O . . . , aussi secrète
90 que la chambre.

Ce fut donc avec une stupeur qui m'empêcha presque de remercier que j'entendis M. Barunet prononcer:

— Il faudra que vous nous fassiez le plaisir de venir dîner un de ces jours à la maison.
95 Cette formule, déjà, en soi, était fabuleuse. Mais souvent à O . . . , elle n'avait qu'une valeur suspensive. Elle montrait qu'on était admis dans l'élite qui pouvait fournir à l'avenir, peut-être, des invités possibles. Mais on se bornait à laisser dans le vague* la réalisation d'un tel honneur.
100 M. Barunet alla plus loin. Après m'avoir laissé un instant flotter dans la griserie où m'avait plongé sa demande, il dit: — Voyons! Voyons! Mardi prochain, par exemple!

Alors là, je manquai défaillir.* Je pâlis sans doute, car je l'entendis me dire: — Vous vous sentez fatigué?*
105 Je répondis un «non, merci» par lequel je le remerciais, à la fois de s'être inquiété de ma santé et de m'avoir élevé jusqu'à cette gloire.

Je repartis dans la nuit à une allure folle.* Je montai de nouveau la côte. De là-haut, la ville d'O . . . m'apparut
110 une fois de plus, avec son visage nocturne. Elle était endormie parmi les lumières comme une constellation. Une de ses étoiles était la maison de Brigitte, où j'étais admis. Cette promotion sociale dont le père de Brigitte m'avait gratifié* toucherait peut-être le cœur de la fille.
115 Je trouvai Patrice et Brigitte endormis au bord de la route, dans les bras l'un de l'autre. Ils ne m'avaient pas

intimité comporte familiarity involves

suivant le rang according to the rank
plus avant further

rayonne . . . dîner the ultimate, the shining glory, is the dinner invitation
le saint des saints the holy of holies

valeur suspensive questionable value (having been given without sincerity)

flotter dans la griserie floating in the rapture

étoiles f. stars

dans les bras l'un de l'autre in each other's arms

241

en grognant grumbling, grunting

entendu venir. Je dus braquer mon phare* sur leur visage. Patrice ouvrit les yeux le premier en grognant. Brigitte s'éveilla en bâillant.*

— Ah! c'est toi! me dit-elle, comme si elle était sur- 120 prise par un intrus.* Qu'est-ce que tu veux?

— C'est pour la voiture, dis-je timidement.

— Ah! bon! grogna-t-elle du ton dont on lancerait à une bonne: «Laissez cette tasse là.»

Cet accueil refroidit mon zèle.* Je me bornai à leur 125 tendre la pompe et le bidon. Je les laissai verser tout seuls l'essence dans le réservoir et regonfler tout seuls les quatre pneus, que je regrettai presque, alors, de ne pas avoir crevés.

Enfin quand ils eurent terminé, je refusai de monter 130 dans leur voiture. Que serait devenue ma bicyclette? Ils m'offraient de la mettre sur le toit. Mais ils n'avaient pas de cordes pour l'y fixer. Elle ne pouvait pas entrer à l'intérieur. Ils me conseillaient de m'asseoir sur la ban-quette* arrière, de baisser la glace et, pendant tout le 135 trajet, de tenir ma bicyclette, collée au flanc* de la voiture dans le vide.

— Je suis très flatté, dis-je amèrement. Vous me prêtez une force d'Hercule.[1] Avec ces biceps-là j'aurais pu porter directement votre voiture à O . . . et la déposer 140 sur le seuil de la pharmacie Barunet.

Je remontai à bicyclette, fièrement, et je les suivis jusqu'à O . . . Ou, du moins, je m'efforçai* de les suivre, car ils n'eurent pas la délicatesse de m'attendre. Après le premier kilomètre, ils estimèrent sans doute qu'ils avaient 145 assez accordé à la gratitude. Ils accélèrent, pour bien montrer qu'il y avait désormais* deux races inconciliables: les parias* sans moteur et les princes à moteur. Et je vis disparaître leur feu rouge dans les lointains de la nuit.

1. **Hercule:** Hercules, the son of Zeus, celebrated for his great strength.

VOCABULAIRE EXPLIQUE

Page 239

6 colline f.:   *petite montagne, endroit élevé*
8 empourprées: *qui a pris des tons pourpres et rouges*
10 estivants m., f.:   *ceux qui passent leurs vacances d'été au bord de la mer, à la campagne, à la montagne, etc.*
16 bidon m.:   *récipient qui sert à transporter un liquide*
18 en bandoulière: *en diagonale sur le buste*
21 versai sur eux: *leur donnai*

Page 240

38 écarté: *isolé, peu fréquenté*
42 mis en valeur: *donnai de l'importance*
43 se borner à l'apport: *se limiter à l'action d'apporter*
45 réconforté les accidentés: *donné du courage aux victimes*
48 extraction f.:   *origine*
52 relayer: *remplacer*
53 les dépanner: *les aider en remettant leur voiture en marche*
68 à tout venant: *à tout le monde, à n'importe qui*
69 franchir: *traverser*
70 tacite: *qu'on n'exprime pas*
75 se fréquenter: *se voir en société*

Page 241

81 se manifester: *s'exprimer*
84 breuvage fade: *boisson sans goût*
99 le vague: *l'incertitude*
103 je manquai défaillir: *je faillis perdre connaissance*
104 fatigué: *malade* (Cette signification est d'usage surtout dans le Midi.)
108 à une allure folle: *extrêmement vite*
114 dont il m'avait gratifié: *qu'il m'avait accordé*

Page 242

117 braquer mon phare: *diriger la lanterne de ma bicyclette*
119 bâillant: *ouvrant largement la bouche (quand on a sommeil)*
121 intrus m.:   *personne qui s'introduit quelque part sans y être invité*
125 refroidit mon zèle: *diminua mon enthousiasme*
135 banquette f.:   *siège*
136 collée au flanc: *placée contre le côté*
143 je m'efforçai: *j'essayai*
147 désormais: *à partir de ce moment-là*
148 parias m.:   *hommes considérés comme des êtres inférieurs*

Sujet apparent, sujet réel

Que se passe-t-il? *What is happening?*

Il se passe quelque chose d'extraordinaire.
Something unusual is happening.

Il est venu plusieurs personnes. *Several persons came.*
Il importe de partir tôt. *It is important to leave early.*

The impersonal *il* used as the apparent subject is always singular, even when followed by the real subject in the plural.

Note that *ce* may also be used as an apparent subject:

C'est un crime de voler. *Stealing is a crime.*

Verbes conjugués comme «partir»

Quand est-elle partie? *When did she leave?*
Vous vous sentez fatigué? *Do you feel tired?*
Ces fleurs sentent bon. *These flowers smell good.*

Observe the auxiliary of the following verbs which are conjugated like *partir:*

repartir: je suis reparti   dormir: j'ai dormi
sortir: je suis sorti   mentir: j'ai menti
ressortir: je suis ressorti   sentir: j'ai senti
se rendormir: je me suis rendormi   consentir: j'ai consenti

EXERCICES

I. Questionnaire

Pages 239–240

1. Quand Paul est-il arrivé sur la colline qui domine la ville? 2. Qu'est-ce qu'il est allé chercher au garage? 3. Avant de rejoindre Patrice et Brigitte, quelle pensée délicate a-t-il eue? 4. Pourquoi portait-il la pompe quand il est entré dans la pharmacie? 5. Pourquoi le pharmacien a-t-il pâli? 6. Qu'est-ce que Paul a expliqué à M. Barunet? 7. En parlant des accidentés, qu'est-ce que Paul a mis en valeur? 8. Qu'est-ce que M. Barunet semblait découvrir? 9. Sur quoi M. Barunet a-t-il interrogé Paul?

Pages 240–242

10. Quelle espèce de cordialité pratique-t-on dans le Midi? 11. Avant d'être reçu par une famille d'O . . . , que faut-il passer? 12. Outre l'amitié, qu'est-ce qui joue un rôle dans le choix d'un invité? Citez deux choses. 13. Selon les convenances (*social code*), est-ce que tous les habitants de la ville peuvent se fréquenter? Expliquez votre réponse. 14. Expliquez l'étonnement de Paul quand M. Barunet l'a invité à dîner. 15. Quel accueil Patrice et Brigitte ont-ils fait à Paul quand il est arrivé avec le bidon et la pompe? 16. Pourquoi Paul regrettait-il presque de ne pas avoir crevé les quatre pneus?

II. Etude de mots (sens propre, sens figuré)

Expliquez la signification des mots en italique. Consultez le lexique qui est à la fin du livre.

Exemple: Le pneu a *éclaté*.
La joie a *éclaté* dans ses yeux.

Réponses: *(1) blew out, burst; (2) shone*

1. Je *versai* sur lui tout mon cœur.
   Je *versai* l'essence dans le réservoir.

2. Il a eu une pensée *délicate*.
   Il avait la santé *délicate*.

245

3. Cet événement me *touche* de près.
Elle défend à l'enfant de *toucher* le vase.

4. Vous me *prêtez* la force d'Hercule.
Vous me *prêtez* de l'argent.

5. Cet accueil *refroidit* mon zèle.
Ce potage *refroidit* très vite.

6. Sa bicyclette était *collée* au flanc de la voiture.
La photo était *collée* dans son album.

III. Verbes (partir, sortir, *etc.*)

Complétez les phrases suivantes en employant la forme convenable du verbe entre parenthèses.

Exemple: (dormir) Il . . . quand le téléphone a sonné.
Il dormait quand le téléphone a sonné.

1. (mentir) S'il . . . , je l'aurais su.
2. (dormir) Elle se coucha tôt et . . . tard le lendemain.
3. (consentir) S'ils . . . à partir avec nous, nous serons heureux.
4. (sortir) Quand tu . . . , tu achèteras des enveloppes et des timbres.
5. (partir) Elle ne veut pas qu'il . . . demain.
6. (repartir) Nous arrivâmes le quinze et . . . le lendemain.
7. (sentir) Quand je me . . . fatigué, je me repose.
8. (mentir) Je doute qu'il . . . quand on l'a interrogé hier.
9. (sortir) Si elle . . . , je ne l'aurais pas vue.
10. (dormir) Cet enfant est malade, il ne . . . pas depuis deux jours.

IV. Petit exposé oral

Racontez en style de conversation ce que Paul a fait pour porter secours à Brigitte:

retourner à la ville; chercher de l'essence et une pompe; s'arrêter chez le père de Brigitte; expliquer la panne; décrire l'endroit où elle a eu lieu; repartir à toute vitesse; retrouver Brigitte et Patrice endormis; être mal reçu par eux; refuser de monter dans la voiture de Patrice; rentrer seul à bicyclette

V. Rédaction

Racontez en style de narration ce que Paul fit pour porter secours à Brigitte.

Je souhaitai si fort voir arriver ce mardi qu'il vint enfin.
Et le matin je m'étonnai même qu'il fût venu. Mon amour
avait donc un si grand pouvoir! J'avais créé le mardi dans
l'Histoire du monde.

5   Je passai toute la journée à me préparer. J'avais deux
costumes: le bleu et le gris. Le gris faisait plus estival,*
le bleu plus habillé.* Il valait mieux que je fusse un peu
trop solennel, pour montrer combien j'appréciais l'honneur qui m'était fait.

10   La journée me parut interminable. Puisque c'était le
premier mardi du monde, il était normal que je n'en eusse
pas l'habitude. Je passai mon temps à errer* du magasin à
l'appartement, de l'appartement au jardin. Mon oncle et
ma tante me taquinèrent* sur mes va-et-vient de lion en
15 cage, mais ils étaient secrètement fiers.

En errant je pensais au bonheur qui m'attendait. Je ne
pouvais pas croire que M. Barunet avait été simplement
touché de mon dévouement. En province, malgré la
modernisation récente, le classement dans telle ou telle
20 catégorie sociale évoluait encore trop lentement. Il était
invraisemblable* que M. Barunet eût décidé brusquement
de m'inviter pour ce mardi, simplement parce qu'il m'avait
vu voler au secours de sa fille avec une pompe. Pour me
remercier, il se serait borné à m'admettre à la première
25 étape du protocole bourgeois, avec effet suspensif: «Il
faudra venir nous voir un de ces jours.» Si même il avait
poussé la bonté jusqu'à préciser ce jour, Mme Barunet
m'aurait gratifié, au maximum du «Mais asseyez-vous
donc, je vous en prie!»

30   Brigitte avait dû parler de moi à son père. Avec un
peu d'ironie ou de lassitude, mais moins âpres,* peut-être,
que celles qu'elle me témoignait. A travers une foule
d'anecdotes, plus ou moins déformées, M. Barunet avait

qu'il fût venu that it had come

Il valait mieux que je fusse It was better for me to be

que je n'en eusse pas l'habitude for me not to be accustomed to it

évoluait evolved

que . . . eût décidé that M. Barunet had decided

première . . . bourgeois first phase of middle-class conventionality

Au-delà des over and
above

dû être touché de mon amour pour sa fille. Un père connaît mieux la vie que son enfant. Au-delà des apparences 35
il sait quel garçon fera son bonheur.

Peut-être Mme Barunet le savait-elle aussi. Car il est
rare qu'un homme décrète,* de sa propre autorité, une
invitation à dîner. Cette initiative relève de* la maîtresse
de maison. Or M. Barunet n'avait pas dit: «Je vais en parler 40
à ma femme!» Il avait prononcé, sans appel:* «Mardi prochain, par exemple!»

Le choix de cette date avait dû être longtemps débattu* entre les deux époux.* Et mon arrivée n'avait fait
que cristalliser la décision des Barunet.   45

A la pharmacie, je sonnai à la porte privée, à côté
de celle du laboratoire. Une jeune bonne vint m'ouvrir.
On m'introduisit au salon. Brigitte avait une robe vapou-
reuse, d'une forme qu'on venait de lancer.* J'étais aimanté
si puissamment* par Brigitte que je faillis me diriger 50
d'abord vers elle. Un sursaut de convenance me rejeta
heureusement, à temps, vers Mme Barunet.

Je décidai, en un éclair, de lui rendre hommage. Je
cherchai par quel moyen. Instantanément je trouvai. J'allais inaugurer un geste que, même à Paris, je n'avais osé. 55

je faillis . . . elle I almost went toward her
first
Un sursaut . . . à temps
With a start, remember-
ing social conventions, I
luckily turned just in time
éclair flash

D'un pas que je raffermis, je me dirigeai vers elle. Arrivé
à distance convenable,* je joignis les talons avec assez de
douceur pour éviter la raideur* germanique, mais avec
assez de fermeté* pour donner à ma démonstration toute
60 sa valeur virile.* Je plongeai,* puis élévant solennellement
ses doigts à la hauteur de ma bouche, sans que toutefois
mes lèvres respectueuses les touchassent, je lui baisai la
main.

    Mme Barunet parut surprise, flattée, presque cho-
65 quée. Sans même m'en douter, j'avais franchi une autre
cloison* sociale. A O . . . le baisemain n'avait pas encore
gagné la bourgeoisie. Mme Barunet se ressaisit* pourtant,
me fit asseoir à côté d'elle. Dans cette petite pause avant
le passage à la salle à manger, j'espérais que Brigitte s'as-
70 siérait près de moi.

    Mais Brigitte semblait animée d'un mouvement per-
pétuel. Elle allait et venait d'un bout à l'autre du salon,
se posait* sur le bras d'un fauteuil, sur l'accoudoir d'un
canapé. A un moment même elle s'assit sur le tapis, les
75 genoux remontés jusqu'au menton. Ses parents la suivaient
d'un œil admiratif. Je tremblai en songeant à ce que
m'aurait dit mon père, si j'avais risqué une telle attitude.

    Soudain, elle ne put plus tenir en place. Elle sauta sur
ses pieds, passa dans la salle à manger, en revint, repartit.
80   — Ah! s'écria M. Barunet, j'avais oublié de vous dire
que nous attendons un autre invité, qui vient souvent
dîner ici. Un jeune homme d'un grand avenir, un camarade de Brigitte. Vous le connaissez d'ailleurs . . .

    La sonnette de la rue retentit.* Brigitte se précipita.
85 On l'entendit sauter de marche en marche, ouvrir la porte,
pousser un cri joyeux, puis plus rien. Pendant ce temps,
M. et Mme Barunet entretenaient* la conversation.

    Enfin la porte s'ouvrit et derrière Brigitte, radieuse,
entra Patrice.
90   Patrice, en me serrant la main, allait sans doute me
bouder,* mais Brigitte lui adressa un certain regard et il
s'éclaira.*

    — Madame est servie, vint annoncer la bonne.

    On passa à la salle à manger. Où allait-on me mettre
95 à table? J'étais Agrégé de l'Université, plus âgé que
Patrice. J'espérais qu'on m'accorderait la place d'honneur, c'est-à-dire, pensais-je, celle de voisin de Brigitte.
Hélas! Mme Barunet me plaça près d'elle. Quant à Brigitte

D'un pas que je raffermis
With a firm step

Sans même m'en douter
Without being aware
baisemain hand-kissing

accoudoir *m.* arm rest

menton *m.* chin

J'étais Agrégé I had
passed the competitive
exam required for teach-
ing in the secondary
schools

et Patrice, ils siégeaient* en face de moi, à côté l'un de l'autre. 100

Pendant le repas, la conversation se déployait.* Je m'attendais à ce qu'on prêtât quelque attention à ma personne, ou, au moins à ma situation qui avait semblé intéresser M. Barunet, à la pharmacie. Or tous les propos étaient orientés* vers Patrice, comme si l'on ne m'avait 105 invité que pour **me rendre témoin** de sa gloire.

me rendre témoin to make me a witness

— Les mœurs* ont beaucoup évolué, même en province, disait M. Barunet. Maintenant les filles du meilleur monde* font du théâtre.

Il loua le talent de Patrice, tandis que Patrice et Brigitte me regardaient dans les yeux, comme pour me défier.* 110

M. Barunet développait sa pensée. Il imaginait la carrière de Patrice dans la maison de Molière.[1]

— Quels rôles aimeriez vous jouer? Tartuffe? . . . Le 115 Malade imaginaire? . . . Le Misanthrope?[2] . . .

1. **la maison de Molière:** the unofficial title of the *Comédie-Française*. Molière, France's greatest playwright, who was also an actor, was instrumental in founding the celebrated theater.
2. **Tartuffe; le Malade imaginaire; le Misanthrope:** the leading roles in three of Molière's plays of the same name.

— Oh! non, Papa, dit Brigitte simplement, ces rôles ne sont pas encore de l'emploi de Patrice. Il est trop jeune. Pour le moment il pourrait jouer les amoureux de Molière.
120 Ou même, dans un genre plus psychologique, Hamlet.

J'aurais dû m'écrier: «Vous n'y pensez pas! Vous ne l'avez donc jamais vu jouer? Allez assister à une répétition. Vous m'en direz des nouvelles.» J'aurais dû protester, mais je n'avais même pas soufflé un eh! eh! J'avais continué
125 à manger en plongeant lâchement* le nez dans mon assiette. Sans perdre une bouchée, j'avais continué imperturbablement à manœuvrer mon pain dans ma sauce. Je m'étais déshonoré aux yeux de Patrice et de Brigitte. Le censeur impitoyable* de leurs répétitions s'était laissé
130 fermer la bouche par un rôti de veau.

A la fin de cette soirée désastreuse, je compris que je ne pouvais ouvrir les yeux de Brigitte et de ses parents qu'en provoquant l'échec* total de *Badine*. Patrice devait sombrer sous les huées.
135 Les parents de Brigitte ne connaissaient pas la férocité du théâtre. Ils ne se doutaient pas que chaque représentation est une véritable mise à mort[3] et que les comédiens ne peuvent y échapper qu'en fascinant le public.

Patrice était jeune, beau. Il parlait peu. De son métier
140 de comédien qu'il connaissait si mal, il avait retenu quelques mines* qui, sur la scène, paraissaient dérisoires,* mais qui dans la vie, pouvaient faire leur effet.

Mais les Barunet n'avaient jamais vu jouer Patrice. Je devais donc faire de la représentation de *Badine* le
145 chef-d'œuvre* du désastre.

J'arrêtai mon plan avec soin. J'allai parler aux techniciens et aux artisans qui préparaient la représentation et les poussai à la saboter. Je pus facilement les convaincre* qu'ils ne seraient pas payés, car jusqu'alors ils n'avaient
150 pas reçu d'argent, malgré les promesses du directeur. En effet les comédiens étaient sans le sou. Ils comptaient rétablir leurs finances avec les recettes* de la représentation de la pièce de Musset.

3. **mise à mort:** putting to death. The tension of a performance when the actor confronts his public is compared to the equally terrifying moment when a matador in a bullfight closes in for the kill.

ces rôles . . . Patrice Patrice is not yet ready for these roles.

bouchée mouthful

rôti de veau veal roast

devait . . . les huées had to be destroyed by shouts of derision

J'arrêtai mon plan I made my plan

saboter commit sabotage

vous gêneriez-vous?
would you trouble your-
self?

scier légèrement to saw
through partially

s'effondrerait would collapse

rembourseraient would
pay back

— Si on devait vous payer un jour, leur dis-je, vous pourriez être consciencieux. Mais là où vous avez la 155 certitude de ne rien toucher,* pourquoi vous gêneriez-vous?

Peu à peu je leur insinuai qu'ils devaient se payer eux-mêmes, sinon en argent, du moins en malice.

Quel plaisir délicat, par exemple, ce serait de scier 160 légèrement le grand arbre de la place du village, ainsi qu'un* pied du banc qui l'entourait. Quand les paysans s'assiéraient sur le banc, l'arbre tomberait sur eux, et leur siège, comme sous l'effet d'un choc, s'effondrerait.

Je suggérai au menuisier* qui faisait les décors, une 165 foule de surprises dont il pourrait orner* *Badine* et qui le rembourseraient en partie de ses peines. Pour ajouter à son plaisir, qui l'empêcherait d'avertir ses amis? Avec la complicité de quelques spectateurs, on créerait ainsi un suspense qui ajouterait beaucoup à la pièce. 170

VOCABULAIRE EXPLIQUE

Page 249

6 faisait plus estival: *semblait plus convenable pour l'été*

7 plus habillé: *plus élégant*

12 errer: *aller sans but précis*

14 me taquinèrent: *s'amusèrent à me contrarier*

21 invraisemblable: *extraordinaire*

31 moins âpres: *avec moins d'aigreur, moins d'animosité*

Page 230

38 décrète: *décide, ordonne*

39 relève de: *appartient à*

41 sans appel: *définitivement*

44 débattu: *discuté*
    les deux époux: *le mari et sa femme*

49 qu'on venait de lancer: *qui était de la dernière mode*

50 aimanté si puissamment: *attiré si fortement*

Page 251

57 convenable: *favorable, propice*

58 raideur f.: *rigidité*

59 fermeté f.: *assurance*

60 valeur virile: *qualité énergique d'un homme*
    plongeai (fig.): *m'inclinai profondément*

66 cloison f.: *barrière, mur*

67 se ressaisit: *reprit son calme*

73 se posait: *se fixait, s'asseyait*

84 retentit: *sonna très fort*

87 entretenaient: *maintenaient*

91 bouder: *montrer de la mauvaise humeur*

92 il s'éclaira: *son visage s'illumina; il eut l'air plus heureux*

Page 252

99 siégeaient: *étaient assis*

101 se déployait: *se développait*

105 tous . . . orientés: *toute la conversation était dirigée*

107 mœurs f.: *coutumes*

109 du meilleur monde: *des meilleures familles*

112 défier: *provoquer*

Page 253

125 lâchement: *sans courage*

129 censeur impitoyable: *critique sans pitié*

133 échec m.: *insuccès, manque de réussite*

141 mines f.: *manières affectées*
    dérisoires: *ridicules*

145 le chef-d'œuvre: *l'œuvre parfaite; la perfection*

148 convaincre: *persuader*

152 recettes f.: *total de ce qui est reçu en argent*

Page 254

156 toucher: *recevoir*

162 ainsi qu': *de même qu'*

165 menuisier m.: *artisan qui travaille le bois*

166 orner: *décorer*

«Devoir» comme auxiliaire

Obligation:

Je dois y répondre. *I must reply to it.*
J'ai dû y répondre. *I had to reply to it.*
J'avais dû y répondre. *I had had to reply to it.*

Supposition:

Il doit partir. *He is to leave.*
Il devait partir. *He was to leave.*

Probabilité:

Vous devez être fatigué. *You must be tired.*
Elle avait dû parler à son père. *She must have spoken to her father.*

Opposition entre une obligation et un fait:

Il devrait dire la vérité (mais il ne la dit pas).
He ought to tell the truth (but he doesn't).

Il aurait dû payer ses dettes (mais il ne l'a pas fait).
He ought to have paid his debts (but he didn't).

> When *devoir* is used as an auxiliary verb, it takes an infinitive without the use of a preposition. Depending on the tense used, *devoir* expresses many shades of meaning. Study the above examples.

EXERCICES

I. Questionnaire

Pages 249–251

1. Comment Paul a-t-il passé le mardi du dîner? 2. Pourquoi a-t-il choisi le costume bleu? 3. A quoi Paul pensait-il toute la journée? 4. Etes-vous d'accord avec Paul quand il dit que Brigitte a dû parler de lui à son père? Expliquez votre réponse. 5. Commentez la phrase: «Un père sait quel garçon fera le bonheur de sa fille.» 6. Quand Paul est arrivé chez les Barunet, qu'est-ce qu'il a failli faire? 7. Quel geste Paul a-t-il fait pour rendre hommage à Mme Barunet? 8. Pourquoi Mme Barunet a-t-elle paru surprise?

Pages 251–253

9. Comparez l'accueil que Brigitte a fait à Patrice et à Paul. 10. De quoi a-t-on parlé pendant le dîner? 11. Comment savez-vous que M. Barunet ne comprenait pas la carrière de comédien? 12. Pourquoi Paul se considérait-il déshonoré? 13. Qu'est-ce que Paul a enfin compris? 14. A qui Paul a-t-il parlé plus tard et pourquoi? 15. Pourquoi a-t-il pu convaincre ces gens qu'ils ne seraient pas payés? 16. Sur quoi les comédiens comptaient-ils?

II. Vocabulaire

Complétez les phrases ci-dessous en employant le mot convenable.

Exemple: le dévouement, dévouer
Quel *dévouement!* Je ne l'aurais pas cru si . . .

Réponse: *dévoué*

le son, sonner	l'étonnement, étonner
la direction, diriger	la valeur, valoir
le souhait, souhaiter	l'époux, l'épouse, les époux;
le vol, voler	épouser

1. Son *épouse* s'appelle Anne. Quand il l'a . . . , elle avait vingt ans. Ces . . . vivent heureux.

2. Quelle est la *valeur* de cette pièce d'argent? Elle ne . . . pas grand-chose.

3. Dans quelle *direction* est-il allé? Il s'est . . . vers l'est.

4. Je vous *souhaite* la réussite de vos projets. Merci de vos bons . . .

5. Cet avion *vole* très haut. Le . . . de Paris à Londres est très court.

6. J'ai entendu *sonner* l'heure. Aujourd'hui il y a des avions qui passent le mur du . . .

7. Son *étonnement* m'a frappé, parce que d'habitude il ne s'. . . de rien.

III. «Devoir» comme auxiliaire

Traduisez les phrases suivantes:

1. Il doit être malade; je n'ai pas de ses nouvelles.
2. Tout conducteur doit respecter le code de la route.
3. Il devrait respecter le code de la route, mais il n'y fait pas attention.
4. Il avait une très mauvaise santé; il aurait dû se retirer des affaires.
5. Elle doit hériter de sa tante.
6. Il devait partir en vacances ce jour-là.
7. Il était perdu; il avait dû se tromper de chemin.
8. Vous devez être fatigué, vous avez tant marché.

IV. Petit exposé oral

Parlez de ce que Paul a fait avant d'aller dîner chez les Barunet.

Dites comment il a passé ce mardi, combien cette journée lui semblait longue, où il errait pour passer le temps.

Expliquez son raisonnement en choisissant le costume qu'il mettrait ce soir-là.

Parlez de ses illusions à propos de M. Barunet. (Est-ce qu'un père sait vraiment quel jeune homme fera le bonheur de sa fille?)

Parlez aussi des illusions de Paul concernant Brigitte. (Avait-elle parlé de Paul à son père d'une façon aimable?)

V. Rédaction

Racontez en style de narration les démarches de Paul pour faire échouer la représentation.

258

arrêter son plan avec soin; parler aux techniciens et aux artisans; les pousser à saboter la pièce; les persuader qu'ils ne seraient pas payés; leur insinuer qu'ils devaient se payer, sinon en argent, du moins en malice; suggérer au menuisier de scier légèrement le grand arbre qui serait au milieu de la scène; avoir du plaisir à penser quelles seraient les conséquences de cette action

Artisans, techniciens, couturières, musiciens — tous acceptèrent de m'aider. Comme ils n'avaient pas été payés
et qu'ils n'avaient pas le moindre espoir de recevoir
l'argent qui leur était dû, ils envisagèrent avec plaisir la
5 chute des comédiens.

      Il ne me restait plus qu'à voir le photographe Véral.

      — Vous faites bien de me prévenir,* dit-il. S'ils n'ont
ni décors, ni costumes, ni musique, je ne vais pas être
assez bête pour leur faire de belles photos.

10   J'étais ravi de sa réaction, car les photos jouent un
rôle important dans le succès des pièces du théâtre muni-
cipal. On les affichait* à l'entrée et autour de la caisse de
location.* Plusieurs jours avant la représentation les gens
venaient pour les contempler. S'il s'agissait de vedettes
15 consacrées,* on connaissait leur tête depuis longtemps.
Mais on jugeait les inconnus sur leur mine.*

      — Vous verrez, dis-je à Véral, il y a un jeune comédien
nommé Patrice. Je ne suis pas photographe. Mais à cause
de cet individu-là, je vous plains de l'être. Je ne sais pas
20 comment vous allez vous en tirer* avec ce visage suant,
cette peau de crapaud, ces yeux couleur d'huître, cet air
abruti . . .

      — Ne vous inquiétez pas! Je ne vais pas me casser la
tête. Surtout si je ne dois pas être payé! Je vais l'arranger
25 votre Patrice.

      Et Véral me montra un album qu'il s'était constitué*
avec les photographies des mauvais payeurs. Eux aussi il
les avait «arrangés». Une collection de regards de tueurs,*
de gueules* d'assassins qui semblaient tendre le cou à la
30 guillotine.

      Le jour de la représentation arriva. Depuis quelque
temps, en ville, je me montrais le moins possible. J'avais
tendu les fils de ma machination. Je ne devais pas assister
à la pièce. Malgré tous mes efforts, ma jubilation m'aurait
35 trahi.

ce visage . . . abruti that sweaty face, that toad-like skin, those eyes the color of an oyster, that sotted, brutish expression
me casser la tête (*fam.*) to rack my brains

tendu . . . machination set the trap

trahi betrayed

261

Ce soir-là tout se passa comme je l'avais prévu. J'étais si sûr du résultat, que j'écrivis d'avance, dans l'après-midi, un compte rendu pour le journal. Je l'intitulai* UN SCANDALE.

Dans «On ne badine pas avec l'amour», comment un 40 *metteur en scène de la qualité de M. Miraucourt a-t-il pu commettre l'erreur de confier le rôle de Perdican à un si lamentable . . . ,* à un si lamentable quoi? . . . Je n'ose pas écrire «comédien». Pour mériter ce titre il faut posséder certaines qualités dont ne se doute même pas ce garçon,* 45 *dont j'ai oublié le nom. Si je ne craignais pas de l'accabler,* je dirais: «Un si lamentable individu».*

Cet individu a souillé* la mémoire de Musset, celle de toutes les jeunes filles auxquelles a rêvé le grand poète et qui peuvent se reconnaître dans sa pièce. Il a insulté 50 *l'amour qui rayonne* dans ce chef-d'œuvre, et la vie, qu'illumine l'amour.*

Je signai: *Un spectateur indigné.*

accablée overwhelmed

Le lendemain de la représentation, toute la ville était accablée par le scandale de *Badine.* L'hôtel déclarait que 55 la troupe n'avait pas payé sa note. La fleuriste affirmait que le directeur lui devait pour dix mille francs de roses. Le café du Globe dévoilait* que les comédiens, depuis plusieurs semaines, avaient consommé* chez lui pour vingt

citrons pressés *m. pl.* lemonade

mille francs de citrons pressés. Les techniciens et les arti- 60 sans formaient la basse¹ de ce concert de lamentations.

Quant à la représentation elle-même, je sus par mes espions* que tout s'était passé comme je l'espérais. Mais aucun autre habitant ne me fournit le moindre détail. Ce mutisme* de toute une ville, au lendemain d'un spectacle 65 qui aurait dû exciter la gaieté, m'accabla si cruellement que j'allai voir mon ami Roudeneige pour me changer les idées.

avait mis . . . plan had overshadowed

Alors j'appris qu'un événement inespéré* avait mis au deuxième plan le scandale de *Badine.* 70

— Si tu savais, me dit mon ami, si tu savais! Ce type est vraiment trop dégoûtant!*

— De qui parles-tu? lui dis-je.

1. **basse:** bass section. (Here the author is comparing the voices of the creditors with those of a choir.)

75 — Mais de Patrice! Si tu savais ce qu'il a fait! continua Roudeneige.

Son regard était si bouleversé qu'il me fit peur. Je crus qu'il était arrivé quelque chose à Brigitte.

— Non, rien! dit-il pour me rassurer. Du moins pour le moment, mais dans l'avenir?

80 Il reprit un peu son sang-froid* et me raconta ce qui s'était passé.

Patrice avait acheté une voiture d'occasion.* Mais il ne l'avait pas payée. Le propriétaire le poursuivait sans succès depuis plusieurs mois. Quand il sut que Patrice 85 jouait *Badine,* il vint le traquer jusqu'ici. Il l'avait retrouvé hier au café du Globe. Il lui avait dit: — Je vous laisse quand même jouer. Mais c'est tout. Jusqu'à ce soir, dernier délai!

Alors Patrice s'était senti acculé. Dans l'après-midi 90 il avait rendez-vous avec Brigitte chez elle. Avait-il détourné son attention? L'avait-il quittée un instant? En tout cas, ce matin M. Barunet venait de découvrir qu'il manquait sept mille francs dans la caisse* de la pharmacie.

acculé cornered

Il n'avait pas osé accuser ses deux employés dont 95 l'honnêteté était au-dessus de tout soupçon. Mais eux, qui par dévouement pour le père, ou pour tout autre raison, souffraient sans doute de voir Brigitte fréquenter un garçon si peu recommandable, ne manquèrent pas de souligner* la coïncidence entre la présence de Patrice et 100 la disparition de l'argent.

M. Barunet avait alerté la police. On avait perquisitionné dans* la chambre d'hôtel de Patrice qui préparait ses valises. Entre deux chemises on avait trouvé la somme. Aussitôt le vieil anathème[2] contre les comédiens, que 105 M. Barunet avait essayé d'éteindre* dans son esprit, s'était réveillé. Et en même temps, le vieil esprit de fierté d'une bourgeoisie sans tache. M. Barunet aurait pu cacher l'affaire. Mais il estima qu'après la honte de la représentation c'en était trop. En punissant Patrice, il ne punissait pas 110 seulement un escroc* qui avait abusé de sa confiance et qui avait essayé de prendre sa fille, il vengeait la ville entière. Il laissa donc le commissaire emmener le voleur.

une bourgeoisie sans tache a middle class of unblemished reputation

vengeait was avenging

Moi, je triomphais au-delà de toute espérance. Mais

au-delà de toute espérance beyond all expectation

2. **anathème:** curse. (For many centuries actors were looked upon as creatures without morals.)

263

attentait . . . société was making a criminal attack on the laws of society

ce triomphe m'écrasait. Jamais Brigitte ne me pardonnerait d'avoir eu raison contre son amour. Tant que Patrice 115 ne portait atteinte* qu'au texte de Musset, je pouvais encore la détacher de lui. Maintenant qu'il attentait aux lois de la société, il allait être couronné,* aux yeux de Brigitte, d'une auréole* de fatalité et de malheur.

J'imaginai ce que devait penser Brigitte. Son Patrice 120 devenait pour elle un héros. Elle le parait* de tous les courages. Enfermée dans sa chambre, elle se barricadait dans son amour. Ces dangers, ces épreuves suprêmes qu'elle attendait sans doute pour vivre intensément et pour s'opposer avec encore plus de force à la quiétude* 125 de ses parents, elle les possédait enfin! Privée de son Patrice, exagérant les souffrances qu'il connaîtrait en prison, comptant les jours qui la séparaient de lui, elle allait jouer le rôle le plus frémissant* de sa carrière: celui de l'héroïne d'amour, qui souffre et perd tout pour celui 130 qu'elle aime.

bourreau (*fig.*) tormentor (*lit.* executioner)
tout machiné, tout tramé schemed, plotted the whole thing

Quant à moi, je devenais le traître, l'espion, le bourreau. J'avais tout machiné, tout tramé. Elle devait m'accuser d'avoir indiqué au propriétaire de l'auto l'adresse de Patrice et d'avoir dénoncé son héros. Le peu qui me 135 restait, cette joie tremblante de la voir, je perdais tout. Jamais plus elle ne m'adresserait la parole. Jamais plus je n'oserais me présenter à elle. Jamais plus ses parents ne consentiraient à me recevoir. Ils auraient honte de m'avoir préféré Patrice. Je représentais l'honnêteté, la régularité 140 de vie qu'ils avaient repoussée,* en un moment d'égarement,* pour l'irrégularité et l'aventure. Je leur rappelais ces vertus bourgeoises que, pour plaire à leur fille, ils

s'apprêtaient . . . ridicule were ready to scoff at

s'apprêtaient à tourner en ridicule. Et la leçon les humilierait d'autant plus qu'elle venait d'en bas, d'un garçon 145 qui n'était pas de leur monde. J'avais tué à jamais la joie de ma vie.

Le soir même je déclarai à mon oncle et à ma tante que je devais regagner d'urgence Paris pour y préparer la rentrée. Cette décision leur parut bien brusque. Ils devi- 150 nèrent qu'il devait y avoir d'autres raisons. Ils souffrirent de me sentir malheureux. Ils me posèrent quelques questions. Ils prononcèrent le nom de Brigitte. Je m'enfermai dans un silence si glacial qu'ils n'insistèrent pas. Je fis mes bagages à la hâte.* Dès le lendemain, je quittai O . . . 155 et je n'y reviendrai certainement jamais.

VOCABULAIRE EXPLIQUE

Page 261
7 prévenir: *informer*
12 affichait: *collait sur un mur (une annonce, etc.)*
13 caisse de location: *endroit où l'on vend des billets à l'avance pour une représentation*
15 vedettes consacrées: *acteurs et actrices célèbres depuis longtemps*
16 mine *f.*: *apparence*
20 vous en tirer: *sortir avec succès d'une situation difficile*
26 s'était constitué: *avait fait*
28 tueurs *m.*: *assassins*
29 gueules *f.* (très fam.): *visages*

Page 262
39 l'intitulai: *lui donnai le titre*
43 lamentable: *d'une médiocrité pitoyable*
47 accabler: *humilier, opprimer*
48 souillé: *déshonoré*
51 rayonne: *brille*
58 dévoilait: *révélait, faisait connaître*
59 consommé: *bu*
63 espions *m.*: *agents secrets*
65 mutisme *m.*: *attitude de ceux qui refusent de parler*

69 inespéré: *inattendu*
72 dégoûtant: *révoltant*

Page 263
80 reprit . . . sang-froid: *retrouva un peu son assurance*
82 voiture d'occasion: *auto que l'on achète de seconde main*
93 caisse *f.*: *meuble où l'on garde l'argent dans un magasin*
99 souligner: *attirer l'attention sur*
102 perquisitionné dans: *cherché dans, inspecté*
105 éteindre: *effacer*
110 escroc *m.*: *homme malhonnête qui trompe et qui vole*

Page 264
116 portait atteinte: *faisait du tort*
118 couronné: *honoré*
119 auréole *f.*: *halo; prestige*
121 parait (fig.): *glorifiait*
125 quiétude *f.*: *tranquillité*
129 frémissant: *passionné, ardent*
141 repoussée: *rejetée, refusée d'accepter*
142 égarement *m.*: *agitation, panique*
155 à la hâte: *avec rapidité*

Omission de l'article

Artisans, techniciens, couturières, musiciens — tous acceptèrent d'aider.
Artisans, technicians, dressmakers, musicians — all agreed to help.

In an enumeration the article is often omitted to speed up the action.

Ils avaient tort d'y aller à pied.
They were wrong to go there on foot.

The article is omitted in a great many fixed expressions such as *avoir raison, avoir tort, aller à pied, aller à cheval; avec soin, par hasard,* etc.

Verbes conjugués comme «couvrir»

Il a découvert le vol. *He discovered the theft.*
Il ouvre la porte. *He opens the door.*
Elle souffrait de maux de tête. *She suffered from headaches.*

Ouvrir, découvrir, offrir, and *souffrir* are conjugated like *couvrir*. See Appendix, page 284.

EXERCICES

I. Questionnaire

Pages 261–262

1. Pourquoi les artisans et les techniciens ont-ils accepté d'aider Paul?
2. Quelle était l'attitude du photographe? 3. Faites le portrait de Patrice comme l'imagine son ennemi. 4. Qu'est-ce que le photographe faisait pour se venger des mauvais payeurs? 5. Pourquoi Paul n'a-t-il pas voulu assister à la représentation? 6. Pourquoi Paul a-t-il écrit d'avance un compte rendu de la représentation? 7. Quel titre a-t-il donné à cet article et comment l'a-t-il signé? 8. A qui la troupe devait-elle de l'argent?

Pages 263–264

9. Qu'est-ce que Patrice avait acheté d'occasion? 10. Par qui Patrice avait-il été menacé et pourquoi? 11. A qui Patrice avait-il volé l'argent dont il avait besoin? 12. Pourquoi M. Barunet n'avait-il pas caché cette affaire? 13. Qu'est-ce que M. Barunet faisait en punissant Patrice? 14. Pourquoi le triomphe de Paul lui a-t-il laissé un goût amer? 15. Qu'est-ce que Paul aurait rappelé aux parents de Brigitte, s'il était resté? 16. En causant la chute de Patrice, qu'est-ce que Paul a tué à jamais?

II. Vocabulaire (mots à ne pas confondre)

Complétez les phrases suivantes en choisissant le mot convenable.

Exemple: (photographe, photographie) Voici une belle . . . en couleur.
Le . . . qui l'a prise est un artiste.

Réponses: *(1) photographie; (2) photographe*

1. (comédien, comique) Ce . . . joue les tragédies aussi bien que les comédies. Cet acteur me fait rire; c'est un bon . . .

2. (comptes, contes) Mon oncle raconte souvent des . . . intéressants. Je fais mes . . . pour savoir combien d'argent j'ai dépensé.

3. (un somme, une somme) J'ai sommeil; je vais faire . . . L'année dernière il a dépensé . . . énorme.

4. (tâche, tache) Il y a une . . . de graisse sur cette robe. Il accomplit chaque jour sa . . . quotidienne.

5. (fil, fils) Ce monsieur a deux filles et un . . . Nous n'avons pas saisi le . . . de la conversation.

6. (affirmé, affermi) Ces événements ont . . . sa décision. Elle a . . . qu'elle n'avait pas reçu d'argent.

7. (prévenir, prévoir) Ils vont nous . . . de leur arrivée. Il est difficile de . . . ce qui arrivera.

8. (emmener, emporter) Il va . . . son frère au cinéma. Puisqu'il ne pleuvait pas, il n'a pas voulu . . . son parapluie.

III. Verbes conjugués comme «ouvrir»

Complétez les phrases suivantes en employant la forme convenable du verbe entre parenthèses.

Exemple: Quand nous le voyons, il nous (offrir) toujours son aide.

Réponse: *offre*

1. Si elle (découvrir) ce vol, elle sera accablée. 2. Si la neige (couvrir) la montagne, nous pourrions faire du ski. 3. C'est l'heure où les magasins (s'ouvrir). 4. Il aurait alerté la police, s'il (découvrir) le vol. 5. Elle a consulté le médecin, parce qu'elle (souffrir) de maux de tête. 6. Il est venu me voir et (offrir) de m'aider. 7. En (ouvrir) la vitre de sa voiture, elle s'est fait mal. 8. Elle m'a dit que la neige (couvrir) les sommets depuis plus d'un mois.

IV. Petit exposé oral

Expliquez pourquoi le triomphe de Paul l'écrasait. Parlez surtout de l'attitude que Brigitte aurait prise envers lui:

ne pas lui pardonner d'avoir eu raison contre son amour; ne plus lui adresser la parole; le considérer comme un traître; l'accuser d'avoir dénoncé son héros; ne jamais consentir à le revoir

V. Rédaction

Racontez en style de narration l'histoire de Patrice et de sa voiture:

acheter une voiture d'occasion à crédit; ne pas payer chaque mois ce qu'il devait; être menacé par le vendeur; se sentir sans aide, sans ressources; profiter de la confiance de M. Barunet pour lui enlever de sa caisse sept mille francs; retourner à l'hôtel; préparer ses valises; être arrêté par la police qui avait été alertée par M. Barunet

APPENDICE

APPENDICE

Passé simple

Elle *vint* avec la soupière. Après la soupe, elle *posa* sur la table le plat de lentilles. Les deux grands *commencèrent* de se disputer. Maman *leva* sa fourchette et tout à coup *s'arrêta* comme pétrifiée. Elle *dit:* Voilà votre père.

The *passé simple* is used to express a completed act in past time in a continuous narration such as a novel, a biography, or an historical account. For this reason it is often referred to as a literary or historical tense. Compare this tense with the *passé composé,* which is the conversational tense for completed acts in past time: *Elle est venue . . . Elle a posé . . . Elle a levé . . . Ils ont commencé . . . Elle s'est arrêtée . . . Elle a dit . . .*

Imparfait

Il était de mauvaise humeur. *He was in a bad humor.*
Quand il grondait les enfants, il était souvent sévère. *When he scolded the children, he was often severe.*
Quand il entra, il tenait une lettre à la main. *When he entered, he had a letter in his hand.*

The *imparfait* is used in both narrative and conversational style. It describes a condition which existed in the past, expresses habitual, continuing, or unfinished action in the past, and tells what was going on at the time of a past act.

Phrases avec «si»

S'il est à la maison, donnez-lui ce livre. *If he is at home, give him this book.*
S'il vient nous voir, vous ferez sa connaissance. *If he comes to see us, you will make his acquaintance.*

Si plus the present may be followed by the imperative or the future.

Si elle recevait la lettre, elle serait heureuse. *If she received the letter, she would be happy.*

Si elle avait reçu la lettre, elle aurait été heureuse. *If she had received the letter, she would have been happy.*

The two examples above are sentences which express ideas contrary to fact. Observe the tense sequence which must be used in such sentences:

"If"-clause	Result clause
Imparfait:	Conditionnel:
Si vous écoutiez,	vous apprendriez.
If you listened,	*you would learn.*
Plus-que-parfait:	Conditionnel antérieur:
Si vous aviez écouté,	vous auriez appris.
If you had listened,	*you would have learned.*

Note that the "if"-clause may follow the result clause:

Vous apprendriez, si vous écoutiez.

Emploi du subjonctif

Je doute qu'il parte. (*is leaving*)
Je doute qu'il parte demain. (*will leave*)
Je doute qu'il soit parti hier. (*left*)

Je doutais qu'il parte. (*was leaving, left*)
Je doutais qu'il parte aujourd'hui. (*would leave*)
Je doutais qu'il soit parti avant-hier. (*had left*)

Langue littéraire:

Je doutais qu'il partît. (*left*)
Je doutais qu'il partît aujourd'hui. (*would leave*)
Je doutais qu'il fût parti avant-hier. (*had left*)

In correct speech the *présent du subjonctif* (*qu'il parte*) and the *passé du subjonctif* (*qu'il soit parti*) are used in all persons in current conversational style.

The *imparfait du subjonctif* (*qu'il partît*) and the *plus-que-parfait du subjonctif* (*qu'il fût parti*) have disappeared from spoken French. Even in formal written style, these two tenses appear to survive only in the third person singular. However, the writers in previous centuries made liberal use of both the *imparfait du subjonctif* and the *plus-que-parfait du subjonctif*. Recognition of these tenses is helpful in reading the literature of earlier periods.

Use the subjunctive in the subordinate clause after:

A. verbs which express an emotion

avoir honte que	être fâché que
avoir peur que	être inquiet que
craindre que	être ravi que
regretter que	être surpris que
être content que	être étonné que
être heureux que	être triste que
être désolé que	etc.

B. verbs which express a wish, a desire, a command, an order

aimer mieux que	ordonner que
préférer que	désirer que
commander que	vouloir que
conseiller que	permettre que
défendre que	souhaiter que
exiger que	etc.

C. verbs which express a doubt, an uncertainty

je doute que	il n'est pas vrai que
je ne pense pas que[1]	il n'est pas sûr que
je ne crois pas que	il n'est pas évident que
croyez-vous que?	il n'est pas clair que
pensez-vous que?	il n'est pas probable que
	etc.

D. certain impersonal expressions

il faut que	il se peut que
il est nécessaire que	il vaut mieux que
il est important que	il est incroyable que
il importe que	il est étonnant que
il convient que	il est préférable que
il est convenable que	il est urgent que
	etc.

E. after conjunctions of time, purpose, concession, and condition

quoique, *although*	en attendant que, *while waiting*
bien que, *although*	jusqu'à ce que, *until*
pour que, *so that, in order that*	sans que, *without*
afin que, *in order that*	pourvu que, *provided that*
avant que, *before*	à condition que, *on condition that*

[1] In current everyday speech the verbs *croire* and *penser* in the negative and in the interrogative may be followed by the indicative and the conditional: *Pensez-vous qu'il viendra? Je ne croyais pas qu'il viendrait.*

Pronoms

Pronoms personnels

Mes deux cent francs, je ne te les donnerais pas. *My two hundred francs, I would not give them to you.*

L'argent est placé; on n'y touche pas. *The money is invested; one doesn't touch it.*

Sujet	Objet direct	Objet indirect	Pronoms réfléchis	Pronoms accentués
je	me (m')	me (m')	me (m')	moi
tu	te (t')	te (t')	te (t')	toi
il	le (l')	lui	se (s')	lui
elle	la (l')	lui	se (s')	elle
nous	nous	nous	nous	nous
vous	vous	vous	vous	vous
ils	les	leur	se (s')	eux
elles	les	leur	se (s')	elles

Pronoms adverbiaux

en, *some, any, of it, of them, from there*

y, *to it, to them, there*

Phrases à deux pronoms compléments

Affirmation ou impératif négatif

me (m')								
te (t')		le						
se (s')	devant	la	devant	lui	devant	y	devant	en
nous		les		leur				
vous								

Je le leur ai dit. Il ne me l'a pas dit.

Nous leur en avons parlé. Nous ne leur en avons pas parlé.

Ne vous l'a-t-il pas donné? Oui, il me l'a donné.

Ne nous en donnez pas!

Ne le leur envoyez pas!

Ne t'en va pas!

Ne vous y montrez pas!

Impératif affirmatif

		le		moi (m')				
Verbe	devant	la	devant	lui	devant	y	devant	en
		les		nous				
				leur				

Montrez-la-moi!   Parlez-nous-en!

Donnez-m'en!   Dites-le-lui!

Va-t'en!   Envoyez-le-lui!

Adjectifs et pronoms démonstratifs

Adjectifs	*Pronoms*	
ce monsieur *this, that gentleman*	celui-ci *this one*	celui-là *that one*
cet homme *this, that man*	celui-ci *this one*	celui-là *that one*
cette dame *this, that lady*	celle-ci *this one*	celle-là *that one*
ces messieurs *these, those gentlemen*	ceux-ci *these*	ceux-là *those*
ces dames *these, those ladies*	celles-ci *these*	celles-là *those*

Il a deux frères: Robert et Jean; celui-ci habite Paris, celui-là Bordeaux. *He has two brothers: Robert and John; the latter lives in Paris, the former in Bordeaux.*

Le chapeau de Marie ... Celui de Marie ... (*That of . . .*)
La robe de Jeanne ... Celle de Jeanne ... (*That of . . .*)
Les messieurs qui arrivent ... Ceux qui arrivent ... (*Those who . . .*)
Les dames que nous voyons ... Celles que nous voyons ... (*Those whom . . .*)

Ce, ceci, cela, ça

Qui est là? C'est moi. (*It is I.*)
Ecoutez ceci: il faut travailler. (*Listen to this . . .*)
Nous partirons très tôt. — Oui, cela vaut mieux. (*Yes, that is better.*)
Si nous tentions notre chance? C'est ça. Allons-y! *Shall we try our luck? That's it. Let's go.*

Pronoms relatifs

Pronom	*Traduction*	*Emploi*	*Exemple*
qui	*who, which*	sujet (personnes et choses)	mon ami qui est mon livre qui est
qui	*whom*	après une préposition	le monsieur à qui
que	*whom, which*	objet direct (personnes et choses)	la dame que je vois le livre que je lis
lequel	*whom, which*	après une préposition	la dame de laquelle le village duquel
où	*where, in which*	remplace *dans lequel, dans laquelle,* etc.	la maison où il demeure

dont	of whom, whose, of which	remplace *duquel,* etc. (personnes et choses)	le garçon dont il parle le journal dont il parle
ce qui	what	sujet	ce qui est vrai
ce que	what	objet direct	ce que je vois

Pronoms interrogatifs

Pronom	Traduction	Emploi	Exemple
qui?	who?	sujet	Qui parle?
qui est-ce qui?	who?	sujet	Qui est-ce qui parle?
qui?	whom?	obj. direct	Qui voyez-vous?
qui est-ce que?	whom?	obj. direct	Qui est-ce que vous voyez?
qui?	whom?	après une préposition (personnes)	A qui parlez-vous?
qu'est-ce qui?	what?	sujet	Qu'est-ce qui vous fait rire?
que?	what?	obj. direct	Que voyez-vous?
qu'est-ce que?	what?	obj. direct	Qu'est-ce que vous voyez?
quoi?	what?	après une préposition	A quoi pensez-vous?
lequel?	which one?	sujet, obj.	Lequel est ici?
laquelle?	which one?	direct, après une	Laquelle avez-vous?
lesquels?	which ones?	préposition	Vers lesquels?
lesquelles?	which ones?		Dans lesquelles?

Pronoms possessifs

Masculin

singulier	pluriel
le mien, *mine*	les miens
le tien, *yours*	les tiens
le sien, *his, hers*	les siens
le nôtre, *ours*	les nôtres
le vôtre, *yours*	les vôtres
le leur, *theirs*	les leurs

Féminin

singulier	pluriel
la mienne	les miennes
la tienne	les tiennes
la sienne	les siennes
la nôtre	les nôtres
la vôtre	les vôtres
la leur	les leurs

Ton appartement et le nôtre . . .	*Your apartment and ours . . .*
Ma cousine et la sienne . . .	*My cousin and his (hers) . . .*
Ton ami, ton amie; le tien, la tienne	*Your friend; yours*
Sa mère et la leur . . .	*His (her) mother and theirs . . .*
Nos amis et les leurs . . .	*Our friends and theirs . . .*

Adjectifs possessifs

Singulier		*Pluriel*
masculin	féminin	masc. et fém.
mon, *my*	ma (mon)	mes
ton, *your*	ta (ton)	tes
son, *his, her*	sa (son)	ses
notre, *our*	notre	nos
votre, *your*	votre	vos
leur, *their*	leur	leurs
mon ami	mon amie	mes amis, amies
ton enfant	ton enfant	tes enfants
son âge	son affaire	ses livres, etc.

		Regular Verbs		
		First Conjugation		
infinitif (-er) parler, *to speak*	**participe présent** parlant, *speaking* (Drop **-ons** from 1st pers. pl. pres. ind. and add **-ant**.)	**participe passé** parlé, *spoken* (Drop **-er** from infin. and add **-é**.)	**présent de l'indicatif**	**passé simple**
futur je parlerai tu parleras il parlera nous parlerons vous parlerez ils parleront *I shall (will) speak, etc.* (Add endings **-ai, -as, -a, -ons, -ez, -ont** to the infin.)	**imparfait** je parlais tu parlais il parlait nous parlions vous parliez ils parlaient *I was speaking, I used to speak, etc.* (Drop **-ant** from pres. part. and add **-ais, -ais, -ait, -ions, -iez, -aient**.)	**passé composé** j'ai parlé, etc. *I have spoken,* *I spoke, etc.* (Pres. of aux. verb + past part.) **plus-que-parfait** j'avais parlé, etc. *I had spoken, etc.* (Imperf. of aux. verb + past part.) **passé antérieur** j'eus parlé, etc. *I had spoken, etc.* (Passé simple of aux. verb + part. passé)	je parle tu parles il parle nous parlons vous parlez ils parlent *I speak, I do speak, I am speaking, etc.* (Drop **-er** from infin. and add **-e, -es, -e -ons, -ez, -ent**.)	je parlai tu parlas il parla nous parlâmes vous parlâtes ils parlèrent *I spoke, etc.* (Drop **-er** from infin. and add **-ai, -as, -a, -âmes, -âtes, -èrent**.)
conditionnel je parlerais tu parlerais il parlerait nous parlerions vous parleriez ils parleraient *I should (would) speak, etc.* (Add endings **-ais, -ais, -ait, -ions, -iez, -aient** to the infin.)	**subj. prés.** je parle tu parles il parle nous parlions vous parliez ils parlent (translation depends on use) (Drop **-ant** from pres. part. and add **-e, -es, -e, -ions, -iez, -ent**.)	**futur antérieur** j'aurai parlé, etc. *I shall have spoken, etc.* (Fut. of aux. verb + part. passé) **conditionnel antérieur** j'aurais parlé, etc. *I should (would) have spoken, etc.* (Cond. of aux. verb + past part.) **passé du subj.** j'aie parlé, etc. *I have spoken, etc.* (Subj. prés. of aux. verb + part. passé)	**impératif** parle, *speak* parlons, *let us speak* parlez, *speak*	**imparfait du subj.** je parlasse tu parlasses il parlât nous parlassions vous parlassiez ils parlassent (translation depends on use) (Add endings **-asse, -asses, -ât, -assions, -assiez, -assent** to the stem of the passé simple.)
		plus-que-parf. du subj. j'eusse parlé, etc. *I had spoken, etc.* (Imparf. du subj. + part. passé)		

		Second Conjugation		
infinitif (-ir) finir, *to finish*	**participe présent** finissant, *finishing* (Drop **-ons** from 1st pers. pl. pres. ind. and add **-ant**.)	**participe passé** fini, *finished* (Drop **-ir** from infin. and add **-i**.)	**présent de l'indicatif**	**passé simple**
		passé composé j'ai fini, etc. *I have finished, I finished, etc.* (Pres. of aux. verb + past part.)		
futur je finirai tu finiras il finira	**imparfait** je finissais tu finissais il finissait		je finis tu finis il finit	je finis tu finis il finit
nous finirons vous finirez ils finiront	nous finissions vous finissiez ils finissaient	**plus-que-parfait** j'avais fini, etc. *I had finished, etc.*	nous finissons vous finissez ils finissent	nous finîmes vous finîtes ils finirent
I shall (will) finish, etc.	*I was finishing, I finished, etc.*	(Imperf. of aux. verb + past part.)	*I finish, I do finish, I am finishing, etc.*	*I finished, etc.*
(Add endings **-ai, -as, -a, -ons, -ez, -ont** to the infin.)	(Drop **-ant** from pres. part. and add **-ais, -ais, ait, -ions, -iez, -aient**.)	**passé antérieur** j'eus fini, etc. *I had finished, etc.* (Passé simple of aux. verb + part. passé)	(Drop **-ir** from infin. and add **-is, -is, -it, -issons, -issez, -issent**.)	(Drop **-ir** from infin. and add **-is, -is, -it, -îmes, -îtes, -irent**.)
conditionnel je finirais tu finirais il finirait	**subj. prés** je finisse tu finisses il finisse	**futur antérieur** j'aurai fini, etc. *I shall have finished, etc.* (Fut. of aux. verb + part. passé)	**impératif** finis, *finish* finissons, *let us finish* finissez, *finish*	**imparfait du subj.** je finisse tu finisses il finît
nous finirions vous finiriez ils finiraient	nous finissions vous finissiez ils finissent	**conditionnel antérieur** j'aurais fini, etc. *I should (would) have finished, etc.* (Cond. of aux. verb + past part.)		nous finissions vous finissiez ils finissent
I should (would) finish, etc. (Add endings **-ais, -ais, -ait, -ions, -iez, -aient** to the infin.)	(translation depends on use) (Drop **-ant** from pres. part. and add **-e, -es, -e, -ions, -iez, -ent**.)	**passé du subj.** j'aie fini, etc. *I have finished, etc.* (Subj. prés. of aux. verb + part. passé)		(translation depends on use) (Add endings **-isse, -isses, -it, -issions, -issiez, -issent** to the stem of the passé simple.)
		plus-que-parf. du subj. j'eusse fini, etc. *I had finished, etc.* (Imparf. du subj. + part. passé)		

Third Conjugation				
infinitif (-re) vendre, *to sell*	**participe présent** vendant, *selling* (Drop **-ons** from 1st pers. pl. pres. ind. and add **-ant**.)	**participe passé** vendu, *sold* (Drop **-re** from infin. and add **-u**.)	**présent de l'indicatif**	**passé simple**
futur je vendrai tu vendras il vendra nous vendrons vous vendrez ils vendront *I shall (will) sell, etc.* (Drop **-e** from infin. and add **-ai, -as, -a, -ons, -ez, -ont**.)	**imparfait** je vendais tu vendais il vendait nous vendions vous vendiez ils vendaient *I was selling, I used to sell, etc.* (Drop **-ant** from pres. part. and add **-ais, -ais, -ait, -ions, -iez, -aient**.)	**passé composé** j'ai vendu, etc. *I have sold, I sold, etc.* (Pres. of aux. verb + past part.) **plus-que-parfait** j'avais vendu, etc. *I had sold, etc.* (Imperf. of aux. verb + past part.) **passé antérieur** j'eus vendu, etc. *I had sold, etc.* (Passé simple of aux. verb + part. passé)	je vends tu vends il vend nous vendons vous vendez ils vendent *I sell, I do sell, I am selling, etc.* (Drop **-re** from infin. and add **-s, -s, -(t), -ons, -ez -ent**.)	je vendis tu vendis il vendit nous vendîmes vous vendîtes ils vendirent *I sold, etc.* (Drop **-re** from infin. and add **-is, -is, -it, -îmes, -îtes, -irent**.)
conditionnel je vendrais tu vendrais il vendrait nous vendrions vous vendriez ils vendraient *I should (would) sell, etc.* (Drop **-e** from infin. and add **-ais, -ais, -ait, -ions, -iez, -aient**.)	**subj. prés.** je vende tu vendes il vende nous vendions vous vendiez ils vendent (translation depends on use) (Drop **-ant** from pres. part. and add **-e, -es, -e, -ions, -iez, -ent**.)	**futur antérieur** j'aurai vendu, etc. *I shall have sold, etc.* (Fut. of aux. verb + part. passé) **conditionnel antérieur** j'aurais vendu, etc. *I should (would) have sold, etc.* (Cond. of aux. verb + past part.) **passé du subj.** j'aie vendu, etc. *I have sold, etc.* (Subj. prés. of aux. verb + part. passé) **plus-que-parf. du subj.** j'eusse vendu, etc. *I had sold, etc.* (Imparf. du subj. + part. passé)	**impératif** vends, *sell* vendons, *let us sell* vendez, *sell*	**imparf. du subj.** je vendisse tu vendisses il vendît nous vendissions vous vendissiez ils vendissent (translation depends on use) (Add endings **-isse, -isses, -it, -issions, -issiez, -issent** to the stem of the passé simple.)

VERBES IRREGULIERS

infinitif et futur	part. prés. et subj. prés.	part. passé	présent	impératif	passé simple et imparf. du subj.
1. accueillir (to receive, make welcome) conjugated like **cueillir**					
2. acquérir (to acquire) acquerrai	acquérant acquière acquérions acquières acquériez acquière acquièrent	(avoir) acquis	acquiers acquérons acquiers acquérez acquiert acquièrent	acquiers acquérons acquérez	acquis acquisse
3. aller (to go) irai	allant aille allions ailles alliez aille aillent	(être) allé	vais allons vas allez va vont	va allons allez	allai allasse
4. apercevoir (to perceive) conjugated like **recevoir**					
5. apprendre (to learn) conjugated like **prendre**					
6. s'asseoir (to sit down) m'assiérai (m'assoirai)	s'asseyant m'asseye	(être) assis	m'assieds nous asseyons (m'assois) vous asseyez t'assieds s'asseyent s'assied	assieds-toi (assois-toi) asseyons-nous asseyez-vous	m'assis m'assisse
7. atteindre (to attain) atteindrai	atteignant atteigne	(avoir) atteint	atteins atteignons atteins atteignez atteint atteignent	atteins atteignons atteignez	atteignis atteignisse
8. avoir (to have) aurai	ayant; *impf.* avais aie ayons aies ayez ait aient	(avoir) eu	ai avons as avez a ont	aie ayons ayez	eus eusse

Infinitif (Futur)	Participe présent / Subjonctif	Participe passé	Présent	Impératif	Passé simple / Subjonctif imparfait
9. battre (to beat) battrai	battant / batte	(avoir) battu	bats bats bat / battons battez battent	bats battons battez	battis / battisse
10. boire (to drink) boirai	buvant buvions buviez boivent / boive boives boive	(avoir) bu	bois bois boit / buvons buvez boivent	bois buvons buvez	bus / busse
11. comprendre (to understand) conjugated like **prendre**					
12. conclure (to conclude) conclurai	concluant / conclue	(avoir) conclu	conclus conclus conclut / concluons concluez concluent	conclus concluons concluez	conclus / conclusse
13. conduire (to conduct) conduirai	conduisant / conduise	(avoir) conduit	conduis conduis conduit / conduisons conduisez conduisent	conduis conduisons conduisez	conduisis / conduisisse
14. connaître (to know) connaîtrai	connaissant / connaisse	(avoir) connu	connais connais connaît / connaissons connaissez connaissent	connais connaissons connaissez	connus / connusse
15. construire (to construct) conjugated like **conduire**					
16. coudre (to sew) coudrai	cousant / couse	(avoir) cousu	couds couds coud / cousons cousez cousent	couds cousons cousez	cousis / cousisse
17. courir (to run) courrai	courant / coure	(avoir) couru	cours cours court / courons courez courent	cours courons courez	courus / courusse

APPENDICE

infinitif et futur	part. prés. et subj. prés.	part. passé	présent	impératif	passé simple et imparf. du subj.
18. **couvrir** (to cover) couvrirai	couvrant / couvre	(avoir) couvert	couvre couvres couvre / couvrons couvrez couvrent	couvre couvrons couvrez	couvris / couvrisse
19. **craindre** (to fear) craindrai	craignant / craigne	(avoir) craint	crains crains craint / craignons craignez craignent	crains craignons craignez	craignis / craignisse
20. **croire** (to believe) croirai	croyant croyions croie croyiez croies croient croie /	(avoir) cru	crois crois croit / croyons croyez croient	crois croyons croyez	crus / crusse
21. **croître** (to grow) croîtrai	croissant / croisse	(avoir) crû (f. crue)	croîs croîs croît / croissons croissez croissent	croîs croissons croissez	crûs / crûsse
22. **cueillir** (to gather, pick) cueillerai	cueillant / cueille	(avoir) cueilli	cueille cueilles cueille / cueillons cueillez cueillent	cueille cueillons cueillez	cueillis / cueillisse
23. **cuire** (to cook) conjugated like **conduire**					
24. **décrire** (to describe) conjugated like **écrire**					
25. **devoir** (to owe, must) devrai	devant devions doive deviez doives doivent doive /	(avoir) dû (f. due)	dois dois doit / devons devez doivent	dois devons devez	dus / dusse

284

Infinitif (Futur)	Participe présent / Subjonctif présent	Passé composé	Présent	Impératif	Passé simple / Subjonctif imparfait
26. **dire** (to say) dirai	disant dise	(avoir) dit	dis dis dit disons dites disent	dis disons dites	dis disse
27. **dormir** (to sleep) dormirai	dormant dorme	(avoir) dormi	dors dors dort dormons dormez dorment	dors dormons dormez	dormis dormisse
28. **écrire** (to write) écrirai	écrivant écrive	(avoir) écrit	écris écris écrit écrivons écrivez écrivent	écris écrivons écrivez	écrivis écrivisse
29. **émouvoir** (to arouse, to move emotionally) conjugated like **mouvoir**; p. p. **ému**					
30. **envoyer** (to send) enverrai	envoyant envoie envoyions envoies envoyiez envoie envoient	(avoir) envoyé	envoie envoies envoie envoyons envoyez envoient	envoie envoyons envoyez	envoyai envoyasse
31. **être** (to be) serai	étant étais (imparf.) sois soyons sois soyez soit soient	(avoir) été	suis es est sommes êtes sont	sois soyons soyez	fus fusse
32. **faire** (to do) ferai	faisant fasse	(avoir) fait	fais fais fait faisons faites font	fais faisons faites	fis fisse
33. **falloir** (to be necessary) il faudra	(lacking) il fallait (imparf.) il faille (subj.)	il a fallu	il faut	(lacking)	il fallut il fallût

infinitif et futur	part. prés. et subj. prés.	part. passé	présent		impératif	passé simple et imparf. du subj.	
34. **fuir** (to flee) fuirai	fuyant fuie	(avoir) fui	fuis fuis fuit	fuyons fuyez fuient	fuis fuyons fuyez	fuis fuisse	
35. **haïr** (to hate) haïrai	haïssant haïsse	(avoir) haï	hais hais haït	haïssons haïssez haïssent	hais haïssons haïssez	haïs haïs haït haïsse	haïmes haïtes haïrent
36. **inscrire** (to register) conjugated like **écrire**							
37. **lire** (to read) lirai	lisant lise	(avoir) lu	lis lis lit	lisons lisez lisent	lis lisons lisez	lus lusse	
38. **mettre** (to put) mettrai	mettant mette	(avoir) mis	mets mets met	mettons mettez mettent	mets mettons mettez	mis misse	
39. **moudre** (to grind) moudrai	moulant moule moulions moules mouliez moule moulent	(avoir) moulu	mouds mouds moud	moulons moulez moulent	mouds moulons moulez	moulus moulusse	
40. **mourir** (to die) mourrai	mourant meure mourions meures mouriez meure meurent	(être) mort	meurs meurs meurt	mourons mourez meurent	meurs mourons mourez	mourus mourusse	

Infinitive / Future	Present Participle / Subjunctive	Past Participle	Present Ind. (sing.)	Present Ind. (plur.)	Imperative	Past Def. / Impf. Subj.
41. **mouvoir** (to move) mouvrai	mouvant — meuve, meuves, meuve, mouvions, mouviez, meuvent	(avoir) mû (mue, mus, mues)	meus, meus, meut	mouvons, mouvez, meuvent	meus, mouvons, mouvez	mus / musse
42. **naître** (to be born) naîtrai	naissant — naisse	(être) né	nais, nais, naît	naissons, naissez, naissent	nais, naissons, naissez	naquis / naquisse
43. **offrir** (to offer) conjugated like **couvrir**						
44. **ouvrir** (to open) conjugated like **couvrir**						
45. **paraître** (to appear) conjugated like **connaître**						
46. **partir** (to leave) conjugated like **dormir**; auxiliary **être**						
47. **permettre** (to permit) conjugated like **mettre**						
48. **plaindre** (to pity) conjugated like **craindre**						
49. **se plaindre** (to complain) auxiliary **être**; otherwise like **craindre**						
50. **plaire** (to please) plairai	plaisant — plaise	(avoir) plu	plais, plais, plaît	plaisons, plaisez, plaisent	plais, plaisons, plaisez	plus / plusse
51. **pleuvoir** (to rain) il pleuvra	pleuvant — il pleuvait (*imparf.*), il pleuve (*subj.*)	il a plu	il pleut		(lacking)	il plut / il plût
52. **pouvoir** (to be able) pourrai	pouvant — puisse	(avoir) pu	peux (puis), peux, peut	pouvons, pouvez, peuvent	(lacking)	pus / pusse

infinitif et futur	part. prés. et subj. prés.	part. passé	présent	impératif	passé simple et imparf. du subj.
53. **prendre** (*to take*) prendrai	prenant prenne prenions prennes preniez prenne prennent	(avoir) pris	prends prenons prends prenez prend prennent	prends prenons prenez	pris prisse
54. **recevoir** (*to receive*) recevrai	recevant reçoive recevions reçoives receviez reçoive reçoivent	(avoir) reçu	reçois recevons reçois recevez reçoit reçoivent	reçois recevons recevez	reçus reçusse
55. **reconnaître** (*to recognize*) conjugated like **connaître**					
56. **résoudre** (*to resolve*) résoudrai	résolvant résolve	(avoir) résolu	résous résolvons résous résolvez résout résolvent	résous résolvons résolvez	résolus résolusse
57. **rire** (*to laugh*) rirai	riant rie	(avoir) ri	ris rions ris riez rit rient	ris rions riez	ris risse
58. **savoir** (*to know*) saurai	sachant savais (*imparf.*) sache	(avoir) su	sais savons sais savez sait savent	sache sachons sachez	sus susse
59. **sentir** (*to feel*) conjugated like **dormir**					
60. **servir** (*to serve*) conjugated like **dormir**					

61. sortir' (to leave) conjugated like dormir; auxiliary être

62. souffrir (so suffer) conjugated like couvrir

63. sourire (to smile) conjugated like rire

Infinitif / Futur	Participes / Subjonctif	Passé composé	Présent (je/tu/il)	(nous/vous/ils)	Impératif	Passé simple / Imparfait du subjonctif
64. suffire (to suffice) suffirai	suffisant / suffise	(avoir) suffi	suffis, suffis, suffit	suffisons, suffisez, suffisent	suffis, suffisons, suffisez	suffis / suffisse
65. suivre (to follow) suivrai	suivant / suive	(avoir) suivi	suis, suis, suit	suivons, suivez, suivent	suis, suivons, suivez	suivis / suivisse
66. tenir (to hold) tiendrai	tenant, tenions, teniez, tiennent / tienne, tiennes, tienne	(avoir) tenu	tiens, tiens, tient	tenons, tenez, tiennent	tiens, tenons, tenez	tins, tins, tint, tînmes, tîntes, tinrent / tinsse, tinsses, tînt, tinssions, tinssiez, tinssent
67. vaincre (to conquer) vaincrai	vainquant / vainque	(avoir) vaincu	vaincs, vaincs, vainc	vainquons, vainquez, vainquent	vaincs, vainquons, vainquez	vainquis / vainquisse
68. valoir (to be worth) vaudrai	valant, valions, valiez, vaillent / vaille, vailles, vaille	(avoir) valu	vaux, vaux, vaut	valons, valez, valent	vaux, valons, valez	valus / valusse

infinitif et futur	part. prés. et subj. prés.	part. passé	présent	impératif	passé simple et imparf. du subj.
69. **venir** (to come) viendrai	venant vienne venions viennes veniez vienne viennent	(être) venu	viens venons viens venez vient viennent	viens venons venez	vins vînmes vins vîntes vint vinrent vinsse vinssions vinsses vinssiez vînt vinssent
70. **vêtir** (to clothe) vêtirai	vêtant vête	(avoir) vêtu	vêts vêtons vêts vêtez vêt vêtent	vêts vêtons vêtez	vêtis vêtisse
71. **vivre** (to live) vivrai	vivant vive	(avoir) vécu	vis vivons vis vivez vit vivent	vis vivons vivez	vécus vécusse
72. **voir** (to see) verrai	voyant voie voyions voies voyiez voie voient	(avoir) vu	vois voyons vois voyez voit voient	vois voyons voyez	vis visse
73. **vouloir** (to wish) voudrai	voulant veuille voulions veuilles vouliez veuille veuillent	(avoir) voulu	veux voulons veux voulez veut veulent	veuillez	voulus voulusse

VOCABULAIRE

Abréviations

abrév. abréviation
adj. adjectif
adv. adverbe
art. article
cond. conditionnel
conj. conjonction
contr. contraire
démon. démonstratif
exclam. exclamation
f. féminin
fam. familier
fig. sens figuré
fin. finance
fut. futur
imparf. imparfait
impér. impératif
impers. impersonnel
ind. indicatif
indéf. indéfini
interj. interjection
interrog. interrogatif
invar. invariable
lit. littéral
m. masculin
méd. médical

milit. militaire
mus. musique
n. nom
nég. négatif
obj. objet
p.c. passé composé
p.p. participe passé
p.s. passé simple
part. prés. participe présent
péj. péjoratif
pers. personne
pl. pluriel
poé. poétique
pop. populaire
poss. possessif
prép. préposition
prés. présent
pron. pronom
rel. relatif
sing. singulier
subj. subjonctif
suj. sujet
syn. synonyme
théât. théâtre
v. verbe

Vocabulaire

Français-Anglais

A

abaisser to lower, bring down

abandonner to leave, quit, forsake, give up

abattoir *m.* slaughterhouse

abdiquer to abdicate, resign

abîmé overcome; spoiled, ruined

abord *m.* access, approach; **d'—**, at first, in the first place; **d'—**, first of all

aboutir à to end in, lead to

abruti stunned, stupefied, dazed (*by surprise*)

absolu absolute, complete, total, perfect, real

absolument absolutely, positively, really

absorber to drink, consume (*food*)

abuser to deceive, take advantage of

académie *f.* academy, school; **Académie française** *Founded in 1635 and limited to 40 members, this honorary society concerns itself with literary matters.*

accablé crushed, worn out, overwhelmed

accablement *m.* depression

accabler to overpower, crush, overcome, oppress

accélérer to speed up, accelerate

accepter to accept, agree to

accidenté *m.* casualty, victim

acclamer to cheer, acclaim

accompagner to accompany, go along with, escort

accomplir to carry out, perform, accomplish

accord *m.* agreement; **se mettre d'—**, to come to an understanding; **d'—**, agreed, in agreement

accorder to grant, concede, bestow, confer; **s'—**, to harmonize, match, tally

accourir *to* run up, come running

accoutumé accustomed, usual

accrocher: s'— à to catch on, cling to

accueil *m.* reception, welcome

accueillir to receive, welcome, greet

accumuler to accumulate, hoard

accusateur *m.* accuser; **— public** public prosecutor

accuser to accuse, blame

achat *m.* purchase

acheter to buy; **— à** to buy from

achever to finish, dispatch; **s'—**, to end, close, come to an end

acompte *m.* installment; **en —**, on account

action *f.* deed, action, lawsuit, trial; **— judiciaire** judicial process, legal action

actualité *f.* reality, matter of present interest

actu–el, –elle present, current

actuellement now, at the present time

adieu farewell

admettre to admit

admirat–if, –ive admiring

admirer to admire

admis admitted, accepted

adresse *f.* address, destination; **à mon —**, directed to me

adresser to address, send; **— la parole** to speak; **s'— à** to apply to, speak to

adroit skillful, clever, deft

adroitement skillfully, cleverly

adversaire *m.* opponent, adversary

affaiblir to weaken

affaire *f.* affair, business matter; *pl.* business; things; belongings

affecté affected, conceited

affermir (*fig.*) to confirm, establish

affiche *f.* bill, poster, sticker

afficher to placard, display

affirmer to assert, maintain, make felt, state positively

affranchi emancipated, free; **poser à l'—,** to pretend to be emancipated

affr–eux, –euse dreadful, frightful, hideous

afin de in order to

afin que in order that, so that

agacement *m.* irritation

agacer to irritate, vex, annoy, provoke

âge *m.* age; **Quel — a-t-il?** How old is he? **que je fusse en — de** until I was old enough to

âgé old, aged, elderly; **plus — que** older than

agent *m.* agent, broker; **— de police** policeman

aggraver to aggravate, make worse

agir to act, do; **il s'agit de** it concerns, it is a question of; **— par intérêt** to act through self-interest; **Voici de quoi il s'agit.** Here is what it is about.

agité boisterous, riotous, tumultuous; restless, troubled; **nuit agitée** sleepless night

agneau (*pl.* **–x**) *m.* lamb

agonie *f.* death agony, death struggle

agress–if, –ive aggressive

agressivité *f.* aggressiveness

agripper to clutch, cling

aide *f.* aid, help, assistance

aider to aid, help, assist

aïeule *f.* grandmother, ancestor

aigreur *f.* bitterness, (*fig.*) peevishness

ailleurs elsewhere, somewhere else; **d'—**, besides, moreover, otherwise

aimable friendly, lovable, pleasant, nice, kind

aimanté magnetized, hypnotized

aimé (de) loved (by), beloved (of)

aimer to like, love; **— mieux** to prefer, like better; **se faire — de** to win the love (affection) of

aîné elder, eldest

ainsi thus, so, therefore, like that; **— que** as well as

air m. air, appearance, aspect; **avoir l'— triste** to seem (look) sad

aisance f. ease, comfort

aise f. ease, satisfaction; **à ton —,** as you wish; **fort à leur —,** very much at home; **mettre quelqu'un à son —,** to put someone at his ease

ajouter to add, go on to say

alarmant alarming

alerter to alert, warn, inform

alezan m. chestnut-colored horse

aligner: s'—, to fall in line, line up

allégé relieved, lightened

allégresse f. gladness, cheerfulness

aller to go; **— chercher** to go for, go and get; **— se coucher** to go to bed; **— à pied** to walk; **— trouver** to go and find; **Allons!** (interj.) Come! Well! Now! **Ça va!** Right! Agreed! **Ça te va!** That suits you! **Comment va-t-il?** How is he? **s'en—,** to go away, leave

allié m. ally

allonger to lengthen, stretch out

allure f. speed, pace, gait

alors then; **— que** when, while, whereas; **— là** then, in that case; **et —?** so what?

amant m. lover

amarré attached (by cables)

ambassade f. embassy; (fam.) mission, errand

ambiance f. environment, atmosphere

âme f. soul

améliorer to improve, better

amener to bring, lead, conduct

am–er, –ère bitter; (fig.) sharp

amèrement bitterly

amertume f. bitterness

ami m. friend

amitié f. friendship

amour m. love

amour–eux, –euse in love, infatuated; m. lover, boyfriend

amuser to amuse, entertain; **s'—,** to have a good time, enjoy oneself

an m. year; **avoir près de quatorze —s** to be nearly fourteen years old; **vous n'avez pas pris un —,** you aren't any older, you haven't aged at all

analyse f. analysis

ancêtre m. ancestor, forefather

anci–en, –enne ancient, old, former; **un ancien ami** a former friend; **un livre ancien** an old book; m. senior

ange m. angel; **mauvais —,** evil genius

angine f. tonsillitis, sore throat

anglais English, British; **filer à l'anglaise** to take French leave, make a hasty departure

Anglais m. Englishman; **Anglaise** f. Englishwoman

angoisse f. distress, anguish, agony, anxiety

animé (adj.) animated; warm (discussion)

animer to animate, vitalize

animosité f. animosity

année f. year, whole year

annoncer to announce, report

annuler to cancel, annul

anthracite m. anthracite, hard coal

anxiété f. concern, anxiety

apaiser to pacify, appease, satisfy; **s'—,** to subside, calm down, alleviate, abate

apathie f. apathy

apercevoir to perceive, see, notice

aperçu (p.p. **apercevoir**); m. view; summary, outline; glimpse, hint

apitoyé pitying, commiserating, moved to pity

aplatir to flatten, squash

apparaître to appear, come into sight, become visible

appareil m. apparatus, machine; **— téléphonique** telephone receiver

apparent visible, noticeable

apparition f. appearance

appartenir à to belong to

appauvrir to impoverish

appel m. call, summons; **faire signe d'—,** to summon with a gesture; **sans —,** final (judgment), without appeal

appeler to call; **s'—,** to be called, be named

applaudir to applaud

applaudissement m. applause; (fig.) approval

appliquer to apply, put; (fam.) give

apport m. bringing in, contribution

apporter to bring, supply

apprécier to appreciate, esteem, enjoy

apprendre to learn; hear of, be informed of; teach

apprentissage m. apprenticeship; (fig.) experience; **en —,** as an apprentice; **être en —,** to serve an apprenticeship

approbation f. approval, commendation

approcher: s'— de to approach, come near

approfondir to deepen, go deeply into

approprié appropriate, fitting, suitable

approuver to approve of, agree with

appui m. support; (fig.) aid, protection

appuyer to set, press, lay; **s'— sur** to lean on, rest on; **un coup d'œil appuyé** an insistent glance

294

âpre biting, sharp; (*fig.*) bitter, scathing

après after, next, later; **d'—,** according to, from

après-midi *m.* afternoon

arbre *m.* tree

ardemment eagerly, warmly

argent *m.* money; silver; **— liquide** ready cash, available money; **— de poche** pocket money

argot *m.* slang

arme *f.* weapon, arm; **prendre les —s** to take up arms; **cheval d'—** military horse

armée *f.* army

arracher to snatch, pull up; extract, extort

arranger to arrange, alter, put in order; (*fam.*) fix; **s'—,** to manage; **ça s'arrangera mieux** that will turn out better

arrêt *m.* stop, halt

arrêté standing, at a standstill

arrêter to stop, detain, arrest; **— un plan** to plan, decide on a plan; **s'—,** to halt, pause, stop; **s'— net** to stop short; **se faire —,** to get arrested

arrière *m.* back, rear; **en —,** backwards

arrivée *f.* arrival

arriver to arrive, come; happen, occur; take place; succeed

arroser to water; wash down (*a meal*)

articuler to articulate, speak distinctly

artifice *m.* trickery, guile

aspect *m.* aspect; view; appearance

asseoir: s'—, to sit, sit down, be seated

assez enough, rather; **— de** enough, sufficient

assiette *f.* dish, plate

assis seated, sitting

assistant *m.* assistant, helper; spectator, on-looker; **les —s** those present

assister to help; **— à** to attend, witness (*an accident*)

assombri darkened; (*fig.*) gloomy

assommer to knock down, stun

assurément assuredly

atroce atrocious, horrible, agonizing (*suffering*)

atrocement outrageously, dreadfully

attachement *m.* devotion

attacher to attach, fasten, set value upon

attaque *f.* attack, criticism

attaquer to attack; **s'— à** to attack, assail, assault

atteindre to reach, attain, overtake

atteinte *f.* (*fig.*) outrage, harm; **porter — à** to injure, damage

attendre to wait for; expect; **s'— à** to expect; **je m'attendais à ce qu'on prêtât quelque attention** I expected to be paid some attention

attendrir: s'—, to become tender; be moved

attendrissement *m.* feeling of pity; emotion

attente *f.* wait, waiting, expectation, anticipation

attent–if, –ive attentive, considerate

attention *f.* attention, notice; **faire — à, prêter — à** to pay attention to; **Attention!** (*interj.*) Look out! Caution! Take care!

attentivement attentively

atténuant extenuating, mitigating (*circumstances*)

atténuer to decrease, reduce, subdue, soft-pedal

attirer to attract, draw

attraper to catch, get, trap; **— une retenue** to get detention

aube *f.* dawn, daybreak

auberge *f.* inn, tavern

aubergiste *m.* innkeeper, host

aucun (*adj.*) any, no, not any; (*pron.*) anyone, no one; **ne . . . —,** none

au-delà de beyond, above, past

au-dessous below, underneath

au-dessus above, over

audience *f.* hearing; court

augmentation *f.* increase, rise, advance

augmenter to increase, raise

auguste majestic

aujourd'hui today

auparavant before, previously

auprès de beside, in comparison with, close, near

auréole *f.* halo; (*fig.*) prestige

aussi also, too; **— bien que** as well as

aussitôt at once, immediately, directly; **— que** as soon as

autant as much, so much; **d'— plus que** all the more . . . as; **fais-en —!** do the same!

auteur *m.* author, writer

automne *m.* autumn, fall

autoritaire authoritative, of authority, high-handed

autorité *f.* authority

autour de round, about, around

autre other; **— chose** something else; **d'— part** moreover; **de temps à —,** from time to time; **tout — raison** quite another reason; **à côté l'un de l'—,** beside each other; **les uns . . . les —s** some . . . others; **les uns des —s** the ones from the others

autrefois formerly, in the past

avaler to swallow

avance *f.* advance, loan; **à l'—,** in advance; **d'—,** beforehand

avancé advanced, late

avancer to advance, step forward; **s'—,** to advance, move forward, approach

avant (*prep.*) before, above; (*adv.*) before, deep, far; **plus —,** further; **face —,** face down; *m.* front; **en —,** forward, ahead; **en — de** in front of, ahead of

avantage *m.* benefit, advantage

avantagé favored, benefited

avantag–eux, –euse favorable, profitable

avec with; with it (him, them)

avenir *m.* future; **un — brillant** a brilliant career; **à l'—**, in the future; **d'un grand —**, with fine prospects

avertir to notify, inform, warn

avertissement *m.* warning, caution, admonition; **un coup d'—**, a warning blow

aveu *m.* admission, confession, avowal

avion *m.* plane, airplane

avis *m.* notice, warning, announcement; opinion, advice; **être du même —**, to think alike; **changer d'—**, to change one's mind

avocat *m.* lawyer

avoir to have, be; **— chaud** to be warm; **— peur** to be afraid; **— tort** to be wrong; **— un geste vague** to make a vague gesture; **— une tête de plus** to be a head taller; **il y a** there is, there are; **Qu'est-ce que tu as?** What is the matter? **il y a un mois** a month ago

avouer to admit, recognize, confess

azur azure, blue; **porte d'—**, gateway to paradise

B

bagage *m.* luggage; **faire ses —s** to pack one's bags

bagarre *f.* brawl, scuffle, free-for-all

bagnole *f.* (*fam.*) rickety car, jalopy

bague *f.* ring; **l'homme à la —**, the man with the ring

baigner to bathe, suffuse

bâiller to yawn

baiser *m.* kiss

baiser: — le front to kiss the forehead

baisser to lower, let down; **— la tête** to hang one's head; **se —**, to stoop, bend down

bal *m.* ball (*dance*)

balayer to sweep

balcon *m.* balcony

balle *f.* (sports) ball

ballon *m.* ball, football

ballot *m.* bundle, bale

banc *m.* bench

bande *f.* band, clique, gang, pack

bandeau *m.* headband, bandage (*for the head*)

bandelette *f.* strip (*of cloth*), wrapping

bandit *m.* gangster, highwayman; (*fam.*) scoundrel

bandoulière *f.* bandoleer; **en —**, over the shoulder

banlieue *f.* suburb, outskirts

banque *f.* bank

banquette *f.* bench, seat (*of a car, bus*)

baptême *m.* baptism, christening

barrage *m.* barrier, fence, obstruction

barricader: se —, to barricade oneself

barrière *f.* barrier, gate, fence

bas, basse (*adj.*) low; **les basses classes** the lower classes; **à voix basse** in a low voice; (*adv.*) low; **parler —**, to speak in an undertone; **dire tout —**, to say in a whisper, say under one's breath; **pleurer tout —**, to cry quietly; **en —**, below, downstairs; **de — en haut** from bottom to top; **là-bas** yonder, over there; **bas** *m.* bottom, foot (*of a page*); **au — de** at the bottom of

bas *m.* stocking

baser to base, found

bassesse *f.* baseness, vile action

bataille *f.* battle; **livrer —**, to give battle

bataill-eur, -euse (*adj.*) quarrelsome, pugnacious

batailleur *m.* fighter

bâtardise *f.* bastardy

bateau *m.* boat

bâtiment *m.* building

battre to beat, strike; **se — (avec)** to fight (with); **— la charge** (*milit.*) to give the signal for the attack; make a lot of noise

beau, bel, belle (*m. pl.* **beaux**) fine, handsome, beautiful; **beau-frère** *m.* brother-in-law; **belle-sœur** *f.* sister-in-law; **beaux-arts** *m.* fine arts

beaucoup (de) much, many, very much, very many, a lot

beauté *f.* beauty

bée (*adj.*) gaping; **bouche —**, open-mouthed

bégayer to stammer, stutter

beige beige, light brown

bel, belle *see* **beau**

ben *see* **bien**

béni blessed; (*fig.*) happy

bénir to bless, glorify

besoin *m.* need; **avoir — de** to need; **au —**, in case of need

bête (*adj.*) stupid, foolish

bête *f.* animal, beast; **— noire** pet aversion

bêtise *f.* silliness, foolishness; folly; nonsense; blunder; **faire une —**, to commit a folly

beurre *m.* butter

bibliothèque *f.* library; bookcase

bidon *m.* can, tin; **— à essence** gasoline can

bien (*adv.*) well, right, fine, a great deal (many), indeed, certainly; **— que** although; **— sûr** certainly; **peut-être**, perhaps so; **Eh — !** Well! **— oui (ben oui)** Why yes! Certainly! **si — que** so that; **ou —**, or else; **— des** many; **bien-être** *m.* well-being, comfort; **bien** *m.* good, welfare; prosperity; possessions, belongings; **faire du —**, to do good, benefit

bienfaiteur *m.* benefactor

bientôt soon
bière f. beer
bijou (p. –x) m. jewel, gem
billet m. note; ticket; promissory note; **— de banque** banknote, bill
bistro(t) m. small café, pub, small modest restaurant
bizarre odd, queer, peculiar
blafard pallid, pale, wan
blâme m. disapproval, reproof, reprimand; **jeter le — sur** to throw the blame on
blâmer to censure, blame
blanc, blanche white
blessé (adj.) wounded, hurt, injured; m. wounded soldier, casualty
blesser to wound, injure; offend; **se —,** to wound oneself
blessure f. wound, injury
bleu blue; **— marine** navy blue
bleuâtre bluish
blouse f. blouse; smock
blouson m. Windbreaker, lumber jacket; **—s noirs** name given to young delinquents whose leather jackets are worn as a sort of uniform
bobine f. reel, spool, roll
boire to drink
bois m. wood
boisson f. drink
boîte f. box, can
boiter to limp
bombe f. bomb; **partir en —,** to leave like a shot
bon, bonne good, nice, kind; **Il est — de . . .** It is well to . . . ; **pour de —,** in earnest, seriously; **tenir —,** to hold fast, hold on; **à quoi —!** What's the use!
bonbon m. piece of candy
bond m. bound, jump, leap; **faire un — en avant** to jump forward
bondir to jump, leap, spring, bound
bonheur m. happiness, luck, good fortune; **faire le — de quelqu'un** to make someone happy; **par —,** fortunately
bonhomme m. fellow, old chap; **pauvre —,** poor fellow
bonne f. maid
bonsoir m. good evening
bonté f. goodness, kindness; **pousser la — jusqu'à** to extend kindness so far as
bord m. edge, shore; **au — de la mer** at the seashore
border to border, edge, line
borner: se — à to restrict (limit) oneself to, content oneself with
botte f. boot; **—s de route** riding boots; **botte** f. bunch; **— de fleurs** bunch of flowers

bouche f. mouth; **— bée** open-mouthed, agape
bouder to sulk, pout
boud–eur, –euse moody, sulky, sullen
bouffer (fam.) to guzzle, eat
bouger to move, shift
bouleversement m. upset; (fig.) consternation, upheaval
bouleverser to upset; distress
bourg m. market town
bourgeois (adj.) middle-class; narrow-minded, smug; **—, –e** m., f. middle-class person; one who does not work with his hands; (péj.) one who does not appreciate esthetic values
bourgeoisie f. middle class
bourse f. scholarship; funds; purse; **aux Bourses** at the scholarship examinations
boursier m. scholarship student
bout m. end; **joindre les deux —s** to make ends meet; **à — de forces** at the end of one's strength; **au — d'un instant** after a moment; **du — de l'index** with the end of his index finger; **au — du fil** on the line, on the wire (telephone); **pousser quelqu'un au —,** to drive someone into a corner, make someone very angry
bouteille f. bottle
bouton m. button
boutonner to button
boutonnière f. buttonhole
brandir to wave, flourish; hold up
braquer to aim; **— mon phare sur** to aim my headlight on
bras m. arm; **elle me prit le —,** she took my arm; **lever les — au ciel** to hold up one's hands; **retenir à bras-le-corps** to hold around the waist
bref, briève (adj.) brief, short, concise; **bref** (adv.) in short, in a few words
breton, –ne Breton
breuvage m. beverage
brièvement briefly
brillant bright, shining, brilliant
briller to shine, glisten, sparkle
brisé (adj.) broken, tired out
briser to break; **se —,** to break, shatter
brosser to brush
bruit m. noise, sensation, uproar, rumor; **un — sec** a sharp noise; **faire grand —,** to create a big sensation, cause a great uproar; **des —s qui couraient** rumors (reports) which were circulating
brûler to burn, scald; **— un feu rouge** to go through a red (stop) light; **se — les mains** to burn one's hands; **se — la cervelle** to blow one's brains out
brume f. mist, fog

brun brown, dark; tanned; dark-complected
brusque sudden; sharp; gruff; abrupt
brusquement suddenly, abruptly
brusquer to hurry, precipitate
brutalement brutally, roughly, bluntly
bruyant loud, noisy, boisterous
bureau *m.* office; desk
buste *m.* bust
but *m.* aim, objective, goal

C

ça (*contraction of* **cela**) that; **ou —?** where? — **va** all right; **— y est!** that's that! it's done; that's it; **— suffit** that's enough
cache *f.* hiding place
cacher to hide, conceal; **se —,** to hide oneself
cadavre *m.* corpse, dead body
cadeau (*pl.* **-x**) *m.* gift, present
cadre *m.* frame; (*fig.*) setting; **— de la porte** doorway
café *m.* coffee; café
cahier *m.* notebook
caïd *m.* (*fam.*) leader, head
caisse *f.* chest, cash box, till; **— de location** box office (*theater*)
calcul m. arithmetic; computation; reckoning; **tout à ses —s** immersed in his calculations
calmement calmly, quietly
calmer to calm, quiet; **se —,** to calm down, subside
camarade *m., f.* companion; **— de classe** classmate
cambriolage *m.* burglary, housebreaking
cambrioler to break into, burgle
cambuse *f.* (*fam.*) hovel
camion *m.* truck
camp *m.* camp; side
campagne *f.* country, rural district; countryside; campaign; **à la —,** in the country
canapé *m.* settee, sofa
candeur *f.* innocence, naïveté, guilelessness
capital outstanding, major
car for, because
carabine *f.* light rifle *or* cavalry musket
caractère *m.* characteristic, disposition, nature, character, temper, moral strength
caractéristique distinctive, typical
carillon *m.* chimes, peal of bells
carnation *f.* flesh tint
carnet *m.* notebook, memorandum book
carrefour *m.* crossroads, intersection
carrière *f.* career; quarry
cartable *m.* pupil's book bag; bag
carte *f.* card; menu; map; **jouer aux —s** to play cards

cas *m.* case, matter, situation; **dans un mauvais —,** in an unfortunate predicament; **en tout —,** in any case, at any rate, anyhow
casser to break, smash to pieces; **— la figure à quelqu'un** to punch someone in the face; **se — la figure** (*fam.*) to break one's neck
catégorie *f.* category, class, division, sort, type
catégorique categorical; **refus —,** flat refusal
cauchemar *m.* nightmare
cause *f.* cause, reason; **à — de** on account of, because of; **mettre en —,** to question; **et pour —,** and for a good reason
causer to chat, gossip; cause, bring about
cavalcade *f.* procession on horseback
cavalerie *f.* cavalry; horsemen and horses
cavalier *m.* horseman, rider; gentleman
ce (*adj.*) this, that; (*pron.*) this, that, he, she, it, etc.; **— que** (*obj.*) that which, what; **— qui** (*suj.*) that which, what; **pour — qui est de l'appartement** as far as the apartment is concerned
céder to yield, give up; **— à** to give way to
ceinture *f.* belt
cela that
célèbre famous, celebrated
celle (*pron. f.*) this, that, this one, that one; the one, she, her; **—s** these, those, they, the ones; **— qui** she who, the one who; **celle-ci** this one, the latter; **celle-là** that one, the former
celui (*pl.* **ceux**) (*pron. m.*) this, that, this one, that one; the one, he, him; (*pl.*) these, those; they; the ones; **— de mon ami** my friend's; **— qui** he who; **ceux qui** those who, the ones who; **celui-ci** this one, the latter; **celui-là** that one, the former
censeur *m.* vice-principal; censor; critic
cent hundred; **pour —,** per cent; **les Cent-Jours** *period from March 20, 1815, the return of Napoleon to Paris, until June 22, the date of his abdication*
centaine about a hundred; **plusieurs —s** several hundred
cependant however, yet, still, nevertheless
cercle *m.* circle
cercueil *m.* coffin
certainement certainly
certes to be sure, surely, most certainly
certitude *f.* certainty, conviction
cervelle *f.* brain; **se brûler la —,** to blow one's brains out
cesse *f.* ceasing; **sans —,** unceasingly, constantly
cesser to cease, stop
c'est this (that, he, she, it) is; **c'est-à-dire** that is to say
cet (*adj. démon. m.* [*before a vowel*]), **cette** (*adj. démon. f.*) this, that

ceux *see* **celui**

chacun, chacune each, everyone

chagrin *m.* sorrow, grief, trouble

chagriné aggrieved, distressed

chair *f.* flesh

chaire *f.* rostrum, platform with a teacher's desk

chaleur *f.* heat, warmth

chambre *f.* room; bedroom; **— à coucher** bedroom

champ *m.* field

chance *f.* luck, chance; **avoir de la —**, to be lucky, have the good fortune; **tenter sa —**, to try one's luck

changer to change, move, shift; **— d'idée** to change one's mind; **— de place** to change places; **— de ton** to change one's tone (*of voice*); **me — les idées** to take my mind off my problems, turn my thoughts in another direction

chant *m.* song

chanter to sing

chanteur *m.* singer

chapeau *m.* hat

chaque each, every

charge *f.* load, burden; (*milit.*) **battre la —**, to sound the charge (the signal for the attack); **revenir à la —**, to return to the attack

chargé loaded (*gun*); heavy; cloudy; **— de** full of

charger to load, charge; **— de** to entrust with, be responsible for; **se — de** to take charge of, attend to

charité *f.* charity, alms; **te faire de la —**, to give you charity

charmé fascinated, spellbound, delighted, pleased

chasse *f.* hunting, stalking; **prendre en —**, to catch after a chase

chasser to drive out, get rid of, expel

chat *m.* cat

château *m.* castle, palace, country mansion; **de — en —**, from castle to castle

châtiment *m.* punishment

chaud warm, hot; **Il fait —.** It (the weather) is hot.

chaussette *f.* sock

chaussure *f.* footwear, shoe, boot

chef *m.* leader, chief, head

chef-d'œuvre *m.* masterpiece; perfection

chemin *m.* path, way; **en —**, on the way

chemise *f.* shirt; **— de nuit** nightgown

cher, chère dear; expensive; **coûter cher** to be expensive, cost a lot; **payer trop cher** to pay too high a price

chercher to seek, look for; search; research; try; **aller —**, to go for, go and get

chéri dear, darling

cheval (*pl.* **chevaux**) *m.* horse; **à —**, on horseback; **remonter à —**, to ride horseback again; **— d'armes** military horse

cheveu (*pl.* **–x**) *m.* hair

chez to, at, in the house (store, office) of; **déposé — le notaire** deposited with the notary; **— eux** with them, at their house (place, country); **se sentir — eux** to feel at home; **— les miens** with my own (people)

chic *m.* style, elegance; (*adj., invar. en genre*) smart, stylish, fashionable; (*interj., fam.*) Fine! Grand! Swell!

chien *m.* dog

chienne *f.* bitch, dog

chiffre *m.* figure, number, cipher

chimique chemical

chirurgien *m.* surgeon

choc *m.* shock, encounter, jar, collision

choisir to choose

choix *m.* choice

choquer to shock, outrage, jar on, offend

chose *f.* thing; **autre —**, something else; **quelque —**, something, anything; **grand-chose** much (*after a neg.*): **Je ne vois pas grand-chose.** I don't see much.

chronique *f.* chronicle; news, reports

chuchotement *m.* whispering

chuchoter to whisper

chute *f.* fall, falling off; downfall, overthrow

ci here; **ce livre-ci, ce livre-là** this book, that book

ci-dessous below

ci-dessus above

ciel *m.* sky, heaven; **lever les bras au —**, to hold up one's hands

cinéma *m.* movies; moving-picture theater

cinquante fifty

cinquième fifth; **au —**, on the sixth floor

circulation *f.* traffic

circuler to circulate, go about, pass around, spread

citer to quote, cite

citron *m.* lemon

citronnet *m.* little lemon

civilement legally (*responsible*), before civil authorities

clair (*adj.*) clear, light, bright, pale; (*adv.*) clear, clearly, distinctly; **voir —**, to see through, see one's way (*through a difficulty*); **— de lune** *m.* moonlight

clairement clearly, lightly

claque *f.* slap, crack, rap; **donner une —**, to slap, smack

clarté *f.* light, brightness

classement *m.* classification, sorting, rating

classer to classify, grade, rate

clef (**clé**) *f.* key; **fermer à —**, to lock; **jeu de clés** bunch of keys

cligner to blink, wink; **— de l'œil à** to wink at
cloche *f.* bell
clocher *m.* steeple, bell tower
cloison *f.* partition, wall
code *m.* code, laws; **— de la route** rule of the road, regulations governing traffic
cœur *m.* heart; **un homme de —**, a kind-hearted man; **le — me manquait** my heart failed me; **avoir le — de** to find it in one's heart to; **à — ouvert** freely, unreservedly
coiffer: se —, to do (dress) one's hair
coin *m.* corner
colère *f.* anger, rage, wrath; **être en —**, to be angry; **se mettre en —**, to fly into a rage; **—s** fits of anger; **faire des —s démonstratives** to go into fits of rage
collant sticky; adhesive
collé à glued to, fastened to
collègue *m.* colleague, associate
coller to paste, glue, hang, hold close, stick, attach
colline *f.* hill
colonne *f.* column, pillar
coloré colored
combat *m.* fight, struggle, conflict
combattant *m.* fighter
combattre to fight, struggle against
combien (de) how much, how many; **Le — sommes-nous?** What day is it today?
combine *f.* (*fam.*) racket; **monter cette —**, to arrange this scheme
comble *m.* depth (*of despair*); height (*of happiness*); **c'est le —**, that's the last straw; **— de délices** to crown my delight
comblé de filled with
combler to gratify, load; (*fig.*) overwhelm, shower
comédien *m.* actor
comédienne *f.* actress
comique *m.* comic actor, comedian
commandement *m.* command, order; **une voix de —**, a commanding voice
commander to command, order
comme as, like, for; since
commencement *m.* beginning
commencer to begin, start
comment how, why, what; **— va-t-il?** How is he?
commenter to comment on
commerçant *m.* tradesman, wholesale dealer
commerce *m.* trade, business
commettre to commit, perpetrate, make (*a mistake*)
commissaire *m.* police commissioner, chief of police
commode convenient, easy, handy
commodément comfortably

commodité *f.* convenience, comfort
compagnie *f.* company; gathering; **fausser — à quelqu'un** to give someone the slip, to part company
compagnon *m.* companion, mate, helpmate
comparer to compare
compenser to make up for, compensate for
compilation *f.* collection, compilation
compl–et, –ète (*adj.*) complete, full, entire, whole, absolute; **au grand complet** in full strength
complet *m.* suit of clothes
complètement completely, absolutely
compléter to complete
complice *m.* accomplice, confederate
complicité *f.* aiding and abetting, complicity
compliquer to complicate
comporter to call for; comprise
compositeur *m.* composer
compréhensible understandable
comprendre to understand; comprise, cover, include; **se —**, to understand each other
compte *m.* count, account, expense; **faire le — de** to add up; **faire ses —s** to make up one's accounts; **se rendre — de** to understand, realize; **tous —s faits** all accounts completed (*fig.*) everything considered; **— rendu** review, report
compter to count, calculate; expect, hope, intend
comte *m.* count (*title of nobility*)
concerner to affect, concern
concession *f.* (*fig.*) surrender
concierge *m., f.* janitor, caretaker, hall porter
concilier to reconcile, conciliate
conclure to conclude, end
concordance *f.* agreement; sequence (*of tenses*)
concours *m.* competition, competitive examination
concr–et, –ète actual, concrete
concurrence *f.* competition; **faire — à** to compete with
concurrent *m.* competitor, rival; (*pl.*) candidates
condamnation *f.* censure, blame
condamné *m.* convict; **— à mort** person condemned to death
condamner to condemn, blame, pass judgment on; (*fig.*) to doom
condition *f.* position, rank; circumstance
conducteur *m.* driver
conduire to conduct, drive, accompany, lead, take, bring; **— en prison** to march off to jail; **se —**, to conduct oneself, behave
conduite *f.* conduct, behavior
confection *f.* ready-made clothes, ready-to-wear; **maison de —**, establishment making (*or* selling) ready-to-wear clothes

conférer to bestow, confer
confesser to confess, own (up to); **se —,** to confess one's sins
confiance f. confidence, trust, reliance; **me rendre pleine —,** to give me complete confidence
confiant trusting, self-confident
confier to trust; **— à** to put into the hands of, commit to the care of
confirmer to support (an accusation); uphold (a decision); confirm (a fact)
conflit m. conflict, dispute, fight
confondre to confound, confuse, mistake for
confus embarrassed; confused, obscure
connaissance f. consciousness; knowledge; acquaintance; understanding; (pl.) knowledge, learning; **faire la — de** to become acquainted with; **perdre —,** to faint, lose consciousness
connaisseur m. expert
connaître to know, be acquainted with; **faire — quelque chose à quelqu'un** to let someone know something; **se —,** to know oneself; be an expert; **il s'y connaît** he knows what's what
connu (adj.) known, well-known, of note
conquête f. conquest
consacré established, accepted
consacrer to devote; **se — à** to dedicate (devote) oneself to
conscience f. consciousness; **prendre — de** to realize
conscienci –eux, –euse conscientious
conscient aware, conscious
conscription f. (milit.) draft
conseil m. advice, counsel, piece of advice; **— de discipline** council
conseiller to advise, counsel, recommend
consentant willing, agreeable
consentement m. consent; assent
consentir to consent, agree
conséquent: par —, therefore, accordingly
conserver to keep, preserve
considérer to consider, esteem, look upon
consigne f. detention, confinement; **demi-consigne** half day's detention
consoler to comfort, solace
consommation f. something to drink (in a café)
consommer to drink; burn up
conspirer to conspire, plot (against)
constater to ascertain, notice, observe, discover
consterné dismayed
constituer to compose, make up, constitute
consulter to consult; **se —,** to consider, deliberate; take counsel together
contact m. touch, contact; **prendre — avec** to get in touch with

conte m. tale, story
contempler to gaze on, behold, meditate on
contemporain contemporary, present-day
contenir to contain
content content, happy, satisfied; **— de** content with
contentement m. contentment, satisfaction
contenter: se —, to satisfy oneself; **il se contentait de sourire** he merely smiled
contestation f. argument, protest
contexte m. context; (fig.) situation
continuer to continue
contrainte f. constraint, restraint; **sans —,** freely
contraire m. contrary, opposite; **au —,** on the contrary
contrarié annoyed, vexed, upset
contrarier to annoy, provoke, upset
contre against, in exchange for; **par —,** on the other hand
contrée f. region, district
contrôler to control, inspect; **se —,** to control oneself
convaincre to convince, persuade
convenable suitable, proper, correct
convenir to agree; suit; please; be fitting (proper)
conviction f. firm belief; **pris par sa —,** taken in by one's belief
convoquer to summon, notify, call up
convulser to shake violently
copain m. (fam.) pal, chum, buddy
copiage m. copying
copier to copy, reproduce; "crib" (cheat); **— sur** to copy from
corde f. rope, cord, thread
corps m. body; **retenir à bras-le-corps** to hold around the waist; **pris en —,** taken altogether
correspondant equivalent, corresponding
corriger to correct
corrupt–eur, –rice corrupting
cortège m. procession
costume m. suit, dress, outfit
costumier m. wardrobe keeper (theater); costumer
cote f. (fin.) rating
côte f. hill; coast, shore
côté m. side; **de —,** sideways; **de ce —,** this way, on this side; **de l'autre —,** on the other side; **à — de** beside, next to; **l'étude à —,** the next study hall; **être à —,** to miss the point; **de tous les —s** on all sides; **se ranger de son —,** to side with him (her)
coteau m. hill, knoll; vineyard
coton m. cotton
cou m. neck
couche f. layer, coat; bed

coucher to lay, lay down, put to bed; sleep; **envoyer —,** to send to bed; **se —,** to go to bed, lie down; set (sun); m. going to bed; **— du soleil** sunset, sundown
coudre to sew; **machine à —,** sewing machine
couler to flow, run, stream
couleur f. color
couloir m. aisle, corridor, passageway
coup m. blow, knock, slap, punch; attempt; deed; **un — d'avertissement** a warning blow; **un — de fusil** a gunshot; **un — d'œil** a glance; **un — de paume** a blow with the palm of the hand; **un — de pied** a kick; **un — de poing** a punch, poke, blow (with the fist); **un — de téléphone** a phone call; **à —s de** with the help of; **à — sûr** assuredly; **donner un — de tête** to butt; **tenir le —,** to keep one's chin up, take it; **être dans le —,** to be in the know, take part in; **d'un —,** at once, at one time; **le — est régulier** these tactics are normal; **tout à —,** suddenly; **tout d'un —,** all of a sudden
coupable m. culprit, offender, guilty person
couper to cut; interrupt, break in
cour f. court; courtyard; courtship; **— de récréation** playground; **faire la — à** to court, woo, make love to
courag–eux, –euse brave, courageous
courant: être au — de to know all about, be conversant with; **mettre au —,** to inform, tell all about (it)
courbé bent, curved; **— en deux** bent double
courber: se —, to bend, bow, stoop
courir to run, run after, hasten; (fig.) to circulate; **des bruits qui couraient** rumors which circulated
couronner to crown; award a prize to
courrier m. mail, letters
courroucé incensed, enraged
courroux m. wrath, ire, extreme anger
cours m. course, class; **au — de** in the course of
course f. errand; race; **faire une —,** to go on an errand; **faire des —s** to run errands
court (adj.) short; (v.) see **courir**
coussin m. cushion, pillow
coût m. cost, expense
couteau (pl. –x) m. knife
coûter to cost; **— cher** to be expensive
coût–eux, –euse costly, expensive
coutume f. custom, habit
couturière f. dressmaker
couvrir to cover
craindre to fear, dread; **fort à —,** greatly to be feared; **comme s'il eût craint** as if he had feared

crainte f. fear, dread
crân-eur, -euse m., f. (fam.) swaggerer, pretentious and vain person
craquer to crack, snap
cravate f. necktie
crayon m. pencil
crédule trusting, credulous
créer to create, found, establish
crème f. cream
creuser to hollow out, open up, dig, sink, plow
creux, creuse (adj.) hollow, deep, sunken
creux m. cavity, hollow; palm (of the hand); pit (of the stomach)
crever to burst, puncture; (fam.) die, croak
cri m. cry, shout, yell, shriek, scream, call; **à grands —s** with loud shouts
crier to cry, call out, scream, yell
crise f. attack, fit
cristalliser to crystallize, assume a definite form
critique f. criticism, censure
critique m. critic
critiquer to criticize, blame
croc m. fang; **—s** (fam.) teeth
croire to believe, think, suppose; **se —,** to think oneself
croiser to fold, cross
croissant m. crescent; crescent-shaped roll
cruellement cruelly, bitterly
cruauté f. cruelty; harshness
cuiller f. spoon
cuir m. leather
cuisine f. kitchen; cooking
cuit cooked; **— à point** just right; **bien —,** well done
cuivre m.: **— jaune** brass
culot m. (fam.) nerve, cheek; **avoir du —,** to have a lot of nerve
cultiver to cultivate, raise, grow
curat–if, –ive curative
curieusement curiously, oddly
curi–eux, –euse curious, odd; inquisitive; m., f. curious (inquisitive) person
cynique cynical, brazen, sarcastic

D

d'abord at first; **tout —,** first of all
d'ailleurs besides, moreover, otherwise
dame f. lady
danger–eux, –euse dangerous
dans in, inside
danser to dance
davantage more, further, more and more
débâcle f. downfall, crash, collapse
débandé disbanded

débarrassé (de) relieved (of)
débarrasser to get rid of, clear away
débattu (*adj.*) debated
débours *m. pl.* expenses, outlay
debout standing; on one's feet; **Debout!** Rise!
débris *m. pl.* remains, fragments
débrouillard resourceful, smart
débrouiller: se —, to manage, shift for oneself
début *m.* beginning, start; **au —**, at the beginning, start
débuter to begin, commence, start
déception *f.* disappointment, letdown
décerner to award, bestow
décevoir to disappoint, deceive
déchirer to tear up, rip, tear to pieces
décidé firm, resolute, determined
décidément definitely, decidedly
décider to decide, settle; **se —**, to be decided, be settled; make up one's mind
décis–if, –ive decisive, conclusive
décision *f.* resolution; **prendre une —**, to make (come to) a decision
déclarer to declare, state, assert
déconcerter to disconcert, embarrass
décor *m.* decoration; (*pl.*) scenery, settings
décora–teur, –trice *m., f.* decorator
décorer to decorate
découragé discouraged, downhearted, dejected
découvrir to discover; uncover
décréter to decree, issue
décrire to describe
décrocher to unhook; **— l'appareil** to pick up the (telephone) receiver
déçu (*adj.*) disappointed, disillusioned; (*p.p.*) *see* **décevoir**
dédaign–eux, –euse scornful, disdainful
dedans inside, within
dédier to dedicate
défaillir to faint, swoon; falter, give way
défaite *f.* defeat, failure
défaut *m.* defect, deficiency, shortcoming
défendre to defend, protect, maintain; forbid, prohibit; **— à quelqu'un de faire quelque chose** to forbid someone to do something; **se —**, to defend oneself
défense *f.* defense, protection; interdiction; **— d'entrer** no entrance, do not enter
défenseur *m.* champion, supporter
défi *m.* challenge, defiance; **lancer un —**, to challenge
défier to defy, challenge, dare
défiguré disfigured, distorted
défiler to walk in procession, march past
définit–if, –ive final, permanent, conclusive
définitive: en —, finally, in short, after all
définitivement definitely, once and for all

déformer to distort, put out of shape, mangle
dégonfler to deflate; **se —**, to collapse, go flat; (*fam.*) to give up
dégoût *m.* disgust, loathing
dégoûtant disgusting, sickening, offensive
dégoûter: se —, to be disgusted, get disgusted
dehors (*adv.*) out, outside, without; *m.* outside, exterior
déjà already
déjeuner *m.* lunch; (*v.*) to have lunch, lunch
déjouer to baffle, foil, thwart
délai *m.* delay
délicat delicate, frail; tactful, subtle; nice; awkward (*situation*)
délicatesse *f.* tactfulness, consideration
délices *f. pl.* delight, pleasures; **comble de —**, to crown my delight (joy)
délimiter to mark the boundaries
délinquance *f.* delinquency
délinquant *m.* delinquent, offender
délivrer to deliver, set free
demain tomorrow
demander to ask (for), require, take; **— pardon** to ask someone's pardon; **se —**, to wonder
démarche *f.* approach, application; proceeding, manoeuvre; representation; gait, walk, step
demeurer to live, dwell; remain
demi half; **à —**, half, halfway; **à — ouvert** half-open; **demi–dieu** *m.* demigod; **demi–masque** *m.* half mask; **demi–pensionnaire** *m.* day pupil; **demi–tour** *m.* half turn; **faire demi–tour** to about-face, turn about
démission *f.* resignation
démodé out-of-date, old-fashioned, obsolete
démon *m.* devil, fiend, demon
démonter to dismount, remove (a *tire*); **se —** (*fam.*) to be upset, lose one's self-assurance
démontrer to prove, demonstrate
dénoncer to proclaim, declare, denounce
dénoter to show, reveal
dent *f.* tooth
dépanner to repair on the spot; get a stalled car started again; **— quelqu'un** (*fig.*) to help someone out of a difficulty
départ *m.* departure
département *m.* department (*territorial division for administrative purposes*)
dépassé (*adj.*) outmoded, out-of-date
dépasser to exceed, go beyond; project; **tu me dépasses** you are too much for me; you go beyond me
dépaysé removed from one's familiar surroundings
dépêcher: se —, to hurry, be quick, hasten
dépense *f.* expense, cost, outlay

dépenser to spend
déplacer to displace, remove; **se —,** to move about, travel
déplier to unfold, open out
déployer to unfold; (*fig.*) display, make use of; **se —,** to spread, develop
déposé deposited
déposer to deposit; lay down, set down
déposséder to dispossess; (*fig.*) to strip, deprive
dépourvu devoid, wanting
depuis for, since, from; **— peu** lately, of late; **— quand** since when; **— Valognes jusqu'à Rouen** from Valognes to Rouen
dérisoire ridiculous, preposterous
derni–er, –ère last, final, past; **la dernière mode** the latest style
derrière behind, in back of; **par —,** from behind; *m.* rear; buttocks; **pattes de —,** hind legs
dès as early as, from; **— le commencement** right from the beginning; **— que** as soon as; **— le lendemain** first thing the next day
désagréable disagreeable, unpleasant
désappointé disappointed
désapprouver to disapprove
désarçonner (*fig.*) to dumbfound, floor, flabbergast
désastre *m.* disaster, tragedy, calamity
désastr–eux, –euse disastrous; unfortunate
désavantage *m.* drawback, inconvenience
désavantag–eux, –euse unfavorable
descendre to go down, descend; bring down; get out of (*a car, a train*); stay (*at a hotel*)
descente *f.* coming down, descent
désert deserted, uninhabited
désespéré desperate, hopeless
désespoir *m.* despair, hopelessness, grief
déshabillé (*adj.*) undressed
déshabiller: se —, to undress, change one's clothes
déshériter to disinherit
déshonorant dishonorable, shameful, disgraceful
déshonorer to dishonor, to disgrace
désigner to designate, point out, select; **se —,** to draw attention to oneself
désintéressé disinterested, unselfish
désintéressement *m.* unselfishness
désir *m.* wish, desire
désirer to wish, want, desire
désolé distressed, heartbroken
désorienter to cause (someone) to lose his bearings; (*fig.*) to confuse, bewilder
désormais henceforth, from now on, even now
dessiner to draw, sketch, design
dessous under, underneath, below; **au-dessous** under, underneath, below
dessus upon, on; above; over; **monter —,** to get

on (it); **le —,** the top; **reprendre le —,** to get the upper hand again; **au-dessus de** above, higher up than; **ci-dessus** above; **là-dessus** on that, thereupon; **par-dessus** over, above
destin *m.* destiny, fate
destiné (*adj.*) destined, intended, meant
destinée *f.* fate, fortune, destiny
destiner to destine, intend; **— quelqu'un à** to destine someone for
détacher to detach, separate, unfasten
détente *f.* relaxing, relaxation; easing (*of the situation*)
déterminé determined, definite, resolved
détester to detest, hate
détourner to turn aside, turn away, avert (*face*); distract (*attention*)
détresse *f.* distress, anguish, misery
détruire to destroy, demolish
dette *f.* debt
deuil *m.* mourning, bereavement, loss
deux two; **se plier en —,** to bend double
deuxièmement: au —, at the second point
devancer to go on ahead of, go before
devant in front of, before
dévaster to devastate, lay waste
développer to develop, improve; **se —,** to unfold, grow, develop
devenir to become
deviner to guess, feel
dévoiler (*fig.*) to disclose, reveal
devoir to owe; must, have to; ought, should; be obliged to
devoir *m.* duty; homework
dévorer to devour, gulp down; burn down; consume, eat up; use up
dévouement *m.* devotion; self-sacrifice
dévouer to devote, dedicate
dextérité *f.* skill, dexterity
d'habitude generally, usually
diabolique devilish, fiendish
diagonal diagonal; **en —e,** diagonally
dicter to dictate
Dieu *m.* God; the Deity; **pour l'amour de —,** for goodness' sake; **dieu** *m.* god (*pagan divinity*)
différence *f.* difference, disparity
différend *m.* difference; dispute
différent different, unlike
difficile difficult
difforme misshapen, deformed
digne (de) worthy (of), deserving (of)
dignité *f.* dignity; self-respect
dimanche *m.* Sunday; **se mettre en —,** to put on one's best clothes
diminuer to shorten, decrease, reduce
diminutif *m.* nickname, pet name

diminution *f.* shortening, reduction, assuagement
dîner *m.* dinner
dîner to dine
dire to say, tell; **laisse-moi —,** let me tell (it); **c'est-à-dire** that is to say; **dis donc!** *(fam.)* look here! I say!
direction *f.* direction, way; management
diriger to direct; **se — vers** to head for, go up to
discours *m.* speech; *(fam.)* "hot air"
discr–et, –ète unobtrusive, sober, discreet, reserved
discrètement discreetly
discussion *f.* argument, debate, dispute
discuter to discuss, dispute, question, argue; **se —,** to be debatable, be questionable
disparaître to disappear
disparition *f.* disappearance
disperser: se —, to break up, scatter
disposé inclined, prepared, in the mood
disposition *f.* disposal; *(pl.)* arrangements, provisions
disputer to dispute, argue; **se —,** to quarrel, wrangle; **se — quelque chose** to fight over something
dissimulation *f.* concealment
dissimuler to cover up, disguise, conceal
dissiper to dissipate, dispel
distingué *(adj.)* distinguished, noted; refined, polished
distinguer to distinguish, make out, detect
distribuer to distribute; pay
dit *(adj.)* so-called, known as; *(v.) see* **dire**
divergent diverging, different
diviser to divide
dizaine *f.* about ten
docilement meekly, submissively
docilité *f.* submissiveness, meekness
docteur *m.* doctor; **— en médecine** medical doctor
doigt *m.* finger; toe; **montrer du —,** to point out
dôme cupola; vault; canopy
domestique *m., f.* servant
domicile *m.* residence, home; **ouvrière à —,** woman who takes work home
dominer to dominate, rise above
dommage *m.* damage; **quel —!** what a pity!
don *m.* gift, talent
donc then, thus, therefore; well, so; **regardez —!** just look! **dis —!** *(fam.)* look here! I say!
donner to give; **— sur** to look out on, overlook; **ce que j'aurais donné** what I would have achieved; **se —,** to give oneself up; give one another; **se — raison** to justify oneself
dont of which, of whom, whose
doré golden, gilt, gilded

dorer to gild; brown *(as by the sun)*
dormir to sleep
dos *m.* back
doucement softly, gently, cautiously, lightly, slowly, quietly
douceur *f.* gentleness; smoothness; sweetness
doué gifted, talented
douleur *f.* sorrow, grief, pain
doute *m.* doubt; **sans —,** no doubt, doubtlessly
douter to doubt, question; **se — que** to suspect that, have an idea that; **sans s'en —,** unaware, unwittingly
dout–eux, –euse questionable, doubtful, dubious
doux, douce sweet, mild, soft, gentle
douze twelve
drap *m.* cloth, sheet; bedclothes
drapeau *(pl. –x) m.* flag
dresser to raise, lift; set up, erect; train; **— l'oreille** to prick up one's ears; **— un chien** to train a dog; **se —,** to stand up, rear (up), **se — sur** to rise on (up against)
droit *(adj.)* right, straight, erect
droit *m.* right; **avoir — à** to be entitled to; **être en —,** to be within one's right
droite *f.* right (side); **à ma —,** on my right(-hand side)
drôle funny; odd; **une — de scène** a funny scene, a queer scene
dû, due *(adj.)* due, owing, proper
dû *m.* due
duc *m.* duke
duper to dupe, fool, take in
dur hard, harsh, difficult
durant during; **dix années —,** for ten long years
durée *f.* duration, length, period
durement harshly
durer to last; hold; wear well
dureté *f.* harshness, severity

E

eau *f.* water
éblouissant dazzling
écarté *(adj.)* isolated, remote, out-of-the-way
écarter to thrust, push aside, scatter, keep off
échafaud *m.* scaffold, gallows
échapper: — à to escape from, break loose from; **laisser —,** to let fly, give vent to; **s'—,** to escape from, run away from
échec *m.* check, defeat, failure, reverse; **faire une partie d'échecs** to play a game of chess
échouer *(fig.)* to fail
éclair *m.* flash of lightning; ray of sunshine; **comme un —,** like a bolt from the blue
éclaircir to clear up, clarify, make clear
éclairé lighted, lit up

éclairer: s'—, to be lit up
éclat *m.* blaze (*of anger*); burst (*of laughter*); splinter (*of glass*); brightness (*of the sun*); (*fig.*) splendor, glamor
éclatant loud, vivid, bright
éclater to burst, explode; shine; break out; radiate
école *f.* school; **— primaire** elementary school
écolier *m.* schoolboy
écolière *f.* schoolgirl
écouler: s'—, to flow away; elapse, pass (*time*); slip away
écouter to listen
écran *m.* screen; **porter à l'—,** to film
écraser to crush, flatten out, mash, squash
écrier: s'—, to exclaim, cry out
écrire to write
écrivain *m.* writer, author
écurie *f.* stable
écuyer *m.* equerry; squire
éducation *f.* upbringing, breeding; education (*in matters of courtesy*); **sans —,** ill-bred
effacer to erase, blot out, obliterate
effarant alarming, terrifying, bewildering
effet *m.* result, effect; **en —,** indeed, as a matter of fact
effigie *f.* effigy; **à l'— de** bearing the head of
efforcer: s'—, to make efforts; put forth an effort; exert oneself
effort *m.* effort; **faire des —s pour** to strive to
effrayant frightful, awful, fearful
effrayé afraid, frightened, startled
effrayer to frighten, startle
également equally
égarement *m.* bewilderment, aberration
église *f.* church
égoïsme *m.* egoism, selfishness
égoïste selfish, egoistic
Eh! Hey! **— bien!** Well! Why!
élan *m.* spring, leap; **prendre son —,** to take off, take a run
élancer: s'—, to run towards, spring, bound, rush at
Elbe *small island in the Mediterranean to the east of Corsica*
élément *m.* item, factor
élévation *f.* elevation; nobility
élève *m., f.* pupil
élevé high; noble; **mal —,** badly brought up
élever to raise, bring up; **s'—,** to rise, lift oneself
éloigné remote, removed, distant, far away
éloigner: s'—, to go away, withdraw
émancipé emancipated, free, liberated; (*fig.*) forward, fast
emballer: s'—, to get worked up, fly into a temper; race, take off at top speed
embêter to annoy, bother, pester

emblème *m.* emblem; (*fig.*) symbol
embrasser to embrace, kiss
embrouiller to mix up, confuse; **s'—,** to grow confused
émerveillé wonder-struck
émigrer to emigrate
éminent prominent, conspicuous
emmener to take (away), lead out (away)
empêcher to prevent; **s'— de** to refrain from
emploi *m.* employment, position; use; line; **— du temps** class (work) schedule; **— des temps** use of tenses
employé *m.* employee; clerk
employer to use
emportement *f.* anger, fury
emporter to carry off; sweep along; take away; **— son parapluie** to take his umbrella with him
empourprer to glow red; turn purple
emprunt *m.* loan
emprunter à to borrow from
ému (*adj.*) moved, upset, agitated
en (*prép.*) in, into, to; of, at on; while; by
en (*pron.*) of it, of them, some, any; from there; **elle — vient** she comes from there
encadrer to border, frame
encaisseur *m.* bill collector
enchantement *m.* enchantment, charm, magic
encore yet, again, still; another, more; **— une fois** once again
encre *f.* ink
endormir: s'—, to go to sleep, fall asleep; be dormant, recede into the background
endroit *m.* place, spot
énervement *m.* nervous irritation, state of nerves
énerver to provoke, irritate; **s'—,** to become irritable (excited, nervous)
enfance *f.* childhood, infancy
enfant *m., f.* child; **petit-enfant** *m.* grandchild
enfermer to shut up, confine; **s'—,** to shut oneself in; wrap oneself in
enfin at last, finally, in short, after all
enflammé on fire, ablaze, heated, angry, inflamed
enflé swollen, puffy
enfoncer to push in, thrust in; **s'— dans** to sink into
enfourcher to bestride, mount, get on (a *bicycle*)
enfuir: s'—, to flee, run away, escape
engagement *m.* obligation, pledge; engagement; agreement; **prendre un —,** to accept an agreement, enter into a contract
engager to pledge, engage, tie up, invest; **dépenses engagées** expenses incurred; **s'— à** to promise to, undertake to; **s'— dans** to get involved in; enter (a *road*); go down (*stairway*)

énigmatique enigmatic, puzzling, obscure
énigmatiquement enigmatically
enivrant intoxicating, heady, exciting, enthusiastic
enlever to remove, lift up; sweep away; (fig.) deprive
ennemi m. enemy
ennui m. boredom, weariness, dullness; (pl.) worries, vexations, troubles
ennuyer to bother, worry, annoy, bore; **s'—**, to be (get) bored
énorme enormous, huge
enragé mad, raging, wild
enseignant m. member of the teaching staff
enseignement m. teaching, education, instruction
enseigner to teach, instruct, inform
ensemble (adv.) together, at the same time; m. whole
enserrer to embrace, hug, clasp
ensuite then, next
entendre to hear, understand, mean, listen to; **— dire** to hear it said; **laisser —**, to intimate, lead to believe; **s'—**, to be heard; understand each other
entendu! understood! agreed!
enterrer to bury
enthousiasmé enthusiastic, enraptured
enti-er, –ère whole, entire, full
entièrement wholly, entirely, fully, completely
entourer to surround, encircle, border; (fig.) lavish on; **s'— de** to surround oneself with
entraîner to carry along, carry away; lead, bring about, involve
entre between; **— les mains** in the hands; **d'—**, among, of, from
entrebâillement m. narrow opening
entrée f. entrance, admittance; **la porte d'—**, the front door
entrer to enter, go in; **— au galop** to rush in
entretenir to keep up, maintain
entretien m. talk, conversation, discussion
entrevoir to catch a glimpse of, have an idea of
entrouvert half-open; gaping
envahi occupied, invaded
enveloppe f. casing (of a tire); wrapper; envelope (of a letter)
envelopper to wrap up
envers towards, to; m. back, wrong side; **à l'—**, upside down
envie f. wish, desire; envy; **avoir — de** to want to, wish to
environs m. pl. surroundings; **aux —**, in the neighborhood, in the vicinity
envisager to look at, envisage, intend, consider, think of
envoler: s'—, to fly off; blow away
envoyer to send; **— chercher** to send for; **—**

coucher to send to bed
épais, –se thick, dense
épater (fam.) to flabbergast, shock, amaze
épaule f. shoulder; **hausser les —s** to shrug
épicerie f. grocery store
époque f. time, period, age, epoch
épouse f. wife, spouse
épouser to marry, wed
épouvantable dreadful, horrible, awful
épouvantail m. scarecrow; (fig.) bugbear
épouvanté scared, terrified
époux m. husband; (pl.) husband and wife, married couple
épreuve f. test, trial; ordeal, hardship; **— orale** oral examination
épris (de) in love (with), infatuated (with)
éprouver to feel; test, try
épuisé exhausted, worn out
épuisement m. exhaustion
équilibrer: s'— (fig.) to recover one's balance
équipe f. team
errer to wander, roam
erreur f. mistake, miscalculation
escalier m. stairs, staircase
escroc m. swindler, crook
Espagne f. Spain; **en —**, in (to) Spain
espèce f. kind, sort
espérance f. expectation, promise; hope
espérer to hope; **— vaguement** to have a vague hope
espion m. spy; snooper
espoir m. hope; promise
esprit m. spirit, mind, intellect, wit
equisser to sketch; start (a gesture); **avec un sourire à peine esquissé** barely smiling
esquiver to elude, dodge
essayer to try, attempt
essence f. essence; pith; gist; gasoline; **en panne d'—**, to be out of gas
essuyer to wipe, mop; **s'— les doigts** to wipe one's fingers
estime m. respect, esteem
estimer to appreciate, esteem, consider
estival (adj.) summer; **faire plus —**, to be more summery
estivant m. vacationist, summer resident
estomac m. stomach
établir to establish
étage m. story, floor
étalage m. show, display; **— au grand jour** (fig.) exposure
étaler to spread out, lay out; **s'—**, to sprawl, stretch out
état m. state, government, nation; **le même —**, the same condition
été m. summer
éteindre to extinguish
étendu lying, stretched out

éternel *m.* eternal
étoffe *f.* fabric, material
étoile *f.* star
étonnamment astonishingly
étonnant astonishing, surprising; odd
étonnement *m.* astonishment, amazement
étonner to surprise, astonish; **s'—,** to wonder, marvel, be surprised (astounded)
étourdir to make giddy (dizzy)
étrange strange, foreign
étrang–er, –ère foreign, alien, strange
être *m.* being
être (*v.*) to be; **— à** to belong to; **— reçu** to pass (*an examination*); **— en droit** to be within one's right; **c'est ça** that's it; **ça y est** it's finished
étreindre to embrace, hug, squeeze
étude *f.* study; study hall; office (*of a lawyer*); **en —,** in the study hall; **faire ses —s** to go to school, be educated
étudiant *m.* student
étudiante *f.* student
étudier to study
évaluer to appraise, value, compute
évanouir: s'—, to vanish; disappear, fade away; faint
évaporer: s'—, to evaporate; vanish
éveiller: s'—, to wake up, awaken
événement *m.* event, occurrence
évidemment obviously, of course
éviter to avoid; evade, elude
évolué developed, changed, evolved
évoquer to evoke, recall
exactement exactly
exagéré exaggerated; exorbitant (*price*)
exagérer to overrate, exaggerate
exaltation *f.* elation, exaltation
exalté impassioned, excited
examen *m.* examination
examiner to examine
excéder to exceed
excitation *f.* excitement
exciter to excite; incite; rouse; **s'—,** to become excited; (*fam.*) to warm up
exclamer: s'—, to exclaim
exécuter to execute, work, carry out
exemplaire exemplary, serving as an example (as a lesson)
exemple, *m.* example; **par —!** indeed! to be sure! **ça par —!** on my word!
exercer to exercise, carry on (*a profession or trade*), be engaged in (*a profession or trade*); **s'—,** to practice
exiger to demand, claim, require
exister to exist
exode *m.* exodus; **forcé à l'—,** forced to get out (leave)

exhorbitant extravagant, unreasonable, outrageous
expier to atone for
expliquer to explain; **s'—,** to explain oneself
exposé *m.* report; statement, essay; **faire un —,** to give an account
exposer to expose, state, disclose
exposition *f.* exposure, display, show, disclosure
exprès (*adv.*) on purpose, intentionally; **faire —,** to do deliberately
exprimer to express; convey; manifest
expulsé evicted, ejected, expelled
expulsion *f.* eviction, ejection
extase *f.* ecstasy, rapture
externat *m.* day school
externe *m.* day pupil, non-resident
extra first-rate; **extra-pur** super-perfect
extraction *f.* (*fig.*) origin, parentage
extraordinairement extraordinarily
extravagant absurd, preposterous, outrageous
extrêmement extremely

F

fabrication *f.* manufacture; **— en série** mass production
face *f.* face; **perdre la —,** to lose face; **regarder en —,** to look straight in the face; **en — de** facing, opposite, in the presence of; **— à —,** face to face; **— avant** face down
fâché (de) sorry (about); **— (contre)** angry (with)
fâcher: se — (contre) to get angry (with)
fâch–eux, –euse unfortunate, distressing; **il est facheux que** it's a pity that
facile easy, ready, fluent
facilement easily
facilité *f.* easiness, feasibility
façon *f.* aspect, look, manner, way, fashion; **à leur —,** in their own way; **de — à** so as to; **de — humoristique** in a humorous way
faculté *f.* faculty; capacity; power; school (*of medicine, law, etc.*)
fade tasteless, insipid, flat
faible weak, feeble, faint
faiblement dimly, faintly, weakly
faiblesse *f.* weakness, faintness, dimness
faillir to fail; come near, be within an inch of; **je faillis réussir** I very nearly succeeded
faim *f.* hunger; **avoir —,** to be hungry
faire to make, do; say; give (*a speech*); **— le clown** to play the clown; **— concurrence à** to compete with; **— des études** to study, go to school; **— un exposé** to give an account; **— un geste** to gesture; **— grand bruit** to create a big sensation; **— de même** to follow suit, do likewise; **— obstacle à**

to stand in the way of, oppose; **— partie de** to be a part of; **— un pas** to take a step; **— plaisir à** to please; **— son possible** to do one's best; **— du tort** to harm, do harm; **fit-il** said he; **ce faisant** in doing that; **se —,** to make oneself; be done, become; **se — aimer** to win the love and affection of; **se — mal** to hurt oneself; **se — un mérite** to make a virtue of

fait *m.* fact, occurrence; deed; **au —,** by the way, as a matter of fact

falloir to have to, must, be obliged to; want, need; be fitting (proper); **il faut** it is necessary; one must; **il me fallut** I needed to, I had to

fam–eux, –euse famous

familial (*adj.*) family, pertaining to the family

famili–er, –ère familiar; colloquial

famille *f.* family

fanatique fanatic

fantaisie *f.* fantasy; whim

fantôme *m.* ghost

fardé painted, made-up

fardeau *m.* burden

farouchement fiercely, wildly

fasciné fascinated, spellbound

fasciner to fascinate

fatalisme *m.* fatalism, submission to fate

fatalité *f.* fatality, destiny, calamity, disaster

fatigant tiring, fatiguing

fatigue *f.* weariness, fatigue

fatigué tired, weary; ill

fatiguer to tire, weary, override; **se — à** to tire oneself out, to get tired; **— le cœur** to strain the heart

fausser to bend; falsify; **— compagnie à quelqu'un** to give someone the slip, to part company

faut *see* **falloir**

faute *f.* mistake, error, fault; lack; **c'est de ma —** (*fam.*) it is my fault

fauteuil *m.* armchair

faux, fausse false; wrong; **faux-témoin** *m.* false witness; **«faux-ami»** *m.* false cognate

faveur *f.* favor

favorisé favored, helped

feindre to pretend

félicitation *f.* congratulation

féliciter to congratulate

félin *m.* feline (*cat-like animal*)

femme *f.* wife; woman

fenêtre *f.* window

ferme (*adj.*) firm, solid

ferme *f.* farm, farmhouse

fermement firmly

fermer to close, shut; **— à clef** to lock

fermeté *f.* firmness, resoluteness

férocité *f.* fierceness, ferocity

fête *f.* festival, holiday

feu *m.* fire; heat; (*fig.*) drive, warmth, enthusiasm, spirit; **en —,** on fire, ablaze; **à — doux** at slow heat; **— rouge** traffic light; taillight; **un coup de —,** a shot

feuilleter to flip (leaf) through

fiacre (à cheval) *m.* horse-drawn cab

ficelle *f.* string, twine

ficher: se — (*fam.*) not to care; **il s'en fiche** he doesn't give a darn

fidèle faithful

fidélité *f.* faithfulness, faith, loyalty

fi–er, –ère proud; self-satisfied

fièrement proudly

fierté *f.* pride

figue *f.* fig

figure *f.* face; figure; look; countenance, character; **casser la — à quelqu'un** to punch someone in the face; **se casser la —,** to break one's neck

figuré: sens —, figurative meaning

figurer to figure; appear; **se —,** to imagine

fil *m.* thread, string, wire; **au bout du —,** on the phone, on the line

file *f.* file; queue; line (*of vehicles*)

filer to spin; (*fam.*) to scram, beat it; **— à l'anglaise** to take French leave, leave suddenly

fille *f.* daughter; girl

fillette *f.* little girl

fils *m.* son; **petit-fils** grandson

filtrer (*fig.*) to leak out

fin *f.* end; **mettre — à** to end, put an end to

fin (*adj.*) small, fine, thin, delicate, neat

fin (*adv.*) fine, finely; **— prêt** absolutely ready

finalement finally

financi–er, –ère financial

finir to finish, end; **— par** to end by

fixe fixed; regular; set

fixé fastened, posted

fixer to fix, settle, fasten; **— un point** to mark a point; **se —,** to settle; alight; **se — sur** to fasten on

flanc *m.* side, flank, slope

flatter to flatter, indulge, cater to

fléau *m.* (*fig.*) plague, pest, calamity

fleur *f.* flower

fleuriste *m., f.* florist

fleuve *m.* river (*which flows into the sea*)

flic *m.* (*fam.*) cop

fois *f.* time, occasion; **la première —,** the first time; **une —,** once; **encore une —,** once again; **à la —,** both, at the same time; **regarder à deux —,** to think twice about it

folie *f.* folly, passion; **faire une —,** to act foolishly

foncé dark (*color*)

foncer (sur) to rush, dash (at)

fonction f. function, duty

fond m. back, far end, bottom; **au —,** after all, on the whole; **au — de l'horizon** in the depths of the horizon; **du —,** from the bottom, from the depths

force f. strength, power; **à bout de —s** worn out; **à — de** by dint of, by continuing to; **à — de vivre seul** through living alone; **par —,** on compulsion, through necessity; **de toutes mes —s** with all my strength

forcer to compel, force; break into

forêt f. forest

formation f. training, education

forme f. form, appearance, shape; **prendre —,** to take shape

former to form; **se —,** to be formed (shaped)

formidable formidable; (*fam.*) awful; stupendous; really!

formule f. formula, form

formuler to state, define, express

fort (*adj.*) strong; loud; stout, heavy; big; **à —e voix** in a loud voice; (*adv.*) hard; loudly; greatly, very (much); **— à craindre** greatly to be feared; **ce serait trop —,** that would be too much

fortement strongly; firmly; very much

fortune f. wealth, private means; chance, luck; **faire —,** to make a fortune

fossé m. ditch; **— entre les générations** generation gap

fou, fol, folle mad, insane, crazy

foule f. crowd, throng; lots, heaps; **une — d'étudiants** lots of students

fourchette f. fork

fourmi f. ant

fournir to furnish, supply, provide

fournisseur m. supplier, dealer, merchant; *pl.* tradespeople

fournitures f. pl. materials, supplies

frais, fraîche fresh; cool; recent; **fraîche débarquée** just arrived (landed, disembarked)

frais m. pl. expenses, charges, cost

franc, franche frank, straightforward

français French

franchement frankly, plainly, straightforwardly

franchir to pass through, cross, step over

frapper to strike, hit, knock, rap; (*fig.*) impress; **— du pied** to stamp one's foot

frémissant (*fig.*) exciting

frénétique frenzied

fréquenté (*adj.*) frequented; **peu —,** little visited

fréquenter to frequent, consort with; be in (*a place*) *or* be with (*someone*) habitually; **se —,** to visit each other socially

frère m. brother

friable crumbly, easily broken, readily pulverized

friand (de) fond (of)

froid cold; **Il fait —.** It (*the weather*) is cold. **Il a —.** He is cold. **un —,** a cold person

froidement coldly

froncer to gather, knit; **— les sourcils** to frown

front m. forehead, brow

frontière f. frontier, boundary, limit

frotter to rub; **se — les mains** to rub one's hands

fugit–if, –ive fugitive, fleeting, passing

fuite f. flight, escape; **prendre la —,** to take flight

fumer to smoke

fureur f. fury; **en —,** in a rage

furieusement furiously

furi–eux, –euse furious, in a rage

furtivement furtively, stealthily

fusil m. gun, rifle

futur future; **les temps —s** the years to come

G

gagne-petit m. (*invar.*) he who earns a very small salary

gagner to gain; win; earn; reach a destination; **— sa vie** to earn one's living

gai gay, cheerful

gaieté f. gaiety, cheerfulness, high spirits

gala m. festivity

galerie f. gallery; corridor; covered walk

galimatias m. gibberish, rubbish

galop m. gallop; **entrer au —,** to rush in

gamme f. scale; **faire des —s** to go up and down the scale

garantir to guarantee, certify

garde f. care, watching; guard; **monter la —,** to keep watch, mount guard; **prendre — à** to be careful of, take care of; **en —,** on guard

garder to keep, preserve, watch over, look after; **— le silence** to keep quiet

gars m. (*fam.*) lad

gaspiller to waste, squander

gâté spoiled, pampered

gâteau m. cake; **papa —,** over-indulgent father; sugar daddy

gauche left; awkward; clumsy; f. left side; **tourner à —,** to turn to the left; **à ma —,** on my left(-hand side)

gazouiller to warble; chirp; murmur

gémir to groan

gêner: se —, to trouble, inconvenience oneself

génér–eux, –euse generous

génie m. genius

genou (*pl.* **–x**) m. knee

genre *m.* kind, sort, type; fashion (*way of doing*); taste; gender

gens *m., f. pl.* people, persons; **jeunes —,** youths, young men

gentil, –le nice, pleasing, kind, obliging

gentilshommes *m. pl.* noblemen, gentlemen

gentiment nicely, kindly

germanique Germanic, Teutonic

geste *m.* gesture, motion, movement; (*fig.*) act; **avoir un — vague** to make a vague gesture; **faire un —,** to gesture; **faire un — de la main** to wave

gesticuler to gesticulate, make gestures

gifler to slap

gilet *m.* waistcoat, vest

glace *f.* glass, mirror; window (*of a carriage*); ice; ice cream

glacé icy, frozen, chilled

glacial icy, frigid, chilling

glisser to slide, slip; **se —,** to glide, steal, creep

gloire *f.* glory, fame; pride

glori–eux, –euse glorious, splendid

glorifier to glorify, praise; **se — (de)** to boast, brag (of), glory (in)

glotte *f.* glottis (*the opening from the pharynx into the larynx*)

gonflé swollen, inflated, blown up, puffy

gonfler to inflate (*a tire*)

gorge *f.* throat, neck; **à pleine —,** loudly; **avoir mal à la —,** to have a sore throat

goujat *m.* (*fam.*) boor, ill-bred fellow, cad

goût *m.* taste, liking; **de bon —,** in good taste; **sans —,** tasteless

goûter (*v.*) to taste; enjoy; eat something

goûter *m.* snack, refreshments (*in the afternoon*)

grâce *f.* grace, charm; **— à** thanks to

graci–eux, –euse charming, affable, gracious

graisse *f.* fat, grease

grand great, tall, big

grand-chose *m.* much (*after a negative*)

grandement greatly, amply

grandeur *f.* size, height; greatness; nobility (*of the soul*)

grandiose imposing, majestic

grandir to grow up; grow taller; increase

grand-mère *f.* grandmother

grand-tante *f.* great-aunt

grange *f.* barn

gratifier (*fig.*) to favor, bestow, confer

gratter to scratch

gratuit free, free of charge, gratis

grave grave, solemn, serious; deep, low-pitched

gravement gravely, solemnly, seriously

gravité *f.* seriousness; gravity

grec, grecque Greek

grever to burden, encumber; saddle, entail

grille *f.* grating, gate, grill

grimace *f.* distortion of the face, grimace

grimper to climb, swarm up

gris gray

griser to intoxicate

grogner to grumble, growl, grunt

grondement *m.* growl, muttering

gronder to scold, roar, growl

gros, –se big, large, bulky; **un gros travail supplémentaire** a heavy load of extra work; **un gros plein de soupe** (*fam.*) a pompous, overbearing, stupid person (fellow)

grossi–er, –ère coarse, common, vulgar, crude

grossir to increase, enlarge, grow bigger

groupement *m.* group, grouping

guérir to get well again, recover, heal, mend

guérison *f.* healing, cure, recovery

guerre *f.* war; **faire la —,** to take part in the war; make war

guetter to watch, be on the lookout for, lie in wait for, waylay

gueule *f.* mouth (*of an animal*); (*pop.*) mug, pan (*face*)

guignol *m.* Punch (*character in a Punch and Judy show*); **faire le —,** to play the clown

H

* indicates the aspirate **h**

habile clever, skillful, crafty

habilement skillfully, ably, cleverly

habileté *f.* skillfulness, ability, cleverness

habillé dressed, clad; dressy, stylish, fashionable

habit *m.* outfit, costume, dress; (*pl.*) clothes

habitant *m.* inhabitant, citizen, resident

habiter to live, inhabit

habitude *f.* habit, custom, practice; **d'—,** generally, usually; **qui était dans ses —s** which was according to his habits

habitué (à) accustomed (to), used (to)

habitu–el, –elle habitual, regular

habituer (à) to accustom (to), familiarize (with); **s'— (à)** to get used (to), get accustomed (to)

*hagard haggard, gaunt; wild (*eyes*)

*haine *f.* hate, hatred

*haïr to hate, detest

*halte *f.* stopping place, halt; **faire —,** to stop, halt

*harcelant harrassing, worrying, pestering

harmonie *f.* harmony; **en — avec** in keeping with, consistent with, in line with

*hasard *m.* chance, luck; accident; risk, danger; **au —,** at random, blindly; **par —,** by accident, by chance

*hâte *f.* haste, hurry, impatience; **sans —,** without hurrying; **à la —,** in a hurry, hurriedly

*hâter to hurry; **se —,** to make haste, hurry

*hausser to raise; — les épaules to shrug; se —, to raise oneself, rise

*haut (adj.) high, tall, lofty; à —e voix in a loud voice; tout —, out loud; (adv.) high; m. top, height; de — en bas from top to bottom, up and down; de là-haut from above

*hauteur f. height; être à la — de to be equal to, be up to

*Havre: le —, seaport on the English Channel

*hé! (interj.) Hello! I say! What! Eh? (indicates surprise)

*hein? (interj.) Eh? What?

hélas! (interj.) alas!

herbe f. grass

héritage m. inheritance, legacy

hériter to inherit

héritier m. heir, inheritor

héroïque heroic, heroical

heure f. hour, time; à l'—, at the right time, at the appointed time; de bonne —, early; neuf —s nine o'clock; Quelle — est-il? What time is it? tout à l'—, presently, directly, soon, just now

heureusement happily, fortunately

heur–eux, –euse happy

*heurter to strike, hit, knock against; se — (à, contre) to collide (with), knock (against), clash

histoire f. story; history

historique historical

hiver m. winter

*hochement m. shaking, shake, toss (of the head)

Homère Homer (Greek poet, author of the Iliad and the Odyssey)

homérique Homeric, pertaining to Homer

hommage m. homage; token of esteem; (pl.) respects, compliments; rendre — à to pay one's respects to

homme m. man

homonyme m. homonym (a word pronounced like another, but differing in meaning)

*Honfleur town in Normandy, at the mouth of the Seine

honnête honest

honnêteté f. honesty, uprightness

honneur m. honor, reputation

*honte f. shame, disgrace; avoir — de to be ashamed of

*hop! (interj.) Off he goes!

hôpital m. hospital

horloge f. clock

horreur f. horror, loathing; faire — à to horrify

horrifié horrified

*hors out, outside; save, except; — de out of, outside

hospice m. poorhouse; home (for the aged, for children)

hostilité f. hostility, opposition

*huitième eighth

*hum! (interj.) Hem! Hm!

humblement humbly

humeur f. humor, spirits; bad temper; mood; de bonne —, in a good humor; avoir l'— vive to be quick-tempered

humide wet, damp, humid

humilier to humble, humiliate

humoristique humorous

humour m. humor

*hurler to howl, roar, yell

hypocrite m., f. hypocrite; ne fais pas l'—, don't be a hypocrite

hypothèse f. speculation, supposition

I

ici here; d'— là between now and then

idéaliste idealistic

idée f. idea, notion; changer d'—, to change one's mind (opinion); me changer les —s to take my mind off my problems, turn my thoughts in another direction

identique identical, same

ignoble disgraceful, unspeakable, base, vile

ignorer to snub, ignore; be unaware of, know nothing of

île f. island

illégitime unlawful; illegitimate (child)

illuminer to enlighten, brighten; s'—, to light up (face)

illustre famous, well-known

il y a there is, there are; il y a sept ans seven years ago

image f. image; picture; mental picture

imaginer to imagine, picture; s'—, to think, imagine, suppose

imbécile m. idiot, half-wit, fool

imiter to imitate, copy

immédiatement immediately

immeuble m. building, house

imminent impending, imminent

immobile motionless

immobili–er, –ère (adj.) real estate; agent immobilier realtor, real estate broker (agent)

immobilisé immobilized

immobilité f. immobility, motionlessness

immunité f. privilege, exemption; immunity

impassible impassive, unperturbed, unmoved

impatienter: s'—, to lose one's patience, become impatient

impensable (fam.) unthinkable

imperceptiblement imperceptibly, very slightly

impéri–eux, –euse haughty, commanding, overbearing

imperturbablement imperturbably, calmly, serenely
implacable unrelenting, ruthless
implorer to implore, beg for, entreat
impoli impolite
impoliment impolitely
importer to matter, be of importance; **n'importe** no matter, never mind
importun, –e *m., f.* tiresome person, pest, bore
imposer to enforce, compel, enjoin
imposteur *m.* imposter
imposture *f.* deception
imprécation *f.* curse
improviste: à l'—, unexpectedly, without warning
inaperçu unnoticed; **passer —,** to escape notice
inattendu unexpected, unforeseen
inaugurer (*fig.*) to initiate, mark the beginning of
incertitude *f.* indecision
incessant unceasing, ceaseless
incliner to incline; bow; nod; **s'— (sur)** to bow, bend (over)
incohérent disjointed
incomparable matchless, beyond compare, unrivaled
inconcevable inconceivable, unthinkable
inconciliable irreconcilable
inconnu (*adj.*) unknown; *m.* stranger, unknown person
inconvénient *m.* disadvantage, drawback; **voir un —,** to have an objection
incrédulité *f.* incredulity; unbelief
incriminer to condemn, reprove, lay the blame on
incroyable unbelievable, incredible
incroyablement unbelievably, incredibly
inculpé charged, indicted
indécent immodest, indecent
indemnité *f.* compensation, indemnity, allowance
index *m.* forefinger; index (*of a book*)
indigné indignant
indigner to rouse to indignation, make indignant
indiquer to point out, show
individu *m.* individual, person, fellow (generally derogatory)
inefficace ineffective, ineffectual
inertie *f.* inertia, apathy
inespéré unhoped-for
inévitablement inevitably
inexplicable unaccountable
infamie *f.* disgrace, infamy
inférieur lower, nether, inferior
infini boundless, unlimited, never-ending; **à l'—,** without limit
infirme disabled, crippled, weak, feeble
infirmité *f.* disability, illness, infirmity
informer to inform, advise

infortuné *m.* unfortunate (hapless) person
ingéni–eux, –euse clever, skillful, ingenious
ingrat ungrateful, thankless
inhabitu–el, –elle unusual
inhérent inseparable, belonging by nature
inimaginable inconceivable, unthought of
inintelligible unintelligible
injonction *f.* order, injunction
injure *f.* insult, invective
injuste unfair, unjust
inqui–et, –ète anxious, uneasy, worried, concerned
inquiétant alarming, disquieting, disturbing
inquiéter: s'—, to worry
inquiétude *f.* anxiety, uneasiness, misgivings
inscrit inscribed, written down, registered
insensible insensitive, indifferent, callous
insinuer to hint, insinuate
insister to insist
insolite unusual, unaccustomed
inspecter to survey
inspirer to prompt (*a sentiment*); inspire
installer to install; settle; **s'—,** to settle, occupy, install oneself
instant *m.* instant, moment; **par —s** off and on, at times
instantanément immediately, at once, instantaneously
instituteur *m.* teacher, instructor (*in an elementary school*)
instruction *f.* education, teaching, instruction
instruire to instruct, teach; **s'—,** to educate oneself, improve one's mind
instruit educated
insuccès *m.* lack of success, failure
insuffisant insufficient, inadequate
insulter to insult, offend
insulteur *m.* insulter, the one who insults
intact undamaged, whole
intensément intensely
intention *f.* intention, purpose; **avoir l'— de** to intend to
intentionné: mal —, badly disposed, ill-meaning
interdire to forbid, prohibit, veto
interdit *m.* prohibition, injunction
intéressant interesting
intéresser to interest; **s'— à** to be interested in, concern oneself with
intérêt *m.* profit; (*fin.*) interest (*sum paid for the use of money*); self-interest; **agir par —,** to act through self-interest
intérieur *m.* inside, interior
internat *m.* boarding school
interroger to question, examine; **s'—,** to question oneself
interrompre to interrupt
intervenir to intervene, come between
intimidant intimidating, frightening

313

intimider to intimidate, threaten, frighten
intimité f. intimacy, familiarity
intituler to entitle
intonation f. modulation (*of the voice*)
introduire to introduce, show in, bring in
intrus m. intruder, trespasser
inutile useless
inutilement uselessly
Invalides: les — home for disabled veterans in Paris; the site of Napoleon's tomb
invendable unsaleable
inventer to invent; make up; contrive
invention f. invention; discovery; fabrication
inverse opposite, contrary
invité m. guest
inviter to invite
involontaire involuntary, unintentional
invoquer to call upon, invoke, refer to
invraisemblable improbable, hard to believe
ironie f. irony, light sarcasm
ironique ironical, satirical, sarcastic
irrégularité f. irregularity; looseness (*of conduct*)
irrévocable unalterable, irrevocable
irriter to irritate; **s'—,** to become annoyed (angry)
isolé isolated
isolement m. isolation, loneliness
issu de born of, descended from
italique: en —, in italics
ivre drunk, intoxicated
ivresse f. drunkenness; (*fig.*) rapture, ecstasy

J

jadis formerly, in days gone by
jaillir to burst forth, gush out
jalousie f. jealousy, envy
jal–oux, –ouse jealous, envious; watchful; (*fig.*) **jaloux de** anxious to
jamais ever; never; **à —,** forever; **ne . . . —,** never
jambe f. leg
janvier m. January
Japonais m. Japanese
jardin m. garden
jardini–er, –ère m., f. gardener
jaune yellow
jeter to throw; throw away, discard; **— à terre** to throw on the ground; **se —,** to throw oneself, rush
jeu (*pl.* **–x**) game, play, acting; **— de physionomie** expression of the face; **— de clés** bunch of keys
jeudi m. Thursday

jeune young; **— fille** f. girl; **—s gens** youths, young men
jeunesse f. youth
joie f. joy, gladness, delight
joindre to join, unite; **— les deux bouts** to make ends meet; **je joignis les talons** I clicked my heels
joue f. cheek
jouer to play; **— aux cartes** to play cards
joueur m. player
joufflu chubby-cheeked
joug m. yoke
jouir to enjoy
jour m. day; **au grand —,** in broad daylight; **étalage au grand —,** (*fig.*) exposure, disclosure
journal (*pl.* **journaux**) m. newspaper
journaliste m. reporter, newspaperman
journée f. day, daytime
joyeusement joyously
joy–eux, –euse joyous, merry
jubilation f. exultation, elation
jubiler to feel in high spirits; (*fam.*) to gloat
judiciaire judicial, legal
juge m. judge
jugement m. judgment; decision; trial; **prononcer le —,** to pass sentence
juger to judge (*fig.*) consider, think
juillet m. July
juin m. June
jurer to swear
juridique legal, according to the law
jusque as far as, to, up to, until; **jusque-là** until then; that far; **jusqu'à ce que** until
juste (*adj.*) just, fair, right; **au —,** exactly; **tout —,** barely, narrowly; **ce fut tout —,** it was a near thing; (*adv.*) rightly, justly
justement exactly, just
justicier m. judicial officer
justifier to justify; **se —,** to justify oneself

K

kilomètre m. kilometer (⅝ *of a mile*)
klaxon m. motor horn

L

là there; **ce soir-là** that evening; **quelques jours de —,** some days after; **d'ici —,** between now and then; **par —,** over there, that way; **alors —,** then, in that case; **là-bas** yonder, over there; **là-dessus** on that, thereupon; **là-dedans** in there, inside, in this affair; **là-haut** up there, above

labourer to plow
lâche (*adj.*) cowardly, craven; *m.* coward
lâchement in a cowardly manner
lâcher to unleash, let out, release; (*fam.*) let fly
lâcheté *f.* cowardice, baseness
laid ugly; mean, vile
laideur *f.* meanness, ugliness
laisser to leave, quit; let; allow; **laisse-moi te dire** let me tell you; **— échapper** to let fly, give vent to; **— entendre** to intimate, lead to believe; **— tomber** to drop, discard; **se — surprendre** to let oneself be surprised; **se — aller à pleurer** to give way to tears
lait *m.* milk
lamentable dismal, deplorable, wretched; (*fam.*) rotten
lamentation *f.* wailing; complaint
lamenter: se —, to moan, complain, lament; **se — de** to deplore
lance *f.* spear
lancer to throw, fling, cast, hurl; launch; bring out; **— du feu** to shoot fire; **— un coup de pied** to aim a kick; **se —,** to rush, dash
langage *m.* language, speech
langue *f.* language; tongue; **méchantes —s** malicious gossip
laquelle *see* **lequel**
large wide, broad; liberal
largement widely, broadly
larme *f.* tear (drop)
las, lasse tired, weary
lasc–if, –ive wanton, lascivious
lasser: se — de to tire of, grow weary of
lassitude *f.* weariness
laver to wash; **se —,** to wash oneself, bathe
leçon *f.* lesson
lecture *f.* reading
légendaire legendary
lég–er, –ère light, mild, weak, slight
légèrement lightly, slightly, rather
léguer to bequeath, leave
lendemain *m.* following day, day after
lent slow
lentement slowly
lenteur *f.* slowness
lentille *f.* lentil
lequel, laquelle, lesquels, lesquelles which, which one, who, whom, that, which ones
lever to raise, lift; **— les bras au ciel** to hold up one's hands; **se —,** to rise, get up, stand up
lèvre *f.* lip
lexique *m.* lexicon, dictionary
libérer to free, set free, release
libre free
lien *m.* bond, tie, link
lier to tie, fasten; link
lieu (*pl.* **–x**) *m.* place, spot; **au — de** instead of;

avoir —, to take place
lieue *f.* league (*measure of distance, about 4 kilometers*)
ligne *f.* line; **hors de ma —,** contrary to my usual behavior
limiter to restrict, bound
linge *m.* linen; underwear
liquidation *f.* winding up, settlement
liquide (*adj.*) liquid, fluid; **argent —,** ready cash, available money; *m.* liquid
liquider to wind up, liquidate, get rid of
lire to read
lit *m.* bed; **aller au —,** to go to bed
livre *m.* book
livrée *f.* livery; servant's uniform
livrer to deliver; surrender; **— bataille** to give battle; **se — à** to indulge in
livret *m.* libretto (*of an opera*); booklet
local (*pl.* **locaux**) *m.* site, place, spot
location *f.* renting; **caisse de —,** box office (*theater*)
logement *m.* lodging; accommodation; apartment
logique logical, consistent
loi *f.* law
loin far; **— de** far from; **plus —,** farther on; *m.* distance
lointain far off, distant; *m.* distance; **dans le —,** in the distance; **les —s** the background
Londres London
long, longue long; *m.* length; **être étendu de tout son long** to be flat on one's back, be stretched out; **le long de** along
loger to lodge, live, stay at; **mal logé** badly housed
logique logical
longer to go (run) along, skirt
longtemps long, a long time
longuement for a long time, lengthily; deliberately
lorsque when
louer to rent, hire; praise; **— à** to rent from
loup *m.* wolf; half mask
lourd heavy
loyer *m.* rent
lucre *m.* gain, profit, riches
lueur *m.* gleam, glimmer, faint light
lui he, him, to him, to her
luire to shine, gleam
luisant shining, gleaming, glistening
lumière *f.* light
lune *f.* moon
lutte *f.* struggle, strife, conflict
luxe *m.* luxury
lycée *m.* secondary school, high school
lycéen *m.* pupil (*in a lycée*)
lyrisme *m.* lyricism

M

magasin *m.* store, shop
magnanime magnanimous
magnifier to magnify
magnifique splendid, glorious, sumptuous, grand
maigre thin
maigreur *f.* thinness, spareness
main *f.* hand; **avoir en** —, to have at hand; **tenir à la** —, to hold in one's hand; **de seconde** —, second-hand
maintenant now
maintenir to maintain; hold, keep up; **se** —, to remain, continue
mais but
maison *f.* house; firm; **à la** —, at home; — **de retraite** home for the aged; — **de confection** establishment making (*or* selling) ready-to-wear clothes
maître *m.* master; teacher; **être** — **de ses nerfs** to have one's nerves under control
maîtresse *f.* mistress; — **femme** capable woman
majorité *f.* majority, greater part; coming of age
mal (*adv.*) badly, ill; — **élevé** badly brought up; — **nourri** ill-fed; — **posé** badly put; **se porter** —, to be sick (ill)
mal (*pl.* **maux**) *m.* evil; illness, pain; harm, hurt; trouble; **avoir** — **à la gorge** to have a sore throat; **avoir** — **à la tête** to have a headache; **maux de tête** headaches; **avoir du** —, to have difficulty; **faire du** —, to do harm, hurt; **se faire** —, to hurt oneself; **de** — **en pis** from bad to worse
malade (*adj.*) ill, sick, unwell; **tomber** —, to be taken ill, become sick; *m.* invalid, sick person, patient
maladroit clumsy, awkward
mâle masculine, virile, manly, strong
malentendu *m.* misunderstanding, misapprehension
malgré in spite of, notwithstanding
malheur *m.* bad luck, misfortune; **par** —, as ill luck would have it
malheureusement unhappily, unfortunately
malheur–eux, –euse, unhappy, unfortunate; *m., f.* unfortunate (unlucky) person
malhonnête dishonest
malice *f.* mischief
malicieusement mischievously, slyly, maliciously
mallette *f.* small trunk; suitcase
manche *m.* handle
manger to eat
manière *f.* way, manner; **de cette** —, in this way; **de** — **à** so as to; **à leur** —, in their way
manifester to show, evince; **se** —, to appear, come out

manœuvre *f.* manoeuvring, move, strategy
manœuvrer to work, handle; push around
manque *m.* lack
manqué missed, unsuccessful
manquer to be missing, run short; **le cœur me manquait** my heart failed me; **je manquai défaillir** I almost fainted
marchand *m.* merchant
marchandise *f.* merchandise, goods, wares
marche *f.* walk, walking; progress; course; step, stair; **de** — **en** —, from step to step
marché *m.* market; **faire le** —, to do the shopping (marketing)
marcher to walk, march; go, run; work
mardi *m.* Tuesday
marge *f.* margin, border
mari *m.* husband
marine *f.* Navy; **bleu** —, navy blue
marque *f.* mark, brand; make (*of a car*)
marquer to mark
marquis *m.* marquis (*title of nobility*)
martyre *m.* martyrdom
masque *m.* mask
masqué masked
massacre *m.* slaughter, massacre, murder
massacrer to slaughter, butcher, murder; botch, distort
mat dull, flat, lusterless
matelas *m.* mattress
matérialisation *f.* materialization, appearance (*out of nowhere*)
matériel *m.* equipment, stores, furnishings
matière *f.* material, subject, subject matter
matin *m.* morning
matinée *f.* morning; afternoon performance (*at the theater*)
maudit cursed, accursed; wretched
mauvais bad, ill, evil; wrong; poor
maux *see* **mal**
mécanicien *m.* mechanic
mécanique *f.* mechanics
méchanceté *f.* wickedness, spite, maliciousness
méchant bad, wicked; mean, malicious, spiteful; evil
médecin *m.* doctor, physician; **médecin-major** medical officer (*in the army*)
médecine *f.* medicine (*science*); **étudiant en** —, medical student
médicament *m.* medicine (drugs)
médiocre poor; ordinary; unimpressive
médiocrité *f.* mediocrity; poorness
méfait *m.* misdeed, wrong-doing; (*pl.*) damage
méfier: se —, to be on one's guard; **se** — **de** mistrust, distrust, watch out for
meilleur better; **rendre** —, to improve; **le** — **de** the best in

mélancolique gloomy, glum, despondent

mêler to mix, mingle; **être mêlé à** (*fig.*) to be involved in; **mêle-toi de ce qui te regarde** mind your own business; **se —**, to mix, mingle

même same, self, very; even; **au moment —**, at the very moment; **moi-même** myself; **toi-même** yourself; **en — temps** at the same time; **les titres —s** the actual stocks (*or* bonds); **le jour —**, the very day; **tout de —**, all the same; **juger de —**, to think the same; **être du — avis** to think alike; **faire de —**, to follow suit, do likewise

mémoire *m.* bill, report; (*pl.*) memoirs, autobiography

mémoire *f.* memory, recollection

mémorable noteworthy, eventful

menaçant threatening, forbidding

menacer to threaten, menace .

ménage *m.* housekeeping; household, family; **faire le —**, to do the housework

mener to lead, take

menteur *m.* liar

mentir to lie, fib, tell a falsehood

menton *m.* chin

menuisier *m.* carpenter

mépris *m.* contempt, scorn

méprisant contemptuous, scornful

mépriser to despise

mer *f.* sea

merci thank you

mère *f.* mother

méridional southern, south

mérite *m.* merit, worth; **se faire un — de** to make a virtue of

mériter to merit, deserve; be worth

merveilleusement wonderfully, marvellously

merveill–eux, –euse wonderful, marvellous

messieurs (*pl. de* **monsieur**) gentlemen, sirs

métier *m.* trade, craft, business, profession

mètre *m.* meter (*39.37 inches*)

metteur en scène *m.* producer, stage manager; director (*film*)

mettre to put; put on; place, set, lay; invest; **— au courant de** to tell all about; **— fin à** to end, put an end to; **— en morceaux** to tear to pieces, break; **— au point** to put the finishing touches on; **— mon point d'honneur** to make it a point of honor; **— en valeur** to exploit; **se —**, to put oneself; **se — à** to begin; **s'y —**, to set about it, take a hand in it; **se — d'accord** to agree, come to an understanding; **se — en colère** to become (get) angry; **se — en dimanche** to dress in one's best clothes; **se — en mouvement** to start off; **se — à pied d'œuvre** to go into action; **se — en**

rang to form ranks, stand in line; **se — au travail** to set to work

meuble *m.* piece of furniture; (*pl.*) furniture, furnishings

meule *f.* haystack; **de — en —**, from haystack to haystack

meurtre *m.* murder; manslaughter; (*fig.*) crime

meurtrissure *f.* bruise

mi half; **à mi-chemin** halfway, midway; **à mi-voix** in an undertone, under one's breath

midi *m.* noon; **Midi** south of France

mien: le —, mine; **chez les —s** with my own (people); **mienne: la —**, mine

mieux better, rather; **le —**, best; **aimer —**, to prefer; **aller —**, to feel better; **il vaut —**, it is better

milieu *m.* middle, midst; class, set; environment, surroundings, atmosphere; **au — de** in the middle of

mille thousand

millier *m.* thousand; a thousand or so

mince thin, slender

mine *f.* look, face, appearance; (*pl.*) airs; **prendre une — terrorisée** to assume a terrified air

mineur (*adj.*) minor; under age (*child*); *m.* minor

mineur *m.* miner

minuit *m.* midnight

minuscule tiny, minute

miraculeusement miraculously

mire *f.* sighting, aiming; (*fig.*) **point de —**, aim, center of attention, cynosure

miroir *m.* mirror, looking glass

mise *f.* placing, putting

mission *f.* errand, mission

mit–eux, –euse (*fam.*) shabby, seedy-looking; pitiable

mi-voix: à —, in an undertone, under one's breath

mode *m.* method, form

mode *f.* fashion, manner, way; **la dernière —**, the latest style

modestie *f.* modesty, unpretentiousness

modifier to modify, alter, change

mœurs *f. pl.* manners, morals, customs

moi-même myself

moindre (*adj.*) less, lesser, least, smallest

moins (*adv.*) less; **le —**, (the) least; **au —**, at least; **du —**, at least; **une heure — un quart** a quarter of one

mois *m.* month

moitié *f.* half

mollement slackly; lazily, without enthusiasm; flabbily

moment *m.* moment; **au — où** at the moment when

momentanément temporarily, for a while

momie *f.* mummy
monde *m.* world, people, set, society; **tout le —**, everyone, everybody; **dans le —**, in society; **le grand —**, the best circles, high society; **le beau —**, fashionable society, the smart set
mondial world-wide; **guerre —e** world war
monnaie *f.* money, currency, change, coin
monsieur Mr., sir; **un —**, a gentleman
montagne *f.* mountain; **à la —**, in the mountains
montant *m.* amount, total amount
montée *f.* slope
monter to go up, climb up, come up; **— cette combine** to arrange this scheme; **— dans** to get into (a car, a train); **— dessus** to get on (it); **— la garde** to keep watch, mount guard; **se — la tête** (*fam.*) to imagine things
montre *f.* watch
montrer to show; **— du doigt** to point; **se —**, to show oneself, appear
moquer to mock; **se — de** to laugh at, make fun of, mock
moquerie *f.* mockery, scoffing
moqu–eur, –euse (*adj.*) mocking, jeering, sarcastic, ironical
moqueur *m.* scoffer, mocker
moralement morally, virtually
morceau *m.* (*pl.* **-x**) piece, bit; **mettre en —x** to tear (break) to pieces
mort (*adj.*) dead
mort *f.* death; **un condamné à —**, a person condemned to death
mort *m.* dead person
mortel mortal, deadly, deathly
mot *m.* word
moteur *m.* engine, motor
motif *m.* motive; pattern
mou, mol, molle soft, flabby
mouchoir *m.* handkerchief
moue *f.* pout
mourant (*adj.*) dying; *m.* dying man
mourir to die
moustache *f.* mustache; **à fortes —s** with a big mustache
moustachu *m.* man with the mustache
mouton *m.* sheep
mouvement *m.* motion, movement; **se mettre en —**, to start off
moyen, –ne (*adj.*) middle, medium, average
moyen *m.* means, powers
mu–et, –ette dumb, speechless, silent
multicolore multi-colored, variegated
multiplier to multiply, increase, propagate
multitude *f.* crowd, a great number, lots
munir: se — de to provide (supply) oneself with

mur *m.* wall; **— du son** sound barrier
muré walled in, shut up
mûri (*fig.*) carefully studied, long-considered
murmurer to murmur, whisper
musique *f.* music
mutilé (*adj.*) maimed, mutilated, disfigured; *m.* disabled soldier
mutisme *m.* stolid silence, dumbness
myope nearsighted
mystéri–eux, –euse mysterious

N

nager to swim
na–if, –ive (*adj.*) credulous, naïve; *m.* unsophisticated person; «**le Naïf amoureux**» *An Innocent in Love*
naissance *f.* birth
naïvement innocently
naïveté naïvete, simplicity, innocence, guilelessness
napoléon *m.* twenty-franc gold piece
nappe *f.* tablecloth
narine *f.* nostril
narrer to narrate, tell
natal native; **pays —**, birth place
natur–el, –elle (*adj.*) natural
naturel *m.* nature, disposition, naturalness
naturellement naturally
navré heart-broken, extremely sorry
ne: ne . . . pas not; **n'importe** never mind
né, née (*adj.*) born; **bien né** of a good family; **ruines nées de la guerre** ruins caused by the war
nécessaire necessary
négligeable unimportant, insignificant
neige *f.* snow
neig–eux, –euse snowy; **blanc neigeux** snow-white
nerf *m.* nerve
nerveusement nervously
nerv–eux, –euse nervous, excitable
nervosité *f.* irritability, state of nerves
net, nette (*adj.*) clean, clear, precise, exact; flawless; distinct; **net de** free from; **des idées nettes** definite ideas; (*adv.*) **s'arrêter —**, to stop short
nettoyer to clean
neuf nine
neu–f, -ve new; **habillé de neuf** dressed in new clothes
neveu *m.* nephew
nez *m.* nose
ni nor; **ne . . . ni . . . ni** neither . . . nor
n'importe no matter, never mind
noblement nobly; (*fig.*) loftily

noblesse *f.* nobility, nobleness
nocturne nocturnal, night
noir black
noirâtre blackish
nom *m.* name; noun; **sans —,** nameless
nombre *m.* number
nombr–eux, –euse numerous
nommer to name; **se —,** to give one's name; **se faire —,** to have oneself named
non not; **mais —,** Oh no! **— pas** not at all; **— plus** not either, nor, neither
nonchalamment nonchalantly, idly; **s'avancer —,** to saunter, loiter along
Normand, –e *m., f.* Norman (*inhabitant of Normandy*)
Normandie *f.* Normandy (*ancient province in Northern France*)
notable noteworthy, notable
notablement notably, remarkably
notaire *m.* notary
note *f.* note; bill; mark, grade
noter to remark, take notice of, make note of
noué fastened; (*fig.*) established, formed
nouer to tie, make a knot, knit; establish (*relations*); strike up (*a conversation*); **se —,** to become knotted; become established (*a friendship*); be formed
nourri fed; **mal —,** ill-fed, badly nourished
nourriture *f.* food, nourishment
nouveau, nouvel, nouvelle (*adj.*) new, another; **à —,** again, over again; **de —,** again, once more
nouveau *m.* new pupil
nouvelle *f.* news, piece of news, information
nu naked, nude; **pieds —s** barefooted; **nu-tête** bare-headed
nuance *f.* shade, tone; (*fig.*) nicety, shade of meaning; **légères —s** minute points, fine points
nuire to be harmful; **— à** to do harm to
nuit *f.* night
nul, nulle worthless, of no value; a "dud"; **nul (nulle) . . . ne** no; **il n'a nul désir** he has no wish
nullement in no way, by no means, not at all

O

obéir to obey
object–if, –ive unbiased
objet *m.* object
obligatoirement obligatorily
obligé compelled, bound, obliged
obliger to compel, oblige
oblique slanting, aslant

obscurité *f.* darkness, gloom
obséqui–eux, –euse obsequious, cringing, fawning
observateur *m.* observer
obstacle *m.* obstacle; **faire — à** to stand in the way of, oppose
obtenir to obtain, get
occasion *f.* occasion, chance, opportunity; bargain; **une voiture d'—,** a second-hand car
occuper to occupy; employ; keep someone busy; **s'—,** to keep oneself busy, look to (after); **occupe-toi de tes affaires** mind your own business; **s'en —,** to go into it (*the matter*); **être occupé à écrire** to be busy writing; **être occupé de** to be preoccupied with
odeur *f.* smell, odor; perfume
odi–eux, –euse, detestable, odious, hateful
œil (*pl.* **yeux**) *m.* eye; **un coup d'—,** a glance; **un — poché** a black eye; **pocher l'—,** to black the eye
œuvre *f.* work, achievement; **se mettre à pied d'—,** to go into action
offrir to offer
oignon *m.* onion
oiseau (*pl.* **–x**) *m.* bird
ombre *f.* darkness, shadow, shade
ombrelle *f.* parasol, sunshade
on one, people, somebody, we, you, they
oncle *m.* uncle
opérer (*méd.*) to operate on
opposé opposite, contrary
opposer to oppose; place opposite; **s'— à** to be opposed to, be against, conflict with
oppressé oppressed
oppresseur oppressive
opprimant (*fig.*) oppressive; tyrannical
opprimé oppressed, persecuted
or (*conj.*) now, well, but
or *m.* gold; **pièce d'—,** gold coin
ordinaire ordinary, normal; **peu —,** unsuited
ordonner to order, command
oreille *f.* ear; **tendre l'—,** to prick up one's ears
oreiller *m.* pillow
orgueil *m.* pride, conceit
orgueill–eux, –euse proud, conceited
orienter to direct, steer, turn (*the conversation*)
origine *f.* origin; **d'—,** by birth
orner to adorn, decorate
orphelin *m.* orphan
orthographe *f.* spelling
os (*pl.* **os**) *m.* bone
oser to dare
ôter to take away, remove, take off
où where; **le jour —,** the day when
ou or; **— bien** or else; **— . . . —** either . . . or
oublier to forget

ouest *m.* west

outil *m.* tool, implement

outre in addition to, over and above, beyond; **d'outre-tombe** posthumous, from beyond the grave

ouvert (*adj.*) open; **grand —,** wide open; **les yeux grands —s** with staring eyes; **à cœur —,** freely, unreservedly

ouverture *f.* opening, aperture

ouvrage *m.* work, occupation, employment, achievement

ouvrier *m.* workman, laborer

ouvrière *f.* worker; **— à domicile** woman who takes work home

ouvrir to open, switch on (a *light*); **s'—,** to open, to come open

P

paiement *m.* payment

pain *m.* bread

pair *m.* peer, equal; **situation au —,** job which pays expenses but no wages

paisible peaceful, quiet, untroubled

paisiblement peacefully, quietly

paix *f.* peace

pâleur *f.* paleness, pallor

palir to turn pale, grow pale, blanch

panique *f.* panic, scare

panne *f.* breakdown; **être en —,** to be stuck, have a breakdown; **être en — d'essence** to be out of gas

pansement *m.* bandage, dressing

pantalon *m.* trousers, slacks

pantoufle *f.* slipper; (*fam.*) stupid person

papa *m.* (*fam.*) daddy, pa; **— gâteau** over-indulgent father; sugar daddy

papier *m.* paper; **— collant** mending tape; **— timbré** official (stamped) paper

paquet *m.* bundle, package, parcel

par by, through, at, on, by means of; **— hasard** by chance; **— ici** this way; **— là** over there; **— ici, — là** here and there; **— jour** each day, per day; **— personne** per person; **— tout le pays** throughout the country; **par-dessus** over, above; **par-dessous** beneath, under

paradis *m.* paradise

paradoxe *m.* paradox, self-contradictory statement

paraître to appear, seem

parbleu! to be sure! you bet!

parce que because

parcourir to go (pass) over, travel over, cover

pardessus *m.* topcoat, overcoat

pardonner to pardon, forgive

par–eil, –eille like, similar, such; **pas pareil!** not the same thing!

parent *m.* relative; relation; (*pl.*) parents; **être —,** to be related

parer to ornament, adorn, embellish

paresse *f.* laziness, idleness

parfait perfect; complete; flawless

parfaitement perfectly, absolutely

parfois sometimes, every so often

parfumé perfumed

paria *m.* outcast, pariah

parler to speak, talk, tell

parl–eur, –euse *m., f.* talker, speaker

parmi among, amid

parole *f.* word, speech; **adresser la —,** to speak; **donner sa —,** to give one's word (promise); **tenir —,** to keep one's word

paronyme *m.* paronym (*a word which is almost a homonym:* eminent, imminent)

parquet *m.* floor

part *f.* share, allowance; **d'autre —,** moreover; **de ma —,** as far as I was concerned; **quelque —,** somewhere

partage *m.* distribution, sharing; **faire le — de** to divide, share

parti *m.* party, group, gang; advantage; **prendre —,** to come to a decision; **prendre — pour** to side with; **tirer — de** to turn to account, make use of

participer to participate, partake (of), share (in)

partie *f.* part, party, litigant, person engaged in a lawsuit; **en —,** in part; **faire — de** to be a part of; **faire une — d'échecs** to play a game of chess

partir to leave, start; **à — de ce jour-là** from that day on

partout everywhere; **— où** wherever

parvenir to reach, come to; **à** to succeed in

pas (*adv.*) not; **ne . . . —,** not; **— encore** not yet; **— du tout** not at all; **non —,** not, not at all, not so

pas *m.* step, gait, walk; **d'un assez bon —,** rather rapidly; **d'un — décidé** with a determined step; **d'un — tranquille** serenely, with an untroubled step; **à petits —,** with short steps; **sur le — de la porte** in the doorway, on the doorstep; **faire un —,** to take a step

passage *m.* passage; way; **au —,** on one's way

passant, –e *m., f.* passer-by

passé *m.* past

passer to pass; surpass; spend (*time*); **— à table** to go to the table; **— un examen** to take an examination; **— par** to go through; **— sous** to go under; **se —,** to happen, take place; **se — de** to do without

passionné (*adj.*) impassioned, enthusiastic, excited

passioner: se —, to get enthusiastic, get excited
patern–el, –elle paternal, of a father
patriarche m. patriarch, father and ruler of a tribe
patron m. employer; boss; landlord
patte f. paw; leg; foot (*of an animal*); **—s de derrière** hindlegs
paume f. palm (*of the hand*)
pauvre poor, unfortunate
pauvreté f. poverty, destitution
payant paying; **l'enseignement était —,** instruction was not free
payer to pay; **— trop cher** to pay too high a price; **se —,** to pay oneself, be paid
payeur m. payer, one who pays; **mauvais —,** bad risk
pays m. country, land, nation, native land, birthplace; village; region, countryside; **retourner dans son —,** to go back home
paysage m. scenery; landscape
paysan, –ne (*adj.*) peasant; m. peasant; f. peasant woman
peau f. skin
pêche f. peach
pêcheur m. fisherman
pédaler to pedal, cycle
pedzouille m., f. (*fam.*) ignorant and crude peasant
peigner: se —, to comb one's hair
peindre to paint
peine f. pain, grief, sorrow; **avoir de la —,** to grieve; **ce n'est pas la —,** there is no use; it is not worthwhile; **ça vaut la —,** it is worthwhile; **à —,** hardly, barely; **faire de la — à** to hurt; **en valoir la —,** to be worthwhile, be worth the trouble
peintre m. painter
péjorat–if, –ive disparaging, depreciatory
pelote f. pelota (*game played in a court with a wickerwork racket which is used to strike a ball*)
penché leaning
pencher to lean, bend, tilt; **se —,** to lean, stoop; bend over; (*fig.*) **se — sur** to take an interest in
pendant during, for; **— que** while
pendre to hang
pénétré earnest (*tone*); **— de** convinced of
pénétrer to enter, invade, penetrate
pénible painful; hard; tiresome, difficult; distressing, sad
péniblement painfully, with difficulty
pensée f. thought, idea, opinion
penser to think, reflect; expect; **je pense à lui** I think of him; **Que pensez-vous de lui?** What do you think of him? **Je pense partir.** I expect to leave.
pens–if, –ve thoughtful, pensive

pensionnaire m., f. border; resident (pupil)
pente f. slope
perçant shrill; high-pitched; piercing
perché perched; **sa tête haut —e,** his head held high
perdre to lose; **— la face** to lose face; **— la raison** to take leave of one's senses; **avoir la tête perdue** to get confused; **— connaissance** to faint; **— son temps** to waste one's time
perdu (*adj.*) lost, isolated; **— dans** absorbed in
père m. father
périmé out of date; superseded
permettre to permit, allow; **se —,** to venture to, allow oneself
permis m. permit
permission f. permission; **en —,** on leave
pernici–eux, –euse pernicious, baneful
Pérou m. Peru
perpétuellement everlastingly
perquisitionner to make a search; **— dans** to search
personnage m. character (*in a play or novel*)
personne f. person; anyone; **ne . . . —,** nobody, no one; **mieux que —,** better than anyone
perte f. loss, waste
pesant heavy; **—e autorité** heavy hand of authority
peser to weigh; ponder, think out; **j'ai tout pesé** I have taken everything into consideration
pessimiste m., f. pessimist
petit small, little
petit-enfant m. grandchild
petit-fils m. grandson
pétrifié petrified; (*fam.*) dumbfounded
pétrin m. (*fam.*) mess, jam; **être dans le —,** to be in the soup
peu little, few; **— ordinaire** unusual; **à — près** nearly, almost; approximately; **depuis —,** lately, of late
peuple m. people, the masses
peur f. fear, fright; **avoir — de** to be afraid of; **de — de** for fear of; **faire — à quelqu'un** to frighten someone
peut-être perhaps, maybe; **— bien** perhaps so
phare m. headlight
pharmacie f. drugstore
pharmacien m. druggist
phénomène m. phenomenon; unique event
philosophe m. philosopher
philosophie f. philosophy; (*fam.*) **philo** (*abrév.*); **classe de philo** the most advanced class of the lycée where the emphasis is on philosophy and psychology
philosophique philosophical
photographe m. photographer
photographie f. photograph

phrase *f.* sentence, phrase
physiquement physically
pièce *f.* room; piece; coin; — **de théâtre** play
pied *m.* foot; **se mettre à — d'œuvre** to go into action; **lancer un coup de —,** to aim a kick at
pierre *f.* stone
piétiner to stamp on
pilier *m.* pillar, column
pilori *m.* pillory; **trainer au —,** to expose to public scorn
pinces *f. pl.* pliers
pion *m.* proctor; assistant (*in charge of discipline in a classroom*)
piquer to stick, prick; (*fam.*) snatch, filch
pire (*adj.*) worse, worst
pis (*adv.*) worse; worst; — **encore** worse yet; **de mal en —,** from bad to worse; **tant —,** so much the worse
piteusement piteously
pitié *f.* pity
pitoyable pitiful, pitiable
place *f.* seat, place, room; public square; **ne pas pouvoir tenir en —,** to be fidgety; not to be able to stay in one spot; be restless
placement *m.* investment
placer to place, put, set; **se —,** to place oneself, seat oneself
plafond *m.* ceiling
plage *f.* beach
plaie *f.* wound, sore
plaindre to pity, feel sorry for; **être à —,** to be pitied; **se —,** to complain, grumble, groan
plainte *f.* moan, groan, protest
plaint–if, –ive sorrowful, plaintive, doleful
plaire (à) to please, be agreeable to; **se —,** to feel content; **je me plus . . .** (*p.s.*) I liked . . .
plaisant pleasing, pleasant, agreeable
plaisanter to joke, make a joke
plaisir *m.* pleasure; **faire — à** to please; **il se fait un —,** he enjoys, it gives him great pleasure
plan *m.* draft, plan, map, outline
plancher *m.* floor
planter to plant, stick, drive in; **se —,** to stand, plant oneself
plat (*adj.*) flat, level; **à —,** flat; **à — ventre** flat on one's stomach; **de —es excuses** (*fam.*) cringing, servile excuses
plat *m.* dish, platter
plein (de) full (of); filled (with); entire, complete; **à —e gorge** loudly; **en — succès** at the height of (his) success; **en —e nuit** in the middle of the night; **en — vigueur** in the pink of condition; **un gros — de soupe** a stupid, overbearing fellow
plénipotentiaire *m.* plenipotentiary; agent invested with full power

pleurer to weep, cry, mourn for; **se laisser aller à —,** to give way to tears
pleuvoir to rain
plier to fold; bend; **se —,** to bend over; **se — en deux** to bend double
plonger to dive, plunge; **se —,** to plunge, immerse oneself in
plupart (la) most, the most
plus (*adv.*) more; — **âgé que** older than; **le — beau** the most beautiful, the most handsome; **avoir une tête de —,** to be a head taller; — **rien** nothing more; **ne . . . —,** no more, not again, no longer; **non —,** not either, nor, neither; **de —** (*pron.*) more; **en — de** in addition to; — **de treize ans** more than 13; **de —,** moreover, farther; **de — en —,** more and more; **tout au —,** at most, at the outside; — **maintenant** not now
plus: je me —, *see* **se plaire**
plusieurs several, some
plutôt rather; sooner; more; — **que** rather than
pneu (*abrév.* **pneumatique**) *m.* tire
poche *f.* pocket; **argent de —,** pocket money
poché *adj.* **œil —,** black eye
pocher to poach; black (someone's eye)
poids *m.* weight
poignet *m.* wrist
poing *m.* first; **un coup de —,** a blow, poke, punch
point *m.* point, period; — **de vue** point of view; **mettre un — d'honneur** to make it a point of honor; **mettre au —,** to put the finishing touch on; **le — de mire** target; center of attention; **à —,** medium (*meat, steak*); (*adv.*) not, by no means; **ne . . . —,** not; **non —,** not at all
pointe *f.* point; toe (of a shoe); **sur la — des pieds** on tiptoe
pointu pointed, sharp
poivron *m.* pepper, pimento
politesse *f.* politeness, good manners
pompe *f.* pump, tire pump
pont *m.* bridge
ponton *m.* pontoon, floating platform
populaire popular; folk; common; vulgar
portant: bien —, in good health
porte *f.* door; — **d'azur** gateway to paradise; **porte-bagages** *m.* luggage carrier, luggage rack
porter to carry; wear, bring; come forward, proceed; — **atteinte** to injure, damage; **se —,** to be (*of health*); **se — en arrière** to step back; **se — bien** to be well; **se — mal** to be ill
portrait *m.* portrait; **faire le —,** to describe
posé composed, steady; **mal —,** badly put

posément calmly, quietly, deliberately

poser to place, put, pose; **— à l'affranchie** to pretend to be emancipated; **— une question** to ask a question; **se —** (*fig.*) perch, alight; **se — une question** to ask oneself a question

position *f.* place; attitude, stand; **rester sur nos —s** to stick to our points of view

posséder to own, have, possess

possible possible; **faire son —**, to do one's best

poste *f.* post; post office; **mettre à la —**, to mail; **en —**, by stagecoach

potage *m.* soup

pour for, in order to; **— que** in order that; **— cent** per cent

pourpre purple

pourquoi why

pourrir to rot; **se —**, to decay

poursuite *f.* pursuit; **à la — de** in pursuit of

poursuivre to pursue, continue, go on

pourtant however, yet

pourvu provided; **— que** on condition that, so long as

poussée *f.* push, shove

pousser to push, shove; grow; urge; stimulate; **— un cri** to utter a cry; **— quelqu'un à bout** to drive someone into a corner, make someone angry; **— la bonté jusqu'à** to do the kindness so far as

pouvoir *m.* power, ability, authority, authorization

pouvoir (*v.*) to be able, can, could, may; **se —: il se pourrait** it might be

prairie *f.* meadow, grassland

pratiquer to practice; pursue (a *profession*)

pré *m.* meadow

préambule *m.* preamble, preliminary

précédent (*adj.*) preceeding, previous; *m.* precedent, *judicial decision serving as a rule in similar cases*

précéder to precede, come before

préci-eux, –euse invaluable, precious

précipiter to hurl, throw, hasten, accelerate, push headlong; **se —**, to rush, hurry, throw oneself

précis exact, accurate, clear, precise

précisément exactly

préciser to specify, state precisely

précoce precocious, early

préférer to prefer; **— de beaucoup** to like very much better

premi-er, –ère first

premièrement first of all, firstly; **mon —**, my first point

prémunir to caution, warn

prendre to take, pick up, grasp, catch, seize; **— à** to take from; **— un air** to assume an air; **— en chasse** to catch after a chase; **— conscience de** to realize; **— une décision** to come to a decision, make a decision; **— le déjeuner** to have, eat lunch; **— un engagement** to enter into a contract, accept an engagement; **— la fuite** to escape, take to flight; **— garde à** to be careful of, take care to; **— parti** to come to a decision; **— une résolution** to decide, make a decision; **— le thé** to drink, (have) tea; **— le trot** to break into a trot; **Il vint me —.** He came to get me; **pris par sa conviction** taken in by his conviction; **vous n'avez pas pris un an** you aren't a year older, you aren't any older; **se —**, to be caught, catch; **se — à** to begin to undertake; **il s'était pris de** he had acquired

préparatifs *m. pl.* preparations

préparer to prepare, get ready, plan

près near, close by; **— de Paris** near Paris; **avoir — de quatorze ans** to be nearly fourteen years old; **à peu —**, nearly, almost, approximately; **de —**, closely, carefully, at a close distance

présenter to offer, present; **se —**, to apply for, present oneself, introduce oneself, appear

presque almost, nearly

pressant pressing, urgent

pressé in a hurry; urgent; hard-pressed

presser to press, hasten, be urgent; **— son poignet** to clasp his wrist; **rien ne presse** no need to hurry; **se —**, to hurry, move swiftly

prestance *f.* presence, martial bearing

prêt ready, prepared; **fin —**, absolutely ready, all set

prétendre to pretend; claim; declare

prétenti-eux, –euse affected, pretentious

prêter to lend, give, grant; attribute; **— attention** to pay attention; **— secours à** to give help to

prêteur *m.* (money) lender

prétexte *m.* pretext; **sous — que** on the pretext that

prêtresse *f.* priestess

preuve *f.* proof, evidence; **faire — de** to give proof of

prévenir to warn, tell

prévention *f.* confinement, imprisonment on suspicion

prévoir to foresee, forecast; **il ne les avait prévus** he had no warning of them

prier to pray, ask, beg; **je t'en prie** Please! I entreat you!

primaire primary; **école —**, elementary school

principe *m.* principle; (*pl.*) principles, rules of conduct

pris taken, occupied (*place*)

prise *f.* grasp, hold; **aux —s avec** at grips with; **—s de vues** shooting of a film
prisonnier *m.* prisoner
privation *f.* deprivation, want
privé private
priver to deprive; **se —,** to deny oneself, deprive oneself, do without
privilégié *m.* privileged person
prix *m.* price, cost, prize; **— Goncourt** *prize named in honor of the Goncourt brothers for the best novel of the year*
problème *m.* puzzle; riddle; problem; **résoudre le —,** to solve the problem
prochain next, nearest, neighboring
proche (*adj.*) near, close; (*adv.*) close at hand; **de — en —,** step by step, by degrees
proclamer to proclaim, declare, announce
prodigi–eux, –euse wonderful, amazing, fabulous
produire to produce, make, bring forth
proférer to utter, pour forth
professeur *m.* teacher, professor
profil *m.* profile, side face; **de —,** in profile
profiter to profit, benefit; **— de** to avail oneself of, take advantage of
profond deep; great; strong; profound
profondément deeply, intensely, soundly
progrès *m.* progress, advancement; improvement (*of a pupil*)
projet *m.* project, plan, scheme
projeter to throw, hurl
prolongement *m.* prolongation, extension
prolonger to continue, prolong, extend, lengthen
promener to take out for a walk (ride); keep (*an animal*) on the move; **— sa main sur** to run one's hand over; **se —,** to walk, take a walk (drive)
promettre to promise; **se —,** to promise oneself
promis promised
prononcer to pronounce, utter, declare, deliver (*a speech*); **— le jugement** to pass sentence; **se — sur** to give one's opinion on
propice favorable, auspicious
propos *m.* purpose, matter; (*pl.*) talk, conversation, remarks; **à —,** by the way; **à — de** about, concerning
proposer to suggest, propose
proposition *f.* suggestion, proposal, offer; statement, recommendation
propre clean; well-groomed; own; very; same; proper; **ses —s intérêts** his own interests; **leurs —s termes** their exact terms; **sens —,** literal meaning
propriétaire *m.* owner; proprietor; landlord
prostré prostrate, depressed
protect–eur, –rice protecting, protective
protéger to protect
protester to protest

protêt *m.* protest, notice of non-payment
prouver to prove, give evidence of, bear witness to
Provence *f.* ancient province in southern France
province *f.* province; country; **la —,** the provinces (*as opposed to Paris*); **en —,** in the provinces, in the country
provision *f.* supply; retainer, retaining fee
provoquer to challenge; incite; egg on; cause, bring about
prudent discreet, wise, cautious
prunelle *f.* pupil (*of the eye*)
publier to publish
puis then
puisque since, as, considering
puissamment exceedingly, excessively
puissance power, strength, force
puissant strong, powerful
pulsation *f.* heartbeat
punir to punish
punition *f.* punishment
pupitre *m.* school desk, pupil's desk
pur pure; perfect; unqualified; **folie —e** utter folly
purement purely

Q

qualifié qualified, fit, skilled
qualité *f.* quality, status
quand when; whenever; **— même** nevertheless
quant à as for, as to; **— à notre père** as regards our father
quarante forty
quart *m.* quarter
quartier *m.* quarter, district
quatorze fourteen
quatre-vingts eighty
que (*conj.*) that, than, if, as; when; **plus grand —,** taller than; **ne . . . que** only; **Que je t'explique.** Let me explain it to you.
que (*pron. interrog.*) **qu'est-ce —,** what; **Que dit-il?** What is he saying? **Qu'est-ce qu'il y a?** What is the matter? **qu'est-ce qui** (*suj.*) what
quel, quelle, quels, quelles (*adj. interrog.*) which, what; (*exclam.*) **Quel bel homme!** What a handsome man! (*adj. indéf.*) whoever, whichever, whatever: **quels que soient les obstacles** whatever obstacles may arise
quelque some, any, several, a little; **— chose** something; **— chose de léger** something light
quelquefois sometimes
quelque part somewhere, anywhere
quelqu'un (une) someone, somebody, anyone

querelle *f.* quarrel, squabble
qu'est-ce que what; **Qu'est-ce que tu as?** What is the matter? **qu'est-ce que c'est que** what
qu'est-ce qui (*suj.*) what
question *f.* question; **qu'il n'en soit plus —,** talk no more about it
questionnaire *m.* list of questions
queue *f.* tail; file; line
qui who, that, which; **à —,** to whom; **pour —,** for whom; **— est–ce —?** who? **— est–ce que?** whom?
quiétude *f.* tranquility, quietness, repose
quinze fifteen
quitter to leave; **se —,** to part, separate, leave each other
quoi what, which; **à — bon?** what's the use? **— que ce soit** whatever; **Voici de — il s'agit.** Here is what it is about; **il n'y a pas de —,** not at all; don't mention it; **il y a de — rire** there is reason to laugh; **il n'y a pas de — rire** it is no laughing matter; **trouver de — crier** to have reason to cry out; **il n'y a pas de — bouffer** there is nothing to guzzle (eat); **— que** whatever; **— qu'il arrive** whatever may happen
quoique (*conj.*) although, though, in spite of
quotidi–en, –enne daily, every day

R

râble *m.* back (*of a rabbit*); (*fam.*) back (*of a person*)
raccommoder to mend
raccompagner to accompany
race *f.* ancestry, lineage; **de —,** thoroughbred
raconter to tell, relate, recount
radi–eux, –euse radiant, dazzling
raffermir to make firmer; (*fig.*) to strengthen, steady
raffinement *m.* refinement; **Quel — de vengeance!** What subtle vengeance!
rafraîchir to refresh; revive, restore
raid *m.* raid; endurance test (*in driving a car*)
raide stiff, unbending
raideur *f.* stiffness, tenseness, inflexibility
raison *f.* reason, intellect; **avoir —,** to be right; **se donner —,** to justify oneself; **perdre la —,** to take leave of one's senses
raisonnable reasonable, moderate
raisonnablement reasonably
raisonnement *m.* reasoning
ralliement *m.* rallying, gathering, assembling
ramasser to pick up, collect; (*fig.*) dig up
ramener to take, bring back; drive
ramper to crawl, creep
rancune *f.* resentment, spite

rang *m.* row, line; **sur deux —s!** line up two deep! **se mettre en —,** to stand in line, form ranks
ranger to put away, set in order; **— une voiture** to park a car; **se —,** to place oneself, stand back; (*fig.*) to fall into line; (*fig.*) **se — de son côté** to side with him
rapide *m.* express, fast train
rapidement rapidly, quickly
rappeler to remind; **se —,** to recall, remember
rapport *m.* report, statement, account; **—s relations; avoir de bons —s avec** to be on good terms with
rapporter to bring back, bring in
rarement rarely
raser to shave; pass close to; **— le mur** to hug the wall
rassembler to reassemble, gather, get together
rassurer to reassure, comfort
rater to miss, fail (*an examination*)
rattraper to catch up with; recapture
rauque harsh, hoarse
ravager to lay waste; pillage
ravi delighted, charmed, glad
ravissant (*fig.*) delightful, lovely, entrancing
rayonner to sparkle, radiate, shine
réagir to react; (*fig.*) respond
réalisation *f.* fulfillment, carrying into effect
réalité *f.* reality, fact; **en —,** really, as a matter of fact
réapparaître to reappear
récalcitrant recalcitrant, refractory
recette *f.* receipts, returns, takings
recevoir to receive; **être reçu à un examen** to pass an examination
recherche *f.* research; **à la — de** in search of
recherché much sought after
rechute *f.* relapse
récipient *m.* container
récit *m.* narration, recital, story
réclamer to claim; demand; beg for
recommander to recommend, advise
recommandable praiseworthy, estimable
réconcilier: se —, to make up, become friends again
réconforter to comfort, cheer up
reconnaître to recognize, acknowledge; be grateful for; **se —,** to recognize oneself
recours *m.* recourse; **avoir — à** to have recourse to
recouvrir to recover; (*fig.*) hide
récréation *f.* recess, playtime; **cour de —,** school yard; **surveillant de —,** teacher in charge of the school yard
recruter to enlist, recruit
reçu *m.* receipt; (*p.p.*) see **recevoir**
recul *m.* retreat, recoil, backward movement

reculer: se —, to step back, draw back
rédaction f. composition, essay
redire to say again
redonner to restore, give back, give again
redoubler to redouble; repeat; **— d'efforts** to strive harder than ever; **— une classe** to repeat a class, be kept back for a year
redoutable formidable, dreaded
redouter to dread, fear
redresser: se —, to hold oneself erect, straighten up, throw one's head back proudly
redresseur: — de torts m. knight-errant
réduire to reduce
réduit reduced
ré–el, –elle real; substantial; positive
refaire to restore; make again, do again
réfectoire m. dining hall, refectory
refermer to close again
réfléchir to think, reflect
refléter to reflect, mirror
refroidir to chill, cool; bring down; diminish, dampen (an emotion)
réfugier: se —, to take refuge, seek shelter; **se — dans** to fall back on, have recourse to
refus m. refusal
refuser to refuse, object, decline; be unwilling; **se — à** to decline, refuse
regagner to return to, get back, regain
regard m. look, expression; gaze; **au — de** in regard to; compared to
regarder to look at, watch; concern; **ça ne me regarde pas** that is none of my business; **y regarder à deux fois** to think twice about it; **se —,** to look at one another
régime m. object (grammar)
registre m. register
règlement m. regulation, rule
régler to settle, pay; put in order
régner to reign, rule; hold sway
regonfler to reinflate; pump up (a tire)
regretter to regret, miss; be sorry
régularité f. orderliness, steadiness
réguli–er, –ère uniform, regular; normal
réitérer to repeat
rejeter to reject; set aside; spurn
rejoindre to rejoin, unite; catch up with, overtake
relais m. relay; the supplying and the replacing of horses for long-distance travel
relancer to throw back again, start again
relat–if, –ive (à) relating (to), connected (with)
relayer to relieve, take turns with
relever to raise, lift; point out; heighten; **— de** to belong to; **— les yeux** to look up again; **se —,** to get to one's feet again, rise again, straighten up
relire to reread, read again

remarque f. comment, observation
remarquer to notice, remark, observe, note
remboursement m. repayment, repaying (of a debt)
rembourser to repay, pay off, reimburse
remerciement m. thanks
remercier (de, pour) to thank (for)
remettre to put back
remontage m. reassembling
remonter to go back, date back; climb up; rise, remount, put on again; **— à cheval** to ride horseback again
remplacer to replace
remplir to fill, fulfill
remporter to carry away; win, gain
remuer to move; fidget; **— les clefs** to rattle the keys
renaissant reviving, returning, recurrent
rencontre m. meeting; encounter; **courir à notre —,** to run to meet us
rencontrer to meet
rendez-vous m. appointment
rendormir: se —, to go to sleep again
rendre to render, return, give back; make; **me — pleine confiance** to give me complete confidence; **— hommages** to pay one's respects; **— meilleur** to improve; **— un service à quelqu'un** to do someone a service (favor); **se —,** to make one's way, go; **se — compte de** to understand, realize; **compte rendu** m. report, review
rêne f. rein
renommé renowned, well-known, famous
renoncer to give up, abandon, relinquish
renouveler to renew; (fig.) revive, transform
renouvellement m. (fig.) renewal, restoration
renseignement m. information, indication
renseigner to inform
rente f. (fin.) revenue
rentrée f. return, reopening; **— des classes** first day of school, start of the school year
rentrer to return, come, go home, go in; **— déjeuner** to come home for lunch
renvoyer to send back
répandre to pour out, spill
reparaître to reappear, turn up again
réparer to repair, redress, put right, mend, restore
repartir to start off (set out) again
repas m. meal
repasser to iron
répéter to repeat; **— une pièce** to rehearse a play
répétition f. rehearsal
replacer to put back; (fin.) reinvest
réplique f. retort, rejoinder, reply; **sans —,** unanswerable

répliquer to retort, reply, answer
répondre to answer, reply, respond
réponse *f.* answer, response
reposer to rest, lie; — **sur** to be based on; **se —**, to rest, have a rest
repousser to push again, crowd, shove back; reject, refuse, spurn
reprendre to take again, take back; go on again, resume, go on speaking; (*fig.*) recover, regain; **se — (à)** to begin again; — **le dessus** to get the upper hand
représentant *m.* representative
représentation *f.* performance (*of a play*)
représenter to represent, produce
réprimande *f.* rebuke, censure
réprimander to reprove, scold, rebuke
reprisé mended, darned
reprocher to reproach, blame
répugnant offensive, loathsome, sickening
réservoir *m.* tank; — **à essence** gasoline tank
résister to hold out, withstand, resist
résolu determined, resolute, resolved
résolution *f.* resolve, determination; **ayant pris la —**, having decided
résonnant resounding
résoudre to resolve, clear up; to solve (*a problem*)
respecter to respect, esteem; **respecté de** respected by
respectu–eux, –euse respectful
respirer to breathe, inhale
ressaisir: se —, to regain one's self-control, pull oneself together
ressembler (à) to resemble, look like; **se —**, to look alike
ressentiment *m.* resentment
ressentir to feel, experience
ressortir to stand out, bring out, set off (*a color*)
ressource *f.* resource; **sans —s** without means of support
ressouvenir to remember, recall
reste *m.* rest, remainder; **du —**, moreover; **de —**, surplus, left over
rester to stay, remain; — **sur nos positions** to stick to our points of view
résultat *m.* result
résumer to sum up, summarize
rétabli recovered, restored (*to health*)
rétablir to restore, reestablish
rétablissement *m.* recovery
retard *m.* delay; **être en —**, to be late (*person*); be backward (*student*)
retenir to retain, hold back, hold by force; remember; **retenez bien ceci** don't forget this
retentir to resound, reverberate
retentissement *m.* (*fig.*) repercussion
retenue *f.* keeping in, detaining (*after school*

hours); **attraper une —**, to get detention
rét–if, –ive restive; disobedient; stubborn
retirer to withdraw, pull out; **se —**, to retire, withdraw
retomber to fall again
retour *m.* return; **être de —**, to be back
retourner to return, go back; turn over; **se —**, to turn around; **se — contre** to turn against
retraite *f.* retreat, retirement; **maison de —**, home for the aged
retrousser to turn up; **lui — le nez** to push up his nose
retrouver to find again; **se —**, to find oneself
réunion *f.* meeting, gathering
réunir to join; **se —**, to meet, come together
réussir (à) to succeed (in); result, thrive; **ne pas —**, to fail
réussite *f.* success, result
revanche *f.* revenge; requital; something in return
rêve *m.* dream
réveiller to waken, awaken, wake up; **se —**, to awake; (*fig.*) to be aroused
révéler to reveal, show, display; **se —**, to reveal (show) oneself
revenir to come back, return; (*fin.*) be due; — **à la charge** to return to the charge, attack
revenu *m.* revenue, income; (*p.p.*) *see* **revenir**
rêver to dream, daydream; — **de** to long for
révérence *f.* bow, curtsey; respect
revêtir to put on, dress, clothe
rêveur *m.* dreamer
réviser (reviser) to examine again, overhaul (*a car*)
révision (revision) *f.* review
revivre to live again; revive
revoilà: te —! there you are again!
revoir to see again, review
révoltant revolting, disgusting, outrageous
révolter: se —, to revolt, rebel
rez–de–chaussée *m.* ground *or* main floor of a building
riant cheerful, smiling, agreeable, happy, gay
ricaner to sneer, smirk
richard *m.* (*fam.*) wealthy person; **c'est un gros —**, he is rolling in money
richesse *f.* wealth, riches, fortune
ridicule ridiculous, absurd
rien nothing; anything; **ne . . . rien** nothing; **plus —**, nothing more; — **d'autre** nothing else; — **que** nothing but, only, merely; **n'avoir — à voir avec** to have nothing to do with; **en —**, not at all
riposter to retort, reply
rire *m.* laughter; **un éclat de —**, a burst of laughter
rire (*v.*) to laugh

risquer to risk, chance; endanger
rivalité f. rivalry
rive f. shore, bank, side (*of a river*)
rivière f. river
robe f. dress
robuste strong, sturdy
roc m. rock
roi m. king
rôle m. part (*as in a play*)
roman m. novel
romancier m. novelist
romanesque romantic; fabulous
rompre to break; **Rompez!** Dismissed!
rond (*adj.*) round, circular; m. round; circle; ring; **tourner en —**, to turn around in a circle
ronde f. kind of dance; cycle of changes; **à la —**, around; **à plusieurs kilomètres à la —**, for a distance of several kilometers
rose (*adj.*) pink, rosy
rosser (*fam.*) to beat, thrash
rouage m. wheels, mechanism, works
roue f. wheel; **— de secours** spare wheel
rougeâtre reddish
rougir to blush, flush, redden
roulement m. rolling, rumbling
rouler to roll; drive; ride; travel; rumble; (*fam.*) to circulate (*in a car*)
rouquin m. (*fam.*) redhead
route f. road, path, way; **être en —**, to be on one's way; **de — en —**, from road to road
rouvrir; se —, to reopen
roux, rousse reddish; (*fam.*) carroty; **l'homme roux** the redheaded man
ruban m. ribbon
rude rough, rugged, arduous, hard, trying, severe (*weather*); formidable (*opponent*); crude (*language*)
rue f. street
ruée f. rush, onrush; drive
ruer to kick, lash out
ruine f. ruin, downfall
ruiner to destroy, ruin
rumeur f. confused noise; murmur
ruse f. trick, dodge

S

sabot m. hoof (*of a horse*); wooden shoe; clog
sabre m. saber, sword
sac m. sack, bag; **— à main** handbag
sachant *see* **savoir**
sacré sacred, holy
sacrifier: se —, to sacrify oneself, devote oneself
sacrilège m. sacrilege, desecration

sage wise, prudent, sensible
saigner to bleed
saint holy, saintly
Sainte-Hélène *island in the Atlantic, off the coast of Africa, where Napoleon spent the last days of his life in exile*
saisir to seize, grab; grasp (*understand*)
saison f. season
salaire m. salary, wages
salaud m. (*pop.*) swine, dirty dog
sale dirty
saligaud m. "stinker," filthy swine
salir to soil, make dirty, smirch
salle f. room; **— à manger** dining room
salon m. drawing room, living room
saluer to greet, bow to, salute (*an officer*)
salut m. safety, security, welfare
samedi m. Saturday
sang m. blood
sang-froid m. coolness, self-control
sanglot m. sob
sans without; **— que** without, unless
santé f. health
satirique satirical, ironical
saucisse f. sausage
sauf except, save, saving
saut m. jump, leap
sauter to jump, leap
sauteur m. jumper, one who jumps (leaps)
sauvage wild
sauver to save, keep; **se —**, to run away, make off, escape
sauveur m. savior; liberator; **en —**, as a deliverer (savior)
savant m. scholar, scientist, learned person
saveur f. flavor, taste
savoir to know, know how; **sachant** (*participe prés.*) knowing
savourer to relish, enjoy
scénario m. script, screenplay
scène f. stage, theatre, scene
science f. science; knowledge, wisdom, learning
scier to saw
scolaire scholastic, school
séance f. session, meeting, sitting
sec, sèche dry, arid; **un bruit sec** a sharp noise
secondaire secondary
secouer to shake
secours m. help, aid, assistance; **au —!** Help! **roue de —**, spare wheel; **voler au —**, to fly to the rescue
secrètement secretly
séduction f. enticement; (*fig.*) attractiveness
séduire to attract, charm, fascinate
séduisant fascinating, attractive
seigneur m. lord; master
sein m. bosom; **au — de** in the heart (midst) of

seize sixteen
selle *f.* saddle
selon according to
semaine *f.* week
semblant: faire — de to pretend to, make a pretense of
sembler to see, appear
sens *m.* sense, meaning, direction, judgment; **— de la famille** family feeling; **— propre** literal meaning; **— figuré** figurative meaning; **en — inverse** in the opposite direction
sensible sensitive, compassionate, kind-hearted; evident, keen
sentier *m.* path
sentiment *m.* sense, feeling, view, opinion
sentir to feel, appreciate, be sensitive; smell; **se —,** to feel
séparer to separate
série *f.* series; **fabrication en —,** mass production
sérieusement seriously, earnestly
séri-eux, –euse serious, earnest, responsible
serment *m.* oath
serré tight, close
serrer to clasp, squeeze; **— la main à quelqu'un** to shake someone by the hand
serrure *f.* lock
serviable obliging, willing to help
service *m.* service; **rendre —,** to do a favor, do a good turn
serviette *f.* napkin; briefcase
servir to serve, help; **— de leçon** to serve as a lesson; **qui ne sert à rien** which is no use (no good); **A quoi cela sert-il?** What is the use of that? **Madame est servie!** Dinner (luncheon) is served; **se — (de)** to help oneself, use, make use of
serviteur *m.* servant
servitude *f.* servitude, slavery, bondage
seuil *m.* threshold, doorstep
seul single, alone, sole; **un —,** single person (*or* thing); **un homme —,** a man alone
seulement only
si (*conj.*) if, whether; **— intelligent qu'il soit** however intelligent he may be; (*adv.*) so, such, so much; **— bien que** so that; yes (*after a negative interrogation*)
siège *m.* seat, chair; bench
siéger to be seated, sit
siffler to whistle
sifflet *m.* whistle
signaler to draw attention to, point out
signe *m.* sign, gesture; **en —,** as a sign; **faire — d'appel** to summon with a gesture
signer to sign
signification *f.* meaning
signifier to mean, signify, make known

silenci–eux, –euse silent, quiet, still
simple ordinary, unpretentious, common, simple, plain; **c'est une — question de** it is only a question of
simplement simply, unceremoniously
singul–ier, –ière peculiar, odd, strange; singular
sinon otherwise, or else, if not
sitôt as soon, so soon; **— que** as soon as
situation *f.* position, job, state
situer to locate, situate
ski *m.* ski; **faire du —,** to ski
sobre sober, abstemious, temperate
sœur *f.* sister; **belle-sœur** sister-in-law
soi oneself; himself, herself, itself
soie *f.* silk
soigné well-kept, trim; **langue —e** (*fig.*) careful (polished) language
soigner to care for, look after, nurse, attend
soigneusement carefully
soi-même oneself
soin *m.* care; **avoir grand — de** to take good care of; **avec —,** carefully; (*pl.*) care, attention, treatment
soir *m.* evening; **le —,** in the evening
soirée *f.* party, evening party; **pendant la —,** during the evening
soixante sixty
sol *m.* ground, earth, soil
soldat *m.* soldier
solder to settle, pay, discharge
soleil *m.* sun; **au grand —,** in the bright sun
solenn–el, –elle solemn, formal
solennellement solemnly, impressively
solitaire lonely, solitary
sollicitation *f.* entreaty, appeal
sollicitude *f.* anxious concern; worry, anxiety, care
sombre dull, dark, gloomy, melancholy
sombrer to sink; (*fig.*) to be destroyed, come to naught, fail
somme *f.* sum, amount; **en —,** in short; **une — de garantie** a sum given as a guarantee
somme *m.* nap, light sleep; **faire un —,** to take a nap
sommeil *m.* sleep; **avoir —,** to be sleepy
sommet *m.* summit, top
son *m.* sound
songer (à) to think of, dream
sonner to ring, sound; peal; strike (*the hour*)
sonnerie *f.* ringing, pealing; **— électrique** electric bell
sonnette *f.* bell, small bell, housebell
sonore sonorous; **peu —,** not very loud
Sorbonne *f.* Sorbonne (*School of Arts and Sciences of the University of Paris*)
sordide mean, base; filthy
sort *m.* fate, destiny

sorte *f.* kind, sort; **de la —,** like that; in that way; **de — que** so that

sortie *f.* exit, way out; going out; day (*or* evening) out; excursion

sortir to go out, leave, come out; **— quelque chose** to take out something; **— quelqu'un** to bring (get) someone out; **au — de** on leaving; (*fig.*) at the end of

sottise *f.* stupidity, foolishness; **dire une —,** to say something stupid

sou *m.* sou, penny, five centimes (*1/20 of a franc*); **sans le —,** penniless

souci *m.* marigold; worry, care, anxiety; **—s d'argent** money troubles; **prendre — de quelque chose** to have a care for something

souci–eux, –euse worried, anxious, concerned

soudain (*adj.*) sudden, unexpected; (*adv.*) suddenly

souffler to blow; whisper

souffrance *f.* suffering

souffrir to suffer; admit, allow

souhait *m.* wish

souhaiter to wish, hope

souiller to soil, dirty; (*fig.*) tarnish

soulagement *m.* relief

soulager to relieve, lighten the load of, help

soulever to lift up, raise; arouse (*an emotion*)

souligner to underline; (*fig.*) stress, emphasize

soumettre: se — à to submit to, give in to

soumission *f.* obedience, submission

soupçon *m.* suspicion

soupçonner to suspect, be suspicious of (about)

soupe *f.* soup; **un gros plein de —,** a pompous, overbearing, stupid fellow

soupière *f.* soup tureen

soupir *m.* sigh

sourcil *m.* eyebrow; **froncer les —s** to frown, knit one's brows

sourd muffled; deaf

sourire *m.* smile; (*v.*) to smile

sous under

sous-sol *m.* basement

soustraire: se — à to avoid, escape, elude

sous-vêtement *m.* underwear

soutenir to support, help, hold up, sustain

soutien *m.* support

souvenir *m.* money, recollection, remembrance

souvenir: se — (de) to remember

souvent often

souverain sovereign, supreme, absolute

souverainement supremely

spécialement especially, particularly

spectateur *m.* spectator, onlooker

spiritu–el, –elle spiritual, sacred; witty

spontanément spontaneously, of one's own accord

stratagème *m.* stratagem, deceptive device

stupéfait amazed, astounded

stupeur *f.* amazement, stupor

stupidité stupidity, foolishness; stupid reply

subir to come under (*the influence*); undergo (*an examination*); suffer

subtil discerning, acute, subtle

subtilité *f.* acuteness, shrewdness, subtlety

succéder to follow, succeed, come after; **se —,** to follow one another

succès *m.* success; **en plein —,** at the height of one's success

succomber to succumb, yield, give way

sucre *m.* sugar

sud *m.* south; **sud-ouest** southwest

suffire to be sufficient, suffice; **ça suffit** that's enough

suggérer to suggest, propose

suicider: se —, to commit suicide

suite *f.* continuation; sequel; **à la — de** following; **par la —,** later, later on; **dire des choses sans —,** to talk (speak) incoherently

suivant following, next

suivre to follow; **suivi de** followed by; **suivi par** followed by

sujet *m.* subject; **au — de** about, concerning

superbe proud, magnificent, splendid

supérieur upper, superior

supplémentaire additional, supplementary

supplier to beg, implore, entreat

supporter to support, carry, hold up; endure, put up with

supposer to assume, imagine, imply

supprimer to suppress, abolish, withhold, stop

sur on

sûr sure, certain; **bien —,** certainly; **à coup —,** assuredly

suraig–u, –uë shrill, piercing, high-pitched

sûrement surely

sûreté *f.* sureness, surety

surgir to rise, come up, come into view, arise

surprenant surprising, astonishing, amazing

surprendre to surprise

surpris surprised, astonished

surtout especially, above all; **— que** especially since

surveillance *f.* supervision, watch, watching

surveillant *m.* supervisor; **— des études** study-hall teacher; **— de récréation** teacher in charge of the playground

surveiller to look after, watch over; supervise

survenir to happen, take place; crop up

survivre to survive

survoler to fly over

suspendre to hang up, suspend

suspens–if, –ive tending to keep in suspense

svelte slim, slender

symbolique symbolic
sympa (sympathique) likable, attractive, pleasing

T

tableau *m.* picture, scene; board; — **noir** blackboard
tabler sur (*fig.*) to rely on, count on
tablier *m.* apron; smock
tache *f.* stain, flaw; **sans —,** unblemished, stainless
tâcher (de) to try (to), attempt (to)
tacite implied
taille *f.* stature, height; size
taire: se —, to be silent, hold one's tongue
talon *m.* heel
tambour *m.* drum; drummer
tambourineur *m.* drummer
tamponner to dab, blot, mop; **se — les yeux** to dab (wipe) one's eyes
tandis que while, whereas
tant (de) so much, so many; — **que** so long as; as much as; — **pis** so much the worse; It's too bad (but I can do nothing about it).
tante *f.* aunt
tapis *m.* rug, carpet
taquiner to tease
tard late; **plus —,** later; **sur le —,** late in life
tarder to delay, be late, be long
tasse *f.* cup
tâter to feel, touch
technici–en, –enne *m., f.* technician
technique (*adj.*) technical
teindre to dye
teint *m.* complexion, color
tel, telle such, like; so great; **rien de tel** nothing like that
tellement so, to such an extent
témoignage *m.* testimony, witness
témoigner to testify, give evidence to; display, express
témoin *m.* witness
temps *m.* time; weather; tense; **de — en —,** from time to time; **de — à autre** from time to time; **en même —,** at the same time
tendance *f.* tendency, trend, inclination; **avoir — à** to have an inclination to
tendre to hold out, stretch out, offer; — **l'oreille** to prick up one's ears
tendre (*adj.*) tender, sensitive; **cet âge —,** that early age
tendrement tenderly, fondly
tendresse *f.* tenderness, fondness
tendu (*adj.*) held out; **la main —e** the outstretched hand

tenir to hold, take, occupy, keep; — **bon** to hold out, hold on; — **une épicerie** to run (manage) a grocery store; — **parole** to keep one's word, promise; — **un rôle** to take a rôle; — **à** to be anxious, want, be attached to, value, prize; — **de** to get from, learn from, have something in common with; — **pour négligeable** to consider as unimportant; **ne pas pouvoir —,** to be fidgety; **se —,** to stay, keep, remain; **se — tranquille** to keep, remain quiet
tenter to attempt, try; tempt; — **sa chance** to try one's luck; **cette idée me tente** that idea appeals to me; **être tenté** to be tempted
terminer to end, finish, limit; **se —,** to end, come to an end, conclude, be over
terrain *m.* ground, land
terre *f.* land; earth; world; ground; property; estate; **jeter à —,** to throw on the ground; **tomber par —,** to fall down
terrestre terrestrial, earthly, worldly
terriblement terribly
terroriser to terrorize
testament *m.* will, testament
tête *f.* head; **avoir la — perdue** to be confused; **avoir une — de plus** to be a head taller; **par —,** per person; **à tue-tête** at the top of one's voice; **donner un coup de —,** to butt; **un mal de —,** a headache
thé *m.* tea
tic *m.* twitch, twitching
Tiens! Indeed! Why! You don't say so! Well!
timbre *m.* stamp, postage stamp
timbré stamped
tirer to pull; tend, incline, get, take out, draw, take off; — **bon profit** to obtain, make a good profit; — **sur** to verge on; **Le vin est tiré, il faut le boire.** One must face the consequences; **tiré de l'ouvrage** adapted (drawn) from the work; **se — d'affaire** to manage, get out of a difficulty, get out of trouble
tissu *m.* material, fabric, tissue
titre *m.* title, heading, diploma, certificate; (*fin.*) (*pl.*) stocks, bonds, shares
toile *f.* (heavy) cloth
toit *m.* roof
tolérer to endure, put up with, bear
tomber to fall; come to happen; — **amoureux de** to fall in love with; **laisser —,** to drop, discard; — **malade** to be taken ill, become sick; **je suis bien tombé** I was lucky
ton *m.* tone; **changer de —,** to change one's tune; **prononcer sur un — agressif** to deliver (say) in an aggressive manner; **sur le même —,** with the same intonation

tonnant thundering; **voix —e** voice of thunder
toque f. cap; **— de chasse** hunting cap
tordre to twist, wring
tort m. harm, hurt; damage; **avoir —**, to be wrong; **donner — à** to lay the blame on; **faire du —**, to do harm; **redresseur de —s** knight-errant
torve grim, scowling; **jeter un regard — à** to look askance at
tôt early, soon, quickly
totalement totally, entirely, completely
touchant touching, pathetic
toucher to touch, reach, concern; (fin.) to receive, draw; cash (a check)
toujours always, still, anyhow
tour f. tower
tour m. turn; **faire demi-tour** to about-face, turn about; **faire un petit —**, to go for a stroll (a ride); **faire le —**, to go all around; **— à —** in turn, by turns
tourmenter to torment, torture; **se —**, to be anxious, uneasy; **ne te tourmente pas** don't worry, don't fret
tourner to turn; **— mal** to turn out badly; **— en rond** to turn round in a circle; **se —**, to turn over, turn around; **se — vers** to turn to
tournoi m. tournament; (fig.) fray
tout, toute, tous, toutes (adj.) all, whole, any, every; **de tout mon cœur** with all my heart; **tous les deux, tous deux** both; **toute la famille** the whole family; **de toute façon** anyhow, in any case; **de toutes mes forces** with all my strength; **tous les jours** every day; **tout le monde** everyone, everybody
tout (adv.) quite, very, wholly, altogether, utterly, all; **elle est — heureuse** she is perfectly happy; **— autre chose** quite another thing; **— à coup** suddenly; **— d'un coup** suddenly; **— coupé** already cut; **— d'abord** first of all; **— fait** ready-made (clothing); already done (work); **— à fait** entirely, completely, absolutely, exactly; **— à l'heure** presently, directly, just now; soon; **— le long de** all along; **— de même** all the same; **— au moins** at least; **— neuf** brand-new; **— au plus** at the very most; **— autre raison** quite another reason; **— de suite** at once, right away; **— en parlant** while speaking; **pas du —, du —**, not at all, by no means; **parler — bas** to speak in a whisper, under one's breath
tout, tous, toute, toutes (pron.) all, everything; **après tout** after all; **c'est tout** that's all; **à tout prendre** on the whole; **tout au plus** at most
tout: le —, all, the whole; everything

toutefois still, nevertheless, yet
tracer to draw, outline, mark out
traduire to translate
train m. train; style, manner; **le — du jour** the tendency of the day (times); **le — de vie** the style of living; **être en — de** to be in the act of; be busy
traîner to drag; **se —**, to drag oneself along, crawl
trait m. trace, line; (pl.) features (of the face)
traite f. bill; trade
traitement m. salary; treatment
traiter to treat, deal with, handle
traître m. traitor, betrayer
trajet m. journey, way
trancher to cut, sever
tranquille still, calm, undisturbed, quiet, peaceful; **sois —**, don't worry
tranquillement quietly, peacefully
tranquillité f. tranquillity, quietness, calm
traquer to track down, pursue
travail m. work, toil, labor; **un gros — supplémentaire** a heavy load of extra work; **se mettre au —**, to set to work
travailler to work
travaill–eur, –euse hard-working, industrious
travers: à —, through, by; **de —**, awry, askew, crooked; **en — de** across
traverser to go across, go through; (fig.) live through, pass through
tremblant trembling, shaking, shivering, quivering
trembler to tremble
très very
tressaillir to shiver, shudder; **il m'a fait —**, he startled me
tribu f. tribe
tribunal m. law court
tricoter to knit
trilogie f. trilogy (series of three compositions)
triompher to triumph, conquer
triste sad, downcast, dejected, wretched; **un acteur —**, a sad actor; **un — acteur** a wretched (poor) actor
tristesse f. sadness, gloom, melancholy
troisièmement thirdly; third point
tromper to deceive, delude, cheat; **se —**, to be wrong, be mistaken, make a mistake; **se — de chemin** to take the wrong road
trompeur m. cheat, deceiver
trop too, too much, too many
trot m. trot; **prendre le —**, to break into a trot
trou m. hole, gap
trouble m. discord, anxiety, agitation, confusion
troubler to make muddy; worry, disturb, bother, obscure, mar
trouver to find; think; **aller —**, to go and find;

Vous ne le trouvez pas? Don't you think so? — **de quoi crier** to have reason to cry out; **se —,** to be, find oneself; consider, think; **il se trouve que** it happens that, it turns out that

truc *m.* trick, dodge; (*fam.*) thing, gadget, gimmick; **se retourner leur — contre** to turn their manœuvre against

tue: à tue-tête at the top of one's voice

tuer to kill; **se —,** to kill oneself, commit suicide

tu–eur, –euse *m., f.* killer, slayer

tuméfié swollen

tumulte *m.* uproar, commotion, tumult

tumultu–eux, –euse stormy, riotous, tumultuous

tuteur *m.* guardian

tuyau *m.* tube, pipe; (*fam.*) pointer, hint, tip

U

un, une one, a, an; **l'un et l'autre** both; **les uns . . . les autres** some . . . others

unanime unanimous

unique only, sole, single; **l'— servante** the one (single) servant; **le fils —,** the only son

urgence *f.* urgency; **d'—,** immediately, without loss of time

usage *m.* use, practice; custom; **faire — de** to use

usé worn; worn out, exhausted

user to use, employ; wear, wear out

utile useful, of use

utiliser to use, make use of

V

va (*prés.* **aller**): **mes va-et-vient** my comings and goings

vacances *f. pl.* vacation, holiday; **les grandes —,** the summer vacation

vache *f.* cow

vacherie *f.* (*fam.*) nasty (dirty) trick

vague *m.* empty space; (*fig.*) uncertainty

vaguement vaguely; dimly; **espérer —,** to have a vague hope

vaincre to beat, get the better of, defeat, conquer

vaincu defeated, conquered, beaten

vainement in vain, vainly

vainqueur *m.* victor, conqueror

valeur *f.* value, worth; **mettre en —,** to exploit

valise *f.* suitcase, bag

vallée *f.* valley

valoir to be worth, merit, deserve; win (a *prize*); **cela lui a valu un prix** that won him a prize;

ça vaut la peine it is worth the trouble; **il vaut mieux** it is better; **il ne vaut pas grand-chose** it isn't worth much; **ça vaudra mieux** that will be better

vanité *f.* vanity, self-admiration, conceit

vanit–eux, –euse vain, conceited

vapeur *f.* vapor, mist, haze

vapor–eux, –euse filmy, light, hazy

vaporiser to vaporize, spray; (*fig.*) fritter away, waste

vedette *f.* star (*theater*); leading man *or* lady

veiller to sit up, stay up; stay awake; **— à** to see to, make sure

veine *f.* vein

vélo *m.* (*fam.*) bike, cycle

velours *m.* velvet

venant (*adj.*) coming; *m.* comer; **à tout —,** to anyone, to all comers

vendeur *m.* seller, salesman; **vendeuse** *f.* saleswoman, seller

vendre to sell

vendredi *m.* Friday

vengeance *f.* revenge, vengeance

venger to avenge, revenge; vindicate; **se —,** to revenge oneself, be revenged for, have one's revenge

venir to come; **venir de** + *infinitive* to have just; **il vient de partir** he has just left; **venir de** + *noun* to come from; **ça vient?** (*fam.*) you are coming?

Venise Venice

ventre *m.* abdomen; **à plat —,** flat on one's stomach

verbal verbal, by word of mouth

vérifier to prove, confirm, verify, check

véritable real, true, genuine; actual

vérité *f.* truth; **à la —,** to tell the truth; as a matter of fact

verre *m.* glass; drinking glass

vers towards, to, about

verser to pour, shed (*tears*); upset, deposit, lavish (*love*); pay

vert green

vertu *f.* virtue

vertu–eux, –euse virtuous

vêtement *m.* garment; (*pl.*) clothes, clothing

vêtu clothed, clad

veuve *f.* widow

vexé annoyed, vexed, irritated, provoked

viande *f.* flesh; meat

vicissitudes *f. pl.* ups and downs

vicomte *m.* viscount (*nobleman of a grade above that of a baron*)

victoire *f.* triumph, victory

victori–eux, –euse victorious, triumphant

vide (*adj.*) empty, vacant

vide *m.* void, empty space

vie *f.* life, living; **consul à —,** consul for life
vieillard *m.* old man; (*pl.*) the aged
vieux, vieil, vieille (*adj.*) old
vieux *m.* old man; (*pl.*) old people
vif, vive lively, quick, violent, alive, living
vigour–eux, –euse vigorous, sturdy, powerful
vigueur *f.* strength, force, energy; **en pleine —,** in the pink of condition
vil despicable, mean, low, base
vilain ugly, mean, nasty, vile
ville *f.* city, town; **en —,** in town
vin *m.* wine; **Le — est tiré, il faut le boire.** One must face the consequences (of one's acts).
vingt twenty
vingtième twentieth
violacé purplish-blue
violemment violently
violent violent, furious, fierce
virage *m.* sharp curve; bend, turn; **prendre un —,** to take a corner
virée *f.* turn; (*fam.*) joy ride, trip, spree
virile manly, male
virtuose *m.* virtuoso (*person who shows great skill in music*)
vis *see* vivre *and* voir
visage *m.* face
vis-à-vis de opposite; in regard to, with respect to
visible visible, perceptible, obvious; at home to visitors; **mal —,** badly lit
visiblement visibly
visiter to visit
visit–eur, –euse *m., f.* visitor, caller
vite quickly
vitesse *f.* speed, rapidity; **changer de —,** to change gears; **à toute —,** at top (full) speed
vitre *f.* window pane, carriage window; car window
vivacité *f.* swiftness, hastiness, liveliness
vivant (*adj.*) alive, living
vivant *m.* living person
vive (*adj.*) *see* vif
vivement quickly, keenly, very much
vivre to live, be alive, exist; live through, endure, survive; **je vis** I live; **il vit** he lives
voilà there is, there are; **— sept ans** seven years ago
voir to see; imagine; **faire —,** to show; **Voyons!** (*interj.*) Come! Come! **je vis** I saw; **il vit** he saw; **n'avoir rien à — avec** to have nothing to do with; **se —,** to be seen, be evident, show itself

voisin, –e *m., f.* neighbor
voisin (*adj.*) neighboring, adjacent
voiture *f.* car; carriage; **— d'occasion** second-hand car; **de — en —,** from one carriage to another
voix *f.* voice; **à — basse** in a low voice, in a whisper; **à haute —,** in a loud voice; **à forte —,** in a loud voice; **à mi-voix,** in an undertone, under one's breath
vol *m.* theft; flight
volant *m.* steering wheel
voler to steal; fly; **— à** to steal from
voleur *m.* thief
volontaire voluntary, intentional, deliberate
volonté *f.* will (power)
volontiers willingly, gladly, easily
voltige *f.* trick riding; exercises on the flying trapeze
vomir to vomit, be sick
voter to vote
vouloir *m.* will; **malgré son —,** in spite of himself
vouloir (*v.*) to will, want, wish; **— bien** to be willing; **— dire** to mean, mean to say; **il voudrait** he would like; **en — à** to have a grudge against; **Que veux-tu?** What do you expect? **sans le —,** unintentionally, without meaning to; **veuillez** please; **si l'on veut** if you think so
voyage *m.* travel, trip, journey
Voyons! (*interj.*) Now let me see! Come! Come! Come now!
vrai real, true
vraiment really, truly
vue *f.* view, sight, look; **en — de** with an eye to; **à première —,** at first sight; **point de —,** point of view

Y, Z

y there, here, to it, to them, in it, in them; **allez-y!** go on! **il y a** there is, there are; **j'y pense** I am thinking about it; **j'y suis** Here I am! **n'y être pour rien** to have no part in it; **je m'y habitue** I am getting used to it; **y voir clair** to see through something, understand something
yeux (*pl. of* œil) *m.* eyes; **relever les —,** to look up again; **les — pochés** black eyes (*as a result of a fight or an injury*)
zèle *m.* zeal, enthusiasm

1 2 3 4 5 6 7 8 9 0